# 암기에도
# 공식이 있다

영단어

Samyoung Publishing House

〈語源による英單語記憶術〉
Copyright ⓒ1995 by James Kim
This Korean edition published 1996 by Samyoung Publishing Co.,
by arrangement with Kindai Bungei Sha, Tokyo through Orion Literary
Agency and Bookpost Agency, Seoul.

이 책의 한국어판 번역권은 제임스 킴의 저작권 관리를 위임받은 일본 近代文藝社와의
독점 출판계약으로 삼영서관에 있습니다. 저작권법에 의해 한국 내에서 보호받는 저작물이
므로 법에서 정한 예외 이외의 무단 전재나 복제, 광전자매체 수록 등을 금합니다.

# 영단어 암기에도 공식이 있다!

2013년 4월 10일 개정판 1쇄발행
2015년 5월 30일 개정판 3쇄발행

저 자 James Kim
펴낸이 정정례
펴낸곳 삼영서관
기 획 이장희
디자인 디자인클립

주소 서울 동대문구 답십리1동 469-9 1F
전화 02) 2242-3668 팩스 02) 2242-3669
홈페이지 www.sysk.kr
이메일 syskbooks@naver.com
등록일 1978년 9월 18일
등록번호 제1-261호

ISBN 978-89-7318-367-8 13740

책값 12,000원

*파본은 교환하여 드립니다.

# 머리말

영어를 공부함에 있어 영단어 학습은 무엇보다 중요하다고 할 수 있겠습니다. 필요에 따라 영단어를 무조건 암기하는 방법은 당장은 기억에 남을지 모르지만 시간이 지나면 쉽게 잊혀지기 마련입니다. 특히 각종 시험에 필요한 고급 어휘들은 더욱 그러합니다.

이와 같은 어려움 때문에 단어를 공부함에 있어 효과적인 방법으로 제시하는 것이 어원을 통한 학습법입니다. 영어의 근본 어원은 80~90%가 라틴어와 그리스어에 그 뿌리를 두고 있습니다. 그러므로 그 원래의 뜻을 분석하여 학습하는 것이 어휘력 증진을 위한 가장 효과적인 방법이라고 할 수 있습니다.

모든 단어에는 의미를 가지는 어원이 있으므로 이를 알고 있으면 무작정 단어를 외우는 방법보다 훨씬 효과적으로 그 개념과 뜻을 파악할 수 있습니다. 또한 이미 의미를 알고 있는 단어에 대해서도 그 구성원리를 이해함으로써 단어의 의미가 보다 선명하게 기억에 남을 수 있습니다.

이 책에서는 수록한 단어에 가능한 예문을 들어놓았습니다. 예문을 통해 제시된 단어의 의미를 더욱 쉽게 이해하도록 하였으며, 무엇보다도 문맥 속에서 단어의 의미를 파악하는 것이 매우 중요하기 때문입니다.

이 책은 또한 TOEIC, TOEFL, TEPS 및 각종 시험에 실질적인 도움이 되도록 사용빈도 수가 높은 어휘를 선별하여 수록하였습니다.

INDEX에서는 그동안 공부한 단어들을 쉽게 찾아볼 수 있도록 알파벳 순서로 정리하여 구성하였습니다.

이 책은 James Kim 저 [영단어 기억술]을 재구성하여 보완·편집한 것으로 시간과 노력을 효과적으로 단축시키면서 학습할 수 있도록 기획하여 구성하였습니다.

# 목차

머리말 3
목차 4

## PART 1 어근(Root)

acer · acid · acr · acri · acu 날카로운, 시큼한 11
act · ag · agi · ago 하다, 행동하다, 움직이다 13
ali · allo · alter 다른 16
am 사랑하다 19
anim 생명, 마음 · 혼 · 정신, 움직이다 22
anni · annu · enni 일년 · 주기 25
anthrop · anthropo 인간, 인류 28
arch 지배자 30
aster · astro 별 32
aud · audi · audit 들리다, 듣다 34
aut · auto 자기 자신 37
bene · bon 좋은, 합당한 40
bio 삶, 생명 44
cad · cid · cas 떨어지다, 일어나다, 우연히 발생하다 46
cap · capt · cep · cept · cip · ceiv 잡다, 붙잡다 49
ced · cede · ceed · cess 가다, 굴복하다 53
cent 백 59
cise · cide 자르다, 죽이다 61
claim · clam 외치다 64
clud · clus · clos 닫다 68
cor · cord · cour 마음, 심장 70
cred 믿다, 신뢰하다 74
cub · cumb 눕다 77
cur · curs · cours 달리다, 가다 80
dem · demo 사람들, 국민 84
dent · denti · dont 치아 86
dict 말하다, 이야기하다 88
doc · doct 가르치다 90
duc · duce · duct 인도하다, 이끌어내다, 안내하다 93

| | |
|---|---|
| equ 동등한, 동일한 | 97 |
| fac · fact · fect · fic 하다 · 행하다, 만들다 | 100 |
| fer 나르다, 가져오다 | 104 |
| flect · flex 구부리다, 구부러지다 | 108 |
| flu · flux 흐르다, 흐름 | 111 |
| frang · fring · fract · frag 깨지다, 부수다, 부서지다 | 113 |
| fus · fund · found 녹다, 녹이다, 붓다 | 116 |
| gam 결혼 | 119 |
| gen · genit 생산하다, 낳다 | 121 |
| geo 지구, 지표, 지면 | 124 |
| ger · gest 나르다, 계속하다, 낳다 | 126 |
| grad · gred · gress 한 걸음, 발을 내딛다, 가다 | 129 |
| grat 즐거운, 기쁜 | 132 |
| graph 쓰다 | 135 |
| her · hes 달라붙다 | 138 |
| jac · jec · ject 던지다, 눕다 | 141 |
| join · joint · junct 연결하다, 결합되다 | 144 |
| leg · lect · lig 고르다, 읽다 | 146 |
| loqu · locut 말하다 | 150 |
| luc · lum · lun · lus 빛 | 152 |
| magn · magna · magni 큰 | 154 |
| man · manu 손 | 156 |
| matr · matri · matric · matro 어머니 | 158 |
| micro 작은, 극소의 | 160 |
| mit · mitt · miss 보내다, 놓아주다 | 162 |
| mon · monit 경고하다, 충고하다 | 167 |
| mort 죽음 | 170 |
| mov · mot · mob 움직이다, 움직이게 하다 | 172 |
| nasc · nat 태어나다 | 176 |
| nunci · nounc 선언하다, 알리다, 공표하다 | 179 |
| pan 전(全), 범(汎), 총(總) | 182 |
| pater · patr · patri 아버지 | 184 |
| path 감정 | 187 |
| ped · pedi · pedo · pod 발, 어린이 | 190 |

| 어근 | 뜻 | 페이지 |
|---|---|---|
| pel · pell · puls | 쫓아보내다, 몰다, 밀다 | 193 |
| pend · pens | 걸다, 걸리다, 무게를 달다 | 197 |
| pet · petit | 가다, 찾다 | 201 |
| phil · phila · phile · philo | 사랑하다 | 204 |
| ple · plet | 채우다 | 206 |
| plic · plicit · plex · ply | 접다, 휘감다, 얽히게 하다 | 209 |
| pon · pos · posit · pound · pose | 두다 | 213 |
| port | 나르다 | 221 |
| put | 생각하다 | 225 |
| quir · quisit · quest | 구하다, 묻다 | 228 |
| rupt | 부수다, 파열하다 | 232 |
| scrib · scrip · script | 쓰다 | 235 |
| sed · sess · sid | 앉다, 정착하다 | 240 |
| spec · spect · spectro · spic | 보다, 보이다 | 243 |
| spir | 호흡하다 | 247 |
| sta · stit · stet · sist | 서다 | 250 |
| tang · ting · tact · tig | 닿다 | 255 |
| tain · ten · tent · tin · tinu | 붙잡다, 가지다 | 258 |
| tend · tens · tent | 펴다, 넓히다, 긴장시키다 | 262 |
| tract | 잡아당기다 | 266 |
| uni | 하나 | 271 |
| vac | 비어있는 | 275 |
| ver · veri | 진실한, 진짜의 | 277 |
| vers · vert | 향하다, 회전하다 | 279 |
| vid · vis | 보다 | 286 |
| viv · vivi · vita | 생명 | 290 |
| voc · vok | 부르다 | 293 |
| volv · volut | 회전하다, 감다 | 296 |

## PART 2 접두사(Prefix)

| 접두사 | 뜻 | 페이지 |
|---|---|---|
| un | [부정, 반대, 제거, 박탈] | 301 |
| in | [부정] | 303 |
| non | [비(非), 불(不), 무(無)] | 306 |
| an · am · a | [비(非), 무(無), 결여] | 307 |
| dis · di | [부정, 반대, 분리, 박탈] | 309 |
| en | [~의 안에] | 312 |

| | |
|---|---|
| be [널리, 주위에, 완전하게, ~로 만들다] | 316 |
| inter [~ 사이의, 상호의(에)] | 319 |
| circ · circum [주위, 회전] | 321 |
| per [~을 통하여, ~을 빠져나가, 잘못하여, 완전하게] | 324 |
| sub [밑에, 하위, 부(副)] | 326 |
| post [뒤에, 뒤(나중)의] | 328 |
| sur · super · supr [위에(의), 이상, 과도, 극도] | 330 |
| tra · trans [넘어서, 관통하여, 통하여] | 333 |
| extra · extro [~외의(에), ~의 범위 외의] | 336 |
| intra · intro [안(내부)에, 사이의(에)] | 338 |
| re [다시, 뒤쪽에, 철저하게] | 340 |
| syn · sym · syl · sys [함께, 동시에] | 342 |
| con [함께, 완전하게] | 344 |
| pre [사전에, 이전의, 전에] | 347 |
| pro [앞에, ~의 대신에] | 349 |
| ad [~에(로)] | 351 |
| in [~의 안에, 위에] | 354 |
| ex · e · ec · ef [밖에(으로), 완전히] | 356 |
| ob [~로, ~에 반대해서, 완전하게] | 359 |
| se [떨어져서, 옆에(으로), ~없이(는)] | 361 |
| ab · abs · a [떨어져서] | 363 |
| de [분리 · 부정, 역전 · 강하] | 365 |
| mal · male [악(惡), 이상(異常)] | 368 |
| ant · anti [반대하여] | 370 |
| counter · contra [~에 반(대)하여, 상반하여] | 373 |
| out [보다 많이(길게), 보다 뛰어난] | 375 |
| fore [앞에, 미리, 먼저] | 376 |

## PART 3 접미사(Suffix)

| | |
|---|---|
| ment [동작, 결과, 상태] | 381 |
| ion · sion · tion [행동, 상태, 결과] | 382 |
| th [상태, 성질, 동작] | 383 |
| ness [성질, 상태] | 384 |
| ship [상태, 성질, 관계] | 385 |
| tude [상태] | 386 |
| ure [동작, 결과, 상태] | 387 |

| 접미사 | 페이지 |
|---|---|
| ance · ancy [행동, 상태, 성질] | 388 |
| ence · ency | 389 |
| ity · ty [성질, 상태] | 390 |
| age [상태, 행위, 지위] | 391 |
| logy · ology [학문, 학설, 교리] | 392 |
| ics · tics [~학, ~술] | 394 |
| ism [교의, 학설, 주의] | 395 |
| ar · er · or [~하는 사람(물건), 기구] | 397 |
| ist [~하는 사람, ~에 재주 있는 사람, ~주의자] | 399 |
| cian · ician [어떤 종류의 기술을 가진 사람] | 401 |
| ee [행동을 받는 사람, 특정한 행위를 하는 사람] | 402 |
| ess · ine [여성명사] | 403 |
| ant · ent [~성의, ~하는 사람(물건)] | 404 |
| ary · ery · ory · ry [~의, ~에 관한, ~하는 사람(장소), 행위, 상태, 일, 기술] | 405 |
| cule · cle · icle · ling [(매우) 작은 (것)] | 407 |
| able · ible [~할 수 있는] | 408 |
| less [~이 없는] | 409 |
| al · ial [~의, ~와 같은, ~한 성질의] | 410 |
| ful [~로 가득 찬, ~한 성질을 가진, ~많은] | 411 |
| ic [~와 같은, ~한 성질의, ~적인] | 412 |
| ical [~의, ~에 관한] | 413 |
| ous · acious [~가 풍부한, ~한 특징을 가진] | 414 |
| en [~의, ~으로 된] | 415 |
| ive [경향, 성질] | 416 |
| ile · il [~할 수 있는, ~에 관한, ~에 적합한] | 417 |
| ish [~와 같은, ~한 경향이 있는, ~스름한] | 418 |
| y [~로 가득찬, ~스름한, ~와 비슷한] | 419 |
| ly [~와 같은(이), ~에 어울리는, ~다운, 마다의] | 420 |
| fy [~게 하다, ~화하다] | 422 |
| ish [~로 하다, ~시키다] | 423 |
| ize [~와 같이 되다, ~로 되게 하다, ~화하다] | 424 |
| en [~로 하다, ~로 되다] | 425 |
| ate [~시키다, ~하다] | 426 |

# Index (단어 찾아보기)    427

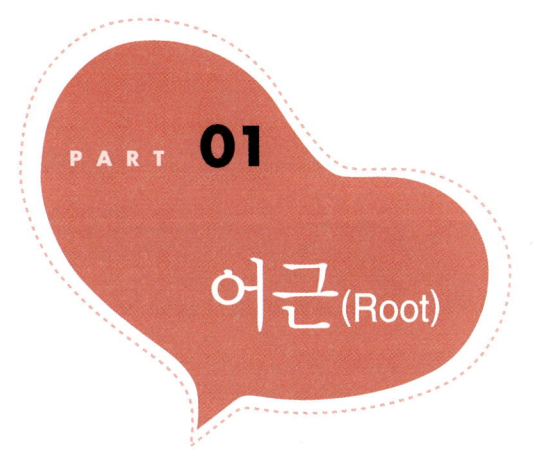

PART **01**

어근(Root)

**PART 01** 어근(Root)

# acer · acid · acr · acri · acu

라틴어 어근으로 '날카로운(sharp), 시큼한(sour)'을 의미

## ☐ acrid [ǽkrid] 혱 매운, 쓰디 쓴, 얼얼한, 사나운, 혹독한

acr-는 「날카로운」의 뜻, -id는 「~특성이 있는」이라는 의미의 형용사어미.

the *acrid* sting of smoke
코를 찌르는 듯한 연기냄새

*acrid* smoke from the burning rubber
타는 고무에서 나오는 자극성 강한 연기

*acrid* remarks 혹평

## ☐ acrimony [ǽkrəmòuni] 몡 표독스러움, 신랄함, 통렬함

acri-는 「날카로운」의 의미이고, -mony는 「~성질」이라는 의미의 명사어미. 「날카로움」이 원래의 뜻.

speak with unusual *acrimony*
평소와 달리 신랄한 어조로 말하다

|관련어| **acrimonious** 신랄한, 통렬한

## ☐ acuity [əkjúːəti] 몡 예리함, 예민함

acu-는 「날카로운」의 뜻이고, -ity는 「~상태」를 나타내는 명사어미. 「날카로운 상태」가 원래의 뜻.

*acuity* of vision 예리한 통찰력
*acuity* of hearing 예민한 청각
He has great mental *acuity*.
그는 두뇌회전이 빠르다.

## ☐ **acumen** [əkjúːmən]  명 예민, 총명, 통찰력

He has an uncommon political *acumen*.
그에게는 남다른 정치적 통찰력이 있다.

## ☐ **acute** [əkjúːt]  형 날카로운, 뾰족한, 격심한, 예각의

*acute* pain 심한 통증
*acute* problem 심각한 문제
*acute* injury 중상
an *acute* disease 급성병
The food shortage became *acute*.
식량부족이 극심해졌다.
an *acute* angle 예각
an *acute* critic 예리한 비평가

|관련어| acutely 날카롭게, 격심하게, 예민하게

## ☐ **acid** [ǽsid]  명 산, 신 것  형 맛이 신, 산성의

*acid* fruit 맛이 신 과일
an *acid* reaction 산성 반응

|관련어| acidity 산성, 신맛
acidosis 산독증, 산혈증

PART **01** 어근(Root)

# act · ag · agi · ago

라틴어 어근으로
'하다(do), 행동하다(act), 움직이다(move)'의 의미

□ **agent** [éidʒənt]  명 대리인, 정부 직원, 첩보원

ag-는 「하다」, -ent는 「~하는 사람」을 의미하는 접미사. 「무엇인가를 하는 사람」이 원래의 뜻. '개인, 회사, 정부기관을 위해 업무를 수행하는 사람'이라는 의미도 있다.

He is the *agent* for a steel company.
그는 철강회사의 대리인이다.

He is an FBI *agent*. 그는 FBI 요원이다.

□ **agile** [ǽdʒəl]  형 민첩한, 몸이 재빠른

ag-는 「움직이다」라는 의미이고, -ile는 라틴어 접미사로 「~성격의」란 의미를 지닌 형용사어미. 「움직이는 성격이 있는」이 원래의 뜻.
* agile에는 동작뿐만 아니라 「두뇌 회전이 빠른」의 의미도 있다.

A good dancer must be *agile*.
훌륭한 무용수는 몸놀림이 민첩해야 한다.

be as *agile* as a squirrel
다람쥐처럼 재빠르다

He has an *agile* wit.
그에게는 번뜩이는 재치가 있다.

|관련어|   **agility** 민첩함 [-ity는 '성질, 상태'를 나타내는 명사어미]

- The quarterback had remarkable agility.
  그 쿼터백은 몸놀림이 뛰어나게 민첩했다.

## □ **agitate** [ǽdʒitèit]  동 심하게 흔들다, 선동하다, (관심·여론)을 환기시키다

> agi-는 「움직이다」, -ate는 「하다, 시키다」의 뜻을 나타내는 동사어미. 「움직이게 하다」가 원래의 뜻으로서, 이 뜻이 변하여 「선동하다」라는 의미가 되었다.

**The wind** *agitated* **the trees.**
바람 때문에 나무들이 심하게 흔들렸다.

*agitate* a crowd 군중을 선동하다

|관련어| **agitation** 들썩임, 선동 [-ion은 추상명사를 만드는 접미사]

- civil rights agitation
  시민의 권리를 위한 여론환기 활동
- an agitation for and against women's lib
  여성해방운동에 대한 찬반 논쟁

|관련어| **agitator** 선동자 [-or은 「~하는 사람」을 나타내는 접미사]

- Agitators made the crowd angry.
  선동자들로 인해 군중이 격분하게 되었다.

## □ **activate** [ǽktəvèit]  동 활동(작동)시키다, 활성화하다

> -ate는 동사어미.

**Can you** *activate* **this machine?**
이 기계를 작동시킬 수 있습니까?

## □ **actor** [ǽktər]  명 남자배우, 행위자

> act-는 「행동하다」, -or은 「~하는 사람」을 의미하는 접미사.
> *여배우는 actress이며 -ress는 여성을 의미하는 접미사.

14

The *actor* spoke his lines clearly.
그 배우는 대사를 명확하게 발음하였다.

My son was an *actor* in the struggle, not an onlooker.
그 투쟁에서 나의 아들은 방관자가 아닌 주동자였다.

---

## □ **enact** [inǽkt]  동 (법률을) 제정하다, (법률로) 규정하다

en-은 명사나 형용사를 타동사로 만들어 「들어가게 하다, 특정한 상태로 하다」의 의미를 만든다.

The bill is expected to be *enacted* during the present session.
그 법안은 현재 회기 중에 제정될 예정이다.

Be it further *enacted* that ~
다음과 같이 법률로 정한다.

as by law *enacted* 법률이 규정하는 바와 같이

|관련어| **enactment** 법률 제정, 법령
- The Senate's enactment of the air-pollution bill goes into effect today.
  상원의 공기오염 방지 법령이 오늘부터 시행된다.

---

## □ **antagonist** [æntǽgənist]  명 적수, 적대자, 경쟁 상대

ant-(=anti-)는 「반대하여」의 뜻을 지닌 접두사. ago-는 「행동하다」, -ist는 「~하는 사람」의 뜻을 나타내는 접미사. 「~에 반대하여 행동하는 사람」이 원래의 뜻.

|관련어| **antagonism** 적의, 적대, 대립
- racial antagonism 인종적 대립

|관련어| **antagonistic** 적대의, 대립의
- an antagonistic view 의견 대립

|관련어| **antagonize** ~을 적으로 돌리다, ~의 반감을 사다
- His manner antagonizes the people.
  그의 태도는 사람들의 반감을 산다.

**PART 01** 어근(Root)

# ali · allo · alter

라틴어 어근으로
'다른(other)'을 의미

☐ **alias** [éiliəs] 명 별명, 통칭, 일명 부 별명으로

「다른 기회에」가 원래의 뜻.

take an *alias*
다른 이름을 사용하다

Jones is an *alias* for Johnson.
Jones는 Johnson의 별칭이다.

☐ **alibi** [æləbài] 명 알리바이, 현장 부재증명, 변명

「다른 장소에서」가 원래의 뜻.

set up an *alibi*
알리바이를 입증하다

Did she have an *alibi* for last night?
그녀에게는 어젯밤의 알리바이가 있었습니까?

We've got no *alibi*.
변명의 여지가 없다.

☐ **alien** [éiljən] 형 외국인의 명 외국인, 따돌림받는 사람

*alien* registration 외국인 등록

|관련어| **alienage** 재류외국인 신분 [-age는 명사어미]

## □ **alienate** [éiljənèit] 동 멀리하다, 소외하다, 따돌리다, 양도하다

-ate는 「~시키다, ~하다」를 뜻하는 동사어미.

She was *alienated* from her friends.
그녀는 친구들로부터 따돌림을 받았다.

|관련어| **alienation** 소외, 이전, 양도
- alienation of affections 애정이전

## □ **allogamy** [əlágəmi] 명 타가생식, 타화 수분

gam-은 「결혼」의 뜻.

|관련어| **allogamous** 타화 수분의

## □ **allograph** [ǽləgrǣf] 명 대필, 대리서명

graph-는 「쓰는 (것), 씌어진 것」의 뜻.

## □ **allonym** [ǽlənim] 명 필명(저자의 가명)

|관련어| **allonymous** 필명의

## □ **alter** [ɔ́ːltər] 동 변하다, 바꾸다

「다른 것으로 변경하다」가 원래의 뜻.

*alter* one's life style 생활양식을 바꾸다
He has *altered* a little in appearance.
그는 외모가 조금 달라졌다.

That *alters* the case.
그러면 이야기가 달라진다.

|관련어| **alteration** 변경, 개조

- make alterations on garments
  옷의 치수를 고치다
- make alterations to the kitchen
  부엌을 개조하다
- an alteration in plan 계획 변경

|관련어| **alterative** 체질개선 작용이 있는, 변화를 일으키는

**alternative** 양자택일, 대안

- I have no alternative.
  나로서는 다른 대안이 없다.

---

□ **alternate** [ɔ́:ltərnèit] 동 교체하다, 번갈아 일어나다, 교대로 바꾸다 형 번갈아하는, 교체의, 서로 엇갈리는

*형용사와 동사의 발음이 다른 것에 주의할 것.
형용사의 발음은 [ɔ́:ltərnit]

The flood and ebb tides *alternate* with each other.
밀물과 썰물은 번갈아 일어난다.

My sister and I *alternate* in cleaning our room.
여동생과 나는 번갈아 방을 청소한다.

*alternate* the melodies 멜로디를 교체하다

|관련어| **alternately** 교대로

PART **01** 어근(Root)

# am

라틴어 어근으로
'사랑하다(love)'를 의미

## □ **amateur** [ǽmətər]  명 아마추어, 직업적이 아닌 사람, 초보자, 애호가

-ateur는 프랑스어 접미사로 「~하는 사람」의 의미. 「(돈을 벌기 위한 것이 아닌) ~하기를 좋아하는 사람」이 원래의 뜻.

### The actors in the play were very good *amateurs*.
그 연극의 연기자들은 아마추어였지만 매우 뛰어난 연기를 했다.

### Some *amateur* golfers were as good as professionals.
몇몇 아마추어 골프선수는 실력이 프로 골프선수에 못지 않았다.

*amateur의 형용사형과 부사형은 amateurish와 amateurishly이지만 뉘앙스의 차이에 주의할 필요가 있다. amateur라고 하면 기술적인 것과는 관계가 없지만, 형용사형·부사형을 사용하면 (기술이) 미숙하다는 뉘앙스가 있다.

### an *amateurish* performance 미숙한 연구

---

## □ **amiable** [éimiəbl]  형 호감을 주는, 붙임성이 있는

am-은 「사랑하다」, -able은 라틴어 접미사로 「~할 수 있는」이란 의미로 「사랑할 수 있는」이 원래의 뜻.

### He spoke in an *amiable* manner.
그는 붙임성이 있는 태도로 말했다.

### He is an *amiable* person.
그는 호감이 가는 사람이다.

|관련어| amiably 사랑스럽게

amiableness, amiability 사랑스러움

---

## ☐ amicable [ǽmikəbl] 형 우호적인, 친화적인, 평화적인

amiable과 철자는 다르지만 어원은 같다. amiable은 사람에 대해 많이 쓰이고, amicable은 태도, 성질, 결정 등에 쓰는 경우가 많다.

an *amicable* attitude
우호적인 태도

The lawyer arranged an *amicable* settlement of the lawsuit.
그 변호사는 그 소송에서 화해책을 강구하였다.

settle a difference in an *amicable* manner
의견차이를 평화적으로 해결하다

|관련어| amicably 우호적으로

amicableness, amicability 우호

amity 친목, 우호

- international amity 국제친선

---

## ☐ amorous [ǽmərəs] 형 호색의, 요염한

-ous는 라틴어 접미사로 「~이 많은, ~의 특징을 지닌, ~와 비슷한」의 의미를 나타내는 접미사.

*amorous* affairs 정사
*amorous* glances 추파
The girl gave him an *amorous* glance.
그 소녀는 그 남자에게 추파를 던졌다.

She refused his *amorous* advances.
그녀는 그의 성적 접근을 거부했다.

## ☐ **enamor** [inǽmər]  동 ~에 반하게 하다, 호리다, 매혹하다

en-은 라틴어 접두사로 「~시키다, ~상태로 하다」라는 의미를 붙여 타동사화한다. enamor는 보통 수동태로 사용된다.

### be *enamored* of its beauty
그 아름다움에 매료되다

### The boy is *enamored* of the girl next door.
그 소년은 옆집 소녀에게 반했다.

**PART 01** 어근(Root)

# anim

라틴어 어근으로
'생명(life), 마음·혼·정신(mind·soul·spirit),
움직이다(move)'의 의미

☐ **animate** [ǽnəmèit]  동 살리다, 생기를 불어넣다
　　　　　　　　　　　　형 살아있는, 생기가 있는

> -ate는 「가지고 있다」라는 의미의 라틴어 접미사. 「생명을 지니고 있다」가 원래의 뜻.
> *동사와 형용사의 발음이 다르다. 형용사의 발음은 [ǽnəmit].

His arrival *animated* the party.
그가 오고 나서 파티는 활기를 띠었다.

He tried to *animate* the conversation by telling jokes.
그는 농담을 해서 대화에 활기를 불어넣으려 했다.

*animate* beings 생명체

Man is an *animate* being. 인간은 생명체다.

---

☐ **animated** [ǽnəmèitid]  형 싱싱한, 생동하는

She was a happy, *animated* person.
그녀는 생기 발랄한 사람이다.

The children enjoy *animated* cartoons.
아이들은 만화영화를 좋아한다.

*an animated cartoon은 '만화영화'를 뜻한다.

## ☐ **animation** [ænəméiʃən]　 명 생기, 활발, 애니매이션, 만화 영화

She spoke with *animation*.
그녀는 신이 나서 말했다.

---

## ☐ **inanimate** [inǽnəmit]　 형 생기가 없는, 생명이 없는

접두사 in-은 라틴어에 기초하는 말에 붙어 not의 의미를 지닌다.

A desk is an *inanimate* object.
책상은 무생물이다.

an *inanimate* tone of voice
풀이 죽은 목소리

---

## ☐ **animosity** [æ̀nəmásəti]　 명 악의, 적의, 증오

anim-은 「마음」을 의미하고, -ity는 「상태」, 「성질」을 나타내는 명사어미. 원래는 「건강한 마음을 가진 상태」라는 의미였으나 현재에는 「증오」라는 의미로만 사용되고 있다.

There is a great deal of *animosity* between us.
우리는 서로 몹시 미워하고 있다.

---

## ☐ **magnanimous** [mægnǽnəməs]　 형 배포가 큰, 도량이 넓은

magn-는 라틴어 어근으로 「큰」의 뜻, anim-은 「마음」, -ous는 「~의 특징을 지닌」이라는 뜻의 형용사어미. 「큰 마음을 지니고 있는」이라는 본래의 의미에서 「관대한」의 의미가 되었다.

After the war, the victors were *magnanimous*, not revengeful.
전쟁이 끝나자, 승리자들은 복수심은 사라지고 관대한 마음을 가지게 되었다.

| 관련어 | **magnanimity** 도량, 배짱이 큼

- He shows magnanimity in forgiving his enemies.
  그는 적을 용서하는 큰 도량이 있는 사람이다.

| 관련어 | **magnanimously** 관대하게

---

## ☐ **unanimous** [juːnǽnəməs]  휑 **만장일치의, 이의 없는**

**un-**은 라틴어 어근으로 「하나」의 뜻이므로 「마음이 하나인」, 「견해가 같은」이 원래의 뜻.

**She was elected secretary of the club by *unanimous* vote.**
그녀는 만장일치로 그 클럽의 간사로 뽑혔다.

***unanimous* decision**
재판관 전원 일치의 판결

| 관련어 |  **unanimity** 만장일치

**unanimously** 만장일치로

**PART 01** 어근(Root)

# anni · annu · enni

라틴어 어근으로
'일년 · 주기(year)'를 의미

☐ **annals** [ǽnəlz]  명 [pl.] 연대기, 연대표, 연보

annals는 annu-「1년」과 -al「~에 관한, ~의」의 뜻을 지닌 접미사로 만들어진 단어.「1년의 기록」이라는 의미가 확대되어「역사 일반에 관한 기록」을 의미하게 되었다.

☐ **annual** [ǽnjuəl]  형 1년의, 1년에 걸친, 1년 1회의
명 연감, 연보, 졸업 앨범(美)

annu-은「1년」의 의미, -al은「~의, ~에 관한」의 뜻을 지닌 형용사어미.

### We have an *annual* vacation of two weeks.
우리에게는 일년에 한 번 2주간의 휴가가 있다.

### an *annual* message 연두교서

*annual에는「1년생 식물」의 의미도 있다. 부사형은 annually.

• club dues collected annually
 연 1회 징수되는 클럽 회비

## ☐ **anniversary** [æ̀nəvə́ːrsəri] 명 기념일, 기념제

> anni-는 「1년」, vers-는 라틴어 어근으로 「돌다(돌리다), 향하다」의 뜻. -ary는 여기서 「~하는 것(장소)」를 나타내는 명사어미. 「일년에 한 번 돌아오는 것」이 원래의 뜻.

a wedding *anniversary* 결혼기념일
The American people celebrated the 200th *anniversary* of American independence.
미국인들은 독립 200주년 기념일을 축하했다.

---

## ☐ **annuity** [ənjúːəti] 명 연금, 연간 배당금

> annu-는 「1년」, -ity는 「~의 상태」, 「~의 성질」을 나타내는 명사어미.

life *annuity* 종신연금
an *annuity* bond 연금증서
How much is the *annuity* from this life insurance?
이 생명보험의 연간 배당금은 얼마입니까?

---

## ☐ **biennial** [baiéniəl] 형 2년에 한 번의, 2년간 계속되는

> bi-는 「두 번」, 「두 개」를 의미하는 접두사.

*biennial* contests 2년에 한 번 하는 경연대회
a *biennial* plant 2년생 식물

* 「3」의 뜻을 나타내는 접두사 tri-가 붙은 triennial은 「3년마다」, 「3년간 계속되는」의 의미이고, 「4」의 뜻을 지닌 접두사 quadri-가 변형된 quadre-가 붙은 quadrennial은 「4년마다의, 4년마다 일어나는」이라는 의미이다.

- a triennial election 3년마다의 선거
- a triennial plant 3년생 식물

## ☐ centennial [senténiəl]  형 백년마다의, 백년의

cent-는 라틴어 어근으로 「100」을 의미하고, enni-는 「년(年)」을 의미하므로 「백년의, 백년 기념의」란 뜻이 된다.

**the *centennial* celebration of Lenin's birth**
레닌 탄생 100주년 기념 축하

**This is the *centennial* anniversary of the founding of our town.**
올해는 우리 마을이 생긴 지 100주년을 맞이하는 해이다.

---

## ☐ perennial [pəréniəl]  형 지속하는, 끊임없는

per-는 라틴어 접두사로 「~을 통해」라는 의미. 「일년을 통해 계속되는」이 원래의 뜻이지만, 의미가 확대되어 「끊임없이 계속되는」의 뜻이 되었다. perennial에는 「다년생 식물」이란 뜻도 있다.

**I'm tired of your *perennial* nagging!**
당신의 잔소리에 신물이 나요!

**These flowers are *perennials*; you don't have to plant new seeds every year.**
이러한 꽃은 다년생 식물이므로 새로운 품종을 심을 필요가 없다.

PART 01 어근(Root)

# anthrop · anthropo

그리스어 어근으로
'인간(man, human), 인류(mankind)'를 의미

## ☐ anthropology [æ̀nθrəpάlədʒi] 명 인류학, 인간학

anthropo-는 「인류」, -logy는 「학문」의 뜻. 우리말로는 「~학」으로 번역한다. 「인류에 관한 학문」이 원래의 뜻.

In college he majored in *anthropology*.
그는 대학에서 인류학을 전공했다.

* 그리스어 접미사 -ist 「~하는 사람」를 붙이면 anthropologist 「인류학자」가 된다. anthropological은 형용사.

---

## ☐ philanthropist [filǽnθrəpist] 명 자선가, 박애주의자

phil-은 그리스어 어근으로 「사랑하다」를 의미하고, anthrop-는 「인간」, -ist는 「~하는 사람」을 의미하는 접미사. 「인간을 사랑하는 사람」이 원래의 뜻.

The *philanthropist* gave a million dollars for the building of a public library.
그 자선가는 공공도서관을 건설하도록 100만 달러를 기부하였다.

* 추상명사어미 -y가 붙은 philanthropy 「자선, 인류애」가 명사형. -ic 「~와 같은」, 「~의 성질의」 등의 뜻을 나타내는 형용사가 붙은 philanthropic 「자비의, 인정이 많은」가 형용사형.

□ **misanthrope** [mísənθròup]  명 염세가, 사람을 싫어하는 사람

mis-는 그리스어 어근으로 「미움, 혐오」를 나타내는 접두사. 「사람을 싫어하는 사람」이 원래의 뜻.
*misanthropist(mis+anthrop+ist)와 같은 뜻이다.

It is impossible for a *misanthrope* to be a philanthropist.
인간을 싫어하는 사람이 자선가가 될 수는 없다.

|관련어| **misanthropy** 인간혐오  **misanthropic** 염세적인

□ **anthropocentric** [æ̀nθrəpouséntrik]  형 인간 중심의

□ **anthropogeography** [æ̀nθrəpoudʒiágrəfi]  명 인문지리학

□ **anthropogenesis** [æ̀nθrəpoudʒénisis]  명 인류발생 기원론

□ **anthropography** [æ̀nθrəpágrəfi]  명 인류지(誌)

graphy-는 「기록」의 의미.

□ **anthropoid** [ǽnθrəpɔ̀id]  형 인간과 비슷한
an *antropoid* ape 유인원

□ **anthropometry** [æ̀nθrəpámitri]  명 인체측정학

metry-는 「측정(법)」의 의미.

PART 01 어근(Root)

# arch

그리스어 어근으로
'지배자(ruler)'를 의미

## ☐ monarch [mánərk]  명 군주, 독재주권자

mon-은 그리스어 어근으로 「하나」를 의미한다. 「혼자서 지배하는 자」가 원래의 뜻.

an absolute *monarch* 전제군주
a constitutional *monarch* 입헌군주
Both kings and queens are called *monarchs*.
왕과 왕비 모두를 군주라고 한다.

|관련어| **monarchy** 군주제, 군주국가 [-archy는 「지배 형태」의 뜻]

- France was once a monarchy.
  프랑스는 일찍이 군주국가였다.

## ☐ anarchy [ǽnərki]  명 무정부상태

an-은 「무(無)」, 「비(非)」의 뜻을 지닌 접두사. arch-는 「지배자」, -y는 추상명사어미. 「지도자가 없는 혼란한 상태」가 원래의 뜻.

|관련어| **anarchist** 무정부주의자

## ☐ **matriarch** [méitriɑːrk]  명 여자 가장, 여족장

matri-는 라틴어 어근으로 「어머니」를 의미한다. 「대가족이나 종족을 지배하는 여성」이 원래의 뜻.

*Matriarchs* ruled in some ancient societies.
고대사회에서는 가모장제도인 곳도 있었다.

|관련어| **matriarchy** 가모장제 [-archy는 「지배 형태」의 의미]

---

## ☐ **archeology** [ɑːrkiɑ́lədʒi]  명 고고학 (또는 archaeology)

archeo-(또는 arche-)는 그리스어 어근이지만 위의 「지배자」의 의미가 아닌 「고대의」라는 의미. 「고대에 관한 학문」이 원래의 뜻.

|관련어| archeological 고고학의
archeologist 고고학자
archaic 고풍의, 고체의
 • an archaic word 고어
archaically 옛스럽게

**PART 01** 어근(Root)

# aster · astro

그리스어 어근으로
'별(star)'을 의미

☐ **astrology** [əstrálədʒi]  명 점성술, 원시천문학

astro-는 「별」, -logy는 「학문」의 의미.

|관련어| **astrologer** 점성술사

---

☐ **astronomy** [əstránəmi]  명 천문학

-nomy는 여기에서는 「학문」의 뜻을 지닌 명사어미.

|관련어| **astronomical** 천문학의
- an astronomical observatory 천문대

**astronaut** 우주비행사

**astronomer** 천문학자

---

☐ **asterisk** [æstərisk]  명 별표(＊) 동 별표를 붙이다

「작은 별」이 원래의 뜻.

- **asteroid** [ǽstərɔ̀id]  명 소혹성, 불가사리

- **astrophysics** [æ̀stroufíziks]  명 천체물리학, 우주물리학

- **astrometeorology** [æ̀stroumìːtiərálədʒi]
  명 천체기상학

- **astrometry** [æstrámitri]  명 천체측정학, 위치천문학

**PART 01** 어근(Root)

# aud · audi · audit

라틴어 어근으로
'들리다, 듣다(hear, listen)'를 의미

## □ **audible** [ɔ́ːdəbl]  형 들리는, 들을 수 있는

aud-는 「듣다」, -ible는 -able의 다른 형태로 「~할 수 있는」의 뜻을 지닌 형용사어미.

Her voice was hardly *audible*.
그녀의 목소리를 거의 들을 수 없었다.

The teacher's voice was barely *audible*.
선생님의 목소리는 거의 들리지 않았다.

---

## □ **auditor** [ɔ́ːditər]  명 방청인, 감사, 청강생

audit-는 「듣다」, -or은 「~하는 사람」의 의미. 「무엇인가를 듣는 사람」이 원래의 뜻. 회계·장부 등에 대한 보고를 듣는다는 의미에서 「회계감사관」이란 의미도 있다.

He was an attentive *auditor* at the lecture.
그는 그 강의를 열심히 들었다.

He was an *auditor* for an accounting firm.
그는 회계 사무소의 회계감사관이었다.

34

## ☐ **audience** [ɔ́ːdiəns] 명 청중, 알현, 청취

aud-는 「듣다」, -ience는 「~의 상태」란 뜻을 지닌 접미사. 「다른 사람의 의견을 듣는 것」이 원래의 뜻.

The *audience* at the theater was enormous.
그 극장에는 청중들이 엄청나게 많았다.

He had an *audience* with the King.
그는 국왕을 배알하였다.

## ☐ **audition** [ɔːdíʃən] 명 (가수, 배우 등의 계약시에 하는) 오디션, 청력, 청취

audit-은 「듣다」, -ion은 「~행위」를 의미하는 라틴어 접미사. 「듣는 행위」라는 원래의 의미에서 「가수나 배우 등의 채용을 위한 심사」라는 의미가 되었다.

The singer was given an *audition*.
그 가수에게 오디션 기회가 주어졌다.

She was late for her *audition*.
그녀는 오디션에 지각하였다.

## ☐ **auditorium** [ɔ̀ːditɔ́ːriəm] 명 강당, 청중석

audit-은 「듣다」, -orium은 「~하기 위한 장소」를 의미하는 라틴어 접미사. 「듣기 위한 장소」가 원래의 뜻.

The play was presented in the high-school *auditorium*.
그 연극은 고등학교 강당에서 상연되었다.

## ☐ **audiometer** [ɔ̀ːdiámitər] 명 청력측정기, 음파계

-meter는 「계량장치」의 뜻.

- **audio-visual** [ɔ̀ːdiouvíʒuəl]  형 **시청각의**
  *audio-visual* education 시청각 교육
  *audiovisual* aids 시청각 교재  *약자 : A.V.

---

- **audiology** [ɔ̀ːdiɑ́lədʒi]  명 **청각학**

  -logy는 「학문」, 「학설」, 「교리」를 나타내는 접미사.

---

- **auditory** [ɔ́ːditɔ̀ːri]  형 **청각의, 귀의**
  *auditory* nerves 청각 신경

# aut · auto

그리스어 어근으로 '자기 자신(self)'을 의미

## ☐ **autograph** [ɔ́:təgræf] 명 자필 서명, 사인

auto-는 「자기 자신」, graph-는 「쓰는 일」을 의미하는 그리스어 어근. 「자기 자신이 쓴 서명」이 원래의 의미.
*autograph는 사진이나 책 등에 기념으로 「사인하다」란 의미의 동사도 된다.

She stood in line to get the singer's *autograph*.
그녀는 그 가수의 사인을 받기 위해 줄을 섰다.

The singer *autographed* the program for her.
그 가수는 그녀의 프로그램에 사인했다.

|관련어| **autography** 자서전 [auto-(자기 자신)와 biography(전기)가 결합되어 「본인이 직접 쓴 자신에 대한 전기」를 나타낸다. biography는 제3자에 의해 쓰여진 전기를 말한다.]

## ☐ **autocrat** [ɔ́:təkræt] 명 독재자, 군주

crat-은 그리스어 어근으로 「지배, 권력」이란 의미. 「절대적인 권력으로 지배하는 자」가 원래의 뜻.

|관련어| **autocracy** 독재정치, 독재국가
- Under Hadrian, Rome was an autocracy.
  하드리아누스 황제 통치시기에 로마는 독재국가였다.

**autocratic** 독재적인
- autocratic **rule** 전제 지배
- autocratic **administration** 전제 정치

---

## ☐ **automatic** [ɔ̀:təmǽtik] 〔형〕 자동의, 자동적인

auto-는 「자기 자신」, matic-은 「움직이는」이란 의미의 그리스어 어근. 「스스로 움직이는」이 원래의 뜻.

An *automatic* timer turns the street lights on at night and off in the morning.
자동 타이머로 인해 가로등은 밤에 켜지고 아침이 되면 꺼진다.

The clothes dryer is *automatic*.
그 의복건조기는 자동이다.

|관련어| **automation** 자동조작, 오토메이션
**automatically** 자동적으로
**automat** 자동판매장치에 의한 셀프서비스식 대중식당

---

## ☐ **automobile** [ɔ̀:təməbí:l] 〔명〕 자동차

mobile-은 라틴어에서 「움직이는」의 의미. 「스스로 움직이는 교통기관」이 원래의 뜻.

|관련어| **automotive** 자동차의
- automotive **parts** 자동차부품

---

## ☐ **autogenesis** [ɔ̀:toudʒénisis] 〔명〕 자연 발생

gen-은 그리스어 어근으로 「낳다」의 의미.

|관련어| **autogenetic** 자기번식의, 자연 발생하는

## autonomy [ɔːtánəmi] 명 자치, 자치권

-nomy는 법률이나 정치에 관련된 명사를 만든다.

the *autonomy* of the district 지역의 자치

|관련어| autonomous 자치의
- an autonomous republic 자치공화국

PART 01 어근(Root)

# bene · bon

라틴어 어근으로
'좋은, 합당한(good)'의 의미

## □ benefit [bénəfit]  명 이익, 특전, 은혜
  동 ~의 이익이 되다, ~에게 이롭다

bene-는 「좋은」이라는 의미이고, fit는 라틴어 어근 fac-(~하다)에서 왔다. 「좋은 행동」, 「친절한 행위」가 원래의 뜻.

The students had the *benefit* of a fine library.
그 학생들은 좋은 도서관의 혜택을 받았다.

It was of great *benefit* to me.
그것은 나에게 큰 이익이었다.

◆ 타동사의 예

The new hospital will *benefit* all the people.
새 병원의 혜택을 모든 사람들이 고루 받게 될 것이다.

◆ 자동사의 예

I *benefited* from your advice.
당신의 조언은 저에게 큰 도움이 되었습니다.

## □ beneficial [bènəfíʃəl]  형 유익한

bene-는 「좋은」의 의미이고, fic은 「~하다」라는 의미의 라틴어 어근이며, -ial은 형용사어미, 「도움이 되는」이 원래의 뜻.

**Sunshine is *beneficial* to plants.**
햇빛은 식물에 유익하다.

**Sleep and proper food are *beneficial* to health.**
수면과 적당한 식사는 건강에 이롭다.

---

## □ **benefactor** [bénəfæ̀ktər]　명 은인, 후원자

factor는 「~하는 사람」의 의미. 「좋은 일을 하는 사람」이 원래의 뜻.

**He was a *benefactor* to the world of literature.**
그는 문학계의 은인이었다.

**Mr. Walker, the banker, is a *benefactor* of the museum.**
은행가 워커 씨는 그 박물관의 후원자이다.

|관련어|　**benefactress** [benefactor의 여성형]

---

## □ **benevolent** [bənévələnt]　형 인자한, 자선적인, 인정이 많은

volent-는 라틴어로 「~하고 싶은」의 의미. 「좋은 일을 하고 싶은」이 원래의 뜻.

**a *benevolent* sovereign**
자비심 많은 통치자

**a *benevolent* fund** 자선기금

**The teacher has a *benevolent* attitude toward his students.**
선생님은 학생들을 인자하게 대하신다.

|관련어|　**benevolence** 자비심, 박애, 자선

- a man of benevolence
  자비심이 깊은 남자

- benevolence towards one's neighbors
  이웃사람에 대한 깊은 배려

**benevolently** 호의적으로

## ☐ **benediction** [bènidíkʃən] 몡 (교회용어) 축복의 기도, 강복

dic-은 라틴어 어근으로 「말하다」의 의미이고, -(t)ion은 「~의 행위」를 나타내는 명사어미. 「좋은 말을 하는 행위」에서 「기도」라는 의미로 되었다.

give the *benediction*
기도하다

**The priest gave the people his *benediction*.**
그 사제는 그 사람들을 위해 축복의 기도를 드렸다.

---

## ☐ **beneficiary** [bènəfíʃièri] 몡 수익자, 수령인

fic-은 라틴어 어근으로 「~하는」의 의미이며, -ary는 「~에 관계 있는 사람」의 뜻을 지닌 접미사. 「이익을 받는 사람」이 원래의 뜻.

**He was the *beneficiary* of his father's life-insurance policy.**
그는 자기 아버지가 가입한 생명보험의 수익자였다.
*policy는 보험증서의 의미

---

## ☐ **bonus** [bóunəs] 몡 특별상여금, 보너스

bon-은 「좋은」이라는 의미의 어근.
*예상 밖의 유쾌한 일에 대해서도 bonus가 사용된다.

**Every worker received a five-dollar *bonus* at Christmas.**
모든 노동자들이 크리스마스 보너스로 5달러를 받았다.

**We like our new house, and it's a real *bonus* that my mother lives so near.**
우리는 새집이 마음에 든다. 더군다나 어머님께서 우리와 가까이 살고 계신 점이 아주 기쁜 일이다.

## ☐ **benign** [bináin] 형 친절한, 상냥한

bene-「좋은」과「생기다」라는 의미의 어근 gen-이 결합된 말.「태생적으로 좋은」이 원래의 뜻.

a *benign* master 선량한 주인

The *benign* old gentleman reminded her of her grandfather.
그녀는 친절한 노신사를 보자 그녀의 할아버지가 생각이 났다.

\*benign의 발음에 주의.

PART 01 어근(Root)

# bio

그리스어 어근으로
'삶, 생명(life)'을 의미

## ☐ **biochemistry** [bàiou̯kémistri]  명 생화학

bio-와 chemistry(화학)가 결합된 단어. biochemist는 「생화학자」의 뜻

He plans to study *biochemistry* at college.
그는 대학에서 생화학을 전공할 계획이다.

---

## ☐ **biography** [baiɑ́ɡrəfi]  명 전기, 일대기, 전기문학

bio-는 「생애」(life에는 인생의 의미도 있다)의 의미이고, -graphy는 그리스어 접미사로 「기록」의 뜻. 「인생에 관한 기록」이 원래의 뜻.

This *biography* of President Kennedy is a best seller.
이 케네디 대통령의 전기는 베스트셀러이다.

| 관련어 | biographer 전기작가
biographical 전기적인
 • a biographical dictionary 인명사전
biographically 전기식으로
biographee 전기의 주인공
autobiography 자서전 [auto-는 「자기 자신」의 뜻]

- **biology** [baiάlədʒi] 몡 생물학

    -logy는 「~학」이란 의미의 접미사. 「생명에 관한 학문」이 원래의 뜻.

    **Zoology and botany are the main divisions of *biology*.**
    동물학과 식물학은 생물학의 주요분야이다.

    |관련어|　**biological** 생물학의
    　　　　　**biologist** 생물학자

- **biogeography** [bàioʊdʒiάgrəfi] 몡 생물지리학

- **biophysics** [bàioʊfíziks] 몡 생물물리학

- **bioplasm** [báioʊplæzəm] 몡 원형질, 바이오 플라즈마

- **biogenesis** [bàioʊdʒénisis] 몡 생물 발생설

- **biotechnology** [bàiouteknèlədʒi] 몡 생물 공학

- **biotic** [baiάtik] 혱 생물의

    *biotic* **potential** 번식, 생활능력

**PART 01** 어근(Root)

# cad · cid · cas

라틴어 어근으로
'떨어지다(fall), 일어나다(befall),
우연히 발생하다(happen by chance)'를 의미

## ☐ casual [kǽʒjuəl]  형 우연의, 무심결의

> cas-는 「우연히 일어나다」이고, -al은 「~의」, 「~에 관한」이란 의미의 형용사어미. 「우연히 일어나는」이 원래의 뜻.
> *casual은 「임시노동자」의 뜻도 있다.

It was not a business appointment, just a *casual* meeting with a friend.
일 때문에 만난 것이 아니고, 우연히 친구와 만나게 된 것이었다.

*casual* clothing
평상복

They employ *casual* labor to pick up the fruit.
과일을 수확할 때 임시노동자를 고용한다.

## ☐ decadent [dékədənt]  형 쇠퇴기에 접어든, 퇴폐적인

> de-는 라틴어 접두사로 「아래로」의 뜻이고, cad-는 「떨어지다」, -ent는 여기서는 형용사어미. 「떨어지는」 또는 「쇠퇴해 가는」이 원래의 뜻.

|관련어|  **decay** 썩다, 썩게 하다, 쇠퇴
  • decaying vegetables 썩어가는 야채
  • a decayed tooth 충치

- the decay of a nation 국가의 쇠망
- fall into decay 쇠약해지다

---

## □ **incident** [ínsidənt]  명 사건, 생긴 일, 분쟁

in-은 「~에」라는 의미의 라틴어 접두사이고, cid-는 「떨어지다」, -ent는 여기서는 명사어미. 「~로 떨어지는 것」에서 「~에게 일어나는 것」으로 바뀌었다.

He told of many *incidents* that had occured when he was in the army.
그는 군대 있을 때 일어났던 많은 사건을 이야기해 주었다.

a border *incident* 국경 분쟁
an international *incident* 국제적인 사건
a daily *incident* 일상사
An *incident* at the border of the two countries led to war.
두 나라 사이의 국경분쟁으로 인해 전쟁이 일어나게 되었다.

|관련어| **incidence** 발생, 발생범위, 율, 정도
- Lung cancer has a high rate of incidence.
  폐암 발생률이 높다.
- The incidence of car accidents is increasing.
  자동차 사고가 증가하고 있다.
- the incidence of divorce 이혼율

|관련어| **incidental** ~에 일어나기 쉬운, 부수하여 일어나는
- That was incidental to my story.
  그것은 여담이었습니다.
- discomforts incidental to a journey
  여행할 때 흔히 있는 불편

|관련어| **incidentally** 부수적으로, ~하는 김에

## occident [ɑ́ksidənt]  명 [the를 붙여] 서양, 서유럽제국, 서반구

oc-는 라틴어 접두사로 「~로 향해서」의 뜻이고, cid-는 「떨어지다」, -ent는 「~하는 장소」를 나타내는 명사어미. 「떨어지는 곳」에서 「태양이 지는 곳」 즉 「서쪽」이라는 의미에서 「서구」로 되었다. 보통 대문자로 쓴다.

The *Occident* is the opposite of the Orient.
서양은 동양의 반대쪽에 있다.

| 관련어 |  **Occidental** 서양의, 서양인
- Occidental culture 서양문화

**Occidentalism** 서양정신

**Occidentalize** 서구화하다

---

## occasion [əkéiʒən]  명 (특정한) 경우, 일, 중요한 행사, 이유, 기회

oc-는 라틴어 접두사로 「~로 향해서(toward)」의 뜻이고, cas-는 「떨어지다」의 뜻. occason은 원래 「~쪽으로 떨어지는 것」(기회)의 의미였다.

We last saw her on the *occasion* of her marriage.
우리가 그녀를 마지막으로 본 것은 그녀의 결혼식 때였다.

The wedding was quite an *occasion*.
그 결혼식은 대단히 중요한 의식이었다.

The party was an *occasion* to meet many people.
그 파티는 많은 사람들을 만나는 좋은 기회였다.

| 관련어 |  **occasional** 이따금씩의, 특별한 경우의

- He is only an occasional visitor to our home.
  그는 이따금 우리 집을 찾아오는 사람에 불과하다.

- He wrote an occasional poem in honor of the queen's birthday.
  그는 여왕의 탄신을 기념하여 특별한 시를 썼다.

# PART 01 어근(Root)

## cap · capt · cep · cept · cip · ceiv

라틴어 어근으로 '잡다(take), 붙잡다(seize)'를 의미

□ **capture** [kǽptʃər]  동 붙잡다, 생포하다, 획득하다
　　　　　　　　　　명 포획, 생포

> capt-은 「잡다」, -ure는 라틴어 접미사로 본래 「~하는 것(결과)」라는 뜻의 명사어미. 「잡는 것」이 원래의 뜻.

*capture* a thief 도둑을 붙잡다

**The hunters *captured* the wild animals with a net.**
그 사냥꾼들이 그물로 야생동물들을 잡았다.

**the *capture* of a criminal** 범인 체포

**I *captured* my baby daughter's first smile on film.**
나는 나의 딸아이의 첫 번째 미소를 포착하여 사진에 담았다.

|관련어|　**captor** 체포하는 사람, 포획자

　　　　**captive** 수인, 포로
- The captive escaped. 그 포로가 탈출했다.
- a captive to love 사랑의 포로

　　　　**captivity** 감금상태

　　　　**captivate** 넋을 빼앗다, 현혹시키다
- captivate a reader 독자의 마음을 사로잡다
- captivate the audience 청중을 매료시키다
- Her beauty captivated him. 그는 그녀의 아름다움에 현혹되었다.

## ☐ **deceive** [disíːv] 동 속이다, 기만하다, 현혹시키다

de-는 라틴어 접두사로 「떨어져서」, ceiv-는 「잡다」의 의미. 「진실을 없애다」에서 「속이다」라는 의미로 되었다.

He *deceived* his friends about his income.
그는 친구들에게 자기 수입을 속였다.

He was *deceived* by the friendliness of the thief.
그는 도둑의 친절에 속아 넘어갔다.

be *deceived* by appearance 겉만 보고 속다

|관련어| **deceiver** 사기꾼

**deceit** 속임, 사기

- The merchant used deceit in his business dealings.
  그 상인은 그의 상거래에서 속임수를 썼다.

**deceitful** 사람을 속이는

**deceitfully** 속일 셈으로

**deception** 속임, 사기

- practice deception on a person 남을 속이다

**deceptive** 현혹시키는, 속이는

- First impressions are often deceptive.
  첫인상은 종종 믿을 수 없는 것이다.

---

## ☐ **incipient** [insípiənt] 형 시초의, 발단의

in-은 「~안에」라는 접두사, cip-는 「잡다」의 뜻이며, -ent는 여기서는 형용사어미. 「출현하는」이 원래의 뜻.

the *incipient* light of day 서광
an *incipient* case of the flu
유행성 감기의 초기 증상

He has *incipient* influenza.
그는 초기 감기다.

|관련어| **incipiently** 처음에

**incipience** 최초, 초기

- The incipience of our trouble dates back to World War II.
  우리가 안고 있는 문제의 발단은 2차 세계대전으로 거슬러 올라간다.

**inception** 처음, 시작

- He has worked for the company since its inception.
  그는 회사설립 이후 그 회사에서 일해왔다.

---

## accept [əksépt] 통 받아들이다, 수납하다, 감수하다, 수락하다, 믿다

ac-은 「~에」, 「~의 쪽으로」란 의미를 지닌 접두사이고, cept-는 「잡다」의 뜻. 「자기 쪽으로 잡다」가 원래의 뜻.

### We *accept* your offer.
당신의 제의를 받아들이겠습니다.

### He was happy to *accept* the gift.
그는 선물을 받고 기뻐했다.

### Do you *accept* what he is saying?
그가 말하는 것을 믿습니까?

|관련어| **acceptable** 받아들일 수 있는, 조건에 맞는, 마음에 드는

**acceptance** 수령, 승인

- acceptance of persons 편애

---

## conceive [kənsíːv] 통 (감정·의견 등을) 마음에 품다, 상상하다

con-은 「완전히」, ceiv-는 「잡다」의 의미. 「완전히 잡다」에서 「충분히 생각하다」라는 의미로 되었다.

### The criminal *conceived* a plan for stealing the money.
그 범죄자는 그 돈을 훔칠 계획을 마음에 품었다.

I cannot *conceive* how he did such a foolish thing.
나는 그가 왜 그런 어리석은 짓을 했는지 상상할 수가 없다.

The baby was *conceived* in March and born in December. 그 아기는 3월에 수태되어 12월에 태어났다.

|관련어| **conceivable** 있을 법한, 상상할 수 있는

- every conceivable method
  생각할 수 있는 모든 방법
- It is conceivable that ~
  ~라는 것은 있음직한 일이다

\*conceivable의 명사형은 conceivableness 또는 conceivability.

---

## ☐ **concept** [kánsept]  명 개념

con-은 「완전히」, cept-는 「잡다」라는 의미. 「완전하게 잡다, 완전히 잡힌 것」이 원래의 뜻.

The judge had a clear *concept* of justice.
그 재판관에게는 정의에 대한 확고한 개념이 있었다.

|관련어| **conception** 구상, 고안, 개념

- a bright conception 훌륭한 착상
- beyond all conception 상상을 뛰어넘는
- come up with a fine conception for the project
  그 계획을 위한 멋진 구상을 제시하다
- I have no conception of what it was like.
  나는 그것이 어떠했는지 전혀 짐작하지 못하겠다.

**PART 01 어근(Root)**

# ced · cede · ceed · cess

라틴어 어근으로
'가다(go), 굴복하다(yield, surrender)'의 의미

☐ **antecedent** [æntisíːdənt] 혱 앞서는, 선행하는
                                명 선행자, 전례

> ante-는 라틴어 접두사로 「~앞에」란 의미이고, ced-는 「가다」, -ent는 「~성의, ~하는 사람(것)」을 의미하는 명사·형용사어미, 「앞에 가는 것」이 원래의 뜻.

an *antecedent* clause 선행절
an *antecedent* incident to this one
이번 사건 앞에 있었던 사건

The Wright brothers' airplane was the *antecedent* of modern airplanes.
라이트 형제가 만든 비행기는 현대 비행기의 선구였다.

---

☐ **concede** [kənsíːd] 동 (진실, 정당)을 인정하다, 양보하다, 시인하다

> con-은 「완전히」의 뜻을 지닌 라틴어 접두사, cede-는 「굴복하다」라는 뜻. 「완전히 굴복하다」가 원래의 뜻.

*concede* defeat 패배를 인정하다
We *conceded* that his opinion was correct.
우리는 그의 의견이 옳다고 인정했다.

The employer *conceded* the workers' demand for more pay. 사용자는 근로자들의 임금인상 요구를 받아들였다.

After the First World War Germany *conceded* a lot of land to her neighbors.
1차 세계대전 후 독일은 많은 영토를 이웃국가들에게 양도하였다.

|관련어| **concession** 양보

- To reach agreement, both sides must make concessions.
  합의가 이루어지려면, 쌍방 모두 양보해야 한다.

---

## □ **exceed** [iksíːd]  동 초과하다, ~을 넘다, 도를 넘다

ex-는 「~넘어」(beyond)란 의미를 지닌 라틴어 접두사이며, ceed-는 「가다」의 의미. 「넘어가다」가 원래의 뜻.

Don't *exceed* the speed limit.
제한속도를 초과하지 마시오.

His skill *exceeds* that of the other carpenters.
그는 기술에 있어서 다른 목수들의 기술보다 뛰어나다.

The amount of money we raised *exceeded* all our expectations.
인상된 봉급액수가 우리가 예상했던 것보다 더 많았다.

|관련어| **exceedingly** 굉장히

- This is an exceedingly good steak.
  이 스테이크는 최상품이다.

---

## □ **precede** [prisíːd]  동 ~에 선행하다, ~에 앞서다, 선도하다

pre-는 「앞에」의 의미를 지닌 접두사이고, cede-는 「가다」의 의미. 「앞서 가다」가 원래의 뜻.

January *precedes* February. 1월은 2월의 전달이다.
He *preceded* her getting out of the bus.
그는 그녀에 앞서 버스에서 내렸다.

The solution of this problem *precedes* all other things.
다른 것들보다 이 문제해결이 우선이다.

### A major *precedes* a captain.
소령은 대위보다 한 계급이 높다.

|관련어| precedence 우선, 앞서기

- This task takes precedence over all others.
  이 일은 다른 모든 일에 우선한다.

precedent 선례

- establish a precedent for ~에 전례를 세우다
- The precedents all indicated that the judge should send him to jail. 모든 판례로 보아 재판관은 그를 감옥으로 보내야 한다.

preceding 이전의, 전술한

- Look at the preceding page and see what you wrote there. 앞 페이지를 보고 당신이 쓴 것을 확인하시오.

---

## □ **proceed** [próusiːd]  동 나아가다, 전진하다, 계속하다, 착수하다

pro-는 「전방에」의 의미를 지닌 접두사이고, ceed-는 「가다」의 의미. 「앞에 가다」, 「전진하다」가 원래의 뜻.

### They *proceeded* on their journey after lunch.
그들은 점심식사 후 여행을 계속했다.

### They *proceeded* rapidly with the work.
그들은 민첩하게 일을 계속해 나갔다.

### How would you *proceed*?
어떻게 처리하시겠습니까?

### *Proceed* with your story.
이야기를 계속하십시오.

|관련어| proceeding 행위, 수속

- The proceeding at the school was a brief one.
  학교에서 수속은 간단한 것이었다.

**proceedings** 소송, 의사록

- court proceedings 법정 의사록
- He started (or took) proceedings to regain possession of the house.
  그는 자기 소유의 집을 되찾기 위해 소송을 걸었다.

**proceeds** 결과, 매상고, 수익금. 발음은 [prousí:dz]

- the proceeds from a bazaar 바자회 수익금

**procedure** 순서, 처치

- What procedure do you follow in getting a driver's licence? 어떤 순서로 운전면허를 취득할 겁니까?

**procedural** 절차상의, 처분의

- There were many small procedural details.
  수속에는 사소한 문제가 많이 있었다.

---

## □ **process** [práses]  명 과정, 경과, 제법, 공정

pro-는 「앞에」의 의미이고, cess-는 「가다」의 의미. 「앞으로 나가다」가 원래의 뜻.
*process는 「가공하다」의 동사 의미도 있다.

the *process* of making cheese 치즈를 만드는 공정

The *process* of making rubber was developed many years ago.
고무제조법이 오래 전에 개발되었다.

Sickness sometimes delays the *process* of growth.
때때로 병으로 인해 성장과정이 지연된다.

*processed* foods 가공식품

|관련어| **procession** 행렬

- a funeral procession 장례 행렬
- We were among those in the wedding procession.
  우리는 그 결혼행렬에 참가했다.

|관련어| **processional** 행렬의
- a processional cross
  종교예식 행렬 때 앞서 들고 가는 십자가
- a processional hymn 카톨릭 예식행렬 때의 성가

## □ **recede** [risíːd] 통 물러나다, 퇴각하다

re-는 「뒤로」의 의미를 지닌 라틴어 접두사이고, cede-는 「가다」의 의미. 「되돌아가다」가 원래의 뜻.

The waves *receded* from the shore.
해안의 파도가 잠잠해진다.

*recede* from a position 지위에서 물러나다
a *receding* hairline 머리털이 벗어진 앞언저리

## □ **recession** [riséʃən] 명 퇴거, 후퇴, 경기퇴조

## □ **ancestor** [ǽnsestər] 명 선조, 조상

an-은 「이전에」의 의미. 「앞에 가는 사람」이 원래의 뜻.

His *ancestors* came to this country 200 years ago.
200년 전에 그의 선조들이 이 나라에 왔다.

## □ **ancestry** [ǽnsèstri] 명 (집합적) 선조, 가계

His *ancestry* is European. 그의 선조는 유럽인이다.
Hawaiians of Korean *ancestry*. 한국계 하와이 사람

## □ **intercede** [ìntərsíːd] 통 중재하다, 탄원하다

inter-는 「사이에」의 의미. 「사이를 조정하다」가 원래의 뜻.

*intercede* with the President for a pardon.
대통령에게 사면을 청원하다

I was saved because he *interceded* with the governor for me. 그가 나 대신에 총독에게 탄원하여 나를 구해주었다.

## ☐ **accede** [æksíːd]  동 응하다, 동의하다, 취임하다

ac-은 「~로」의 의미.

*accede* to a request 요구에 응하다
*accede* to terms 조건을 받아들이다
*accede* to the throne 왕위에 오르다

## ☐ **access** [ǽkses]  명 접근, 이용할 수 있는 상태, ~로 접근하는 방법, 출입

ac-은 「~로」의 의미.

You have *access* to a good library. 좋은 도서관을 이용하실 수 있습니다.
*Access* to the park is by this street. 이 길로 공원에 출입할 수 있다.

## ☐ **secede** [sisíːd]  동 탈퇴하다

se-는 「떨어져」의 의미.

*secede* from a political party 정당에서 탈당하다

## ☐ **predecessor** [prédisèsər]  명 선배, 전임자, 선조

pre-는 「앞에」의 의미. 「앞에 가는 사람」이 원래의 뜻.

His *predecessor* quit because he was not happy in the job.
그의 전임자는 그 일이 마음에 들지 않아 그만두었다.

**PART 01** 어근(Root)

# cent

라틴어 어근으로
'백(one hundred)'의 의미

## □ **centenary** [séntənèri]  형 100(년)의, 100년마다의
   명 백년간(제)

cent-는 「백」을 의미하고, -ary는 여기서는 「~에 관계된」이란 의미의 형용사어미. 「백에 관한」이 원래의 뜻.

We planned a *centenary* celebration for our company.
우리 회사의 창립 백주년 기념행사를 계획했다.

|관련어| **centennial** 100년 간의, 100년제

• a centennial anniversary 백주년 기념일

## □ **centigrade** [séntəgrèid]  형 100분도의, 섭씨의

centi-는 여기서는 「100분의 1」이란 의미, 20℃(섭씨 20도)는 twenty degrees centigrade로 읽는다.

a *centigrade* thermometer 섭씨 온도계
= Celsius thermometer

*미국·영국에서는 보통, 화씨(Fahrenheit)를 사용하기 때문에 C라고 미리 언급이 없는 경우는 화씨 온도를 의미한다.

- **centimeter** [séntəmìːtər] 명 센티미터(1/100m)

    centi-는 「100분의 1」의 의미로 「1미터의 100분의 1」이라는 의미.

- **centipede** [séntəpìːd] 명 지네

    cent-가 「100」을, -pede는 라틴어 어근으로 「발」을 의미한다. 지네의 발이 100개나 있는 것은 아니지만 그 정도로 발이 많다는 의미에서 지네가 되었다.

- **centuple** [séntəpl] 형 백배의 동 100배하다

- **centuplicate** [sentjúːplikeit] 동 100배로 하다
    형 [sentjúːplikit] 100배의

- **century** [séntʃəri] 명 1세기(100년), 백 개
    a quarter of a *century* 4반세기
    the 20th *century* 20세기
    a *century* note 100달러 지폐

- **percent** [pərsént] 명 퍼센트, 1/100
    make 10 *percent* discount for cash
    현금인 경우 10퍼센트 할인하다

- **centenarian** [sentənɛ́(ː)əriən] 형 100세의, 100년의
    명 100세 (이상)의 사람

**PART 01** 어근(Root)

# cise · cide

라틴어 어근으로
cise는 '자르다(cut)', cide는 '죽이다(kill)'를 의미

## □ incise [insáiz] 동 절개하다, 칼자국을 내다

in-은 「안으로」라는 의미의 접두사이고, cise-는 「자르다」의 의미.

|관련어| **incision** 베기, 절개
- make an incision in ~에 칼자국을 내다

**incised** 새긴, 절개한
- an incised wound 베인 상처

## □ concise [kənsáis] 형 간결한, 간단한

con-은 「완전하게」의 의미의 접두사이고, cise-가 「자르다」의 의미. 「완전하게 자른」이 원래의 의미.

|관련어| **conciseness** 간결, 간명
- Conciseness is served when the sentence is so corrected.
  그 문장을 이렇게 고치면 간결하게 된다.

## □ **excision** [eksíʒən]  명 삭제, 제거, 적출

ex-는 「밖으로」의 의미. 「잘라서 밖으로 내놓는 것」이 원래의 의미.

the *excision* of a passage 문장의 삭제

---

## □ **precise** [prisáis]  형 조금도 틀리지 않는, 정밀한, 바로 그, 꼼꼼한

pre-는 「앞에」란 의미의 접두사이고, cise-는 「자르다」의 의미. 「사전에 (미리) 자르다」가 원래의 뜻.

a *precise* measurement 정확한 치수

He gave a *precise* account of how much money he had spent.
그는 그가 사용한 액수를 정확하게 보고했다.

the *precise* watch he wanted
그가 갖고 싶어했던 바로 그 시계

The principal of the school was very *precise*.
그 학교의 교장선생님은 매우 철두철미 하신 분이었다.

|관련어| **precisely** 정확하게, 바로 그렇게
- at 5 p.m. precisely 오후 5시 정각에

**preciseness** 정확, 엄밀

**precision** 정확, 정밀도, 정밀한
- judge with precision 정확하게 판단하다
- precision instruments 정밀기계

---

## □ **autocide** [ɔ́:təsàid]  명 (충돌 따위의 방법에 의한) 자동차 자살

auto-는 「자기 자신」, 「자동차」라는 의미.

- **fratricide** [frǽtrisàid] 명 형제(자매) 살해

- **homicide** [hámisàid] 명 살인(죄), 살인범

    homi-는 「사람」의 의미를 지닌 라틴어 접두사.

- **genocide** [dʒénəsàid] 명 대량살육, 집단학살, 인종말살

- **infanticide** [infǽntisàid] 명 유아살해

    infant는 「유아」라는 의미.

- **patricide** [pǽtrisàid] 명 부친살해

    patri-는 「아버지」라는 의미.

- **suicide** [sjúːisàid] 명 자살

    sui는 라틴어로 「자기 자신의」라는 의미.

- **matricide** [mǽtrisàid] 명 모친살해

    matri-는 「어머니」라는 의미.

# claim · clam

라틴어 어근으로 '외치다(shout, cry out)'를 의미

## □ **exclaim** [ikskléim] 동 외치다, 고함을 지르다

ex-는 「밖으로」란 의미의 접두사, claim-의 원래의 뜻은 「외치다」, 「밖을 향해 외치다」.
*cry, shout보다도 감정적 요소가 강하다.

**"She is hurt!" he *exclaimed*.**
「그녀가 다쳤어!」라고 그는 소리쳤다.

***exclaim* at the price of coffee**
커피의 가격에 대해 큰 소리로 항의하다

***exclaim* with astonishment**
놀란 나머지 소리지르다

|관련어| **exclamation** 절규, 외침

- He gave an exclamation of surprise.
  그는 놀라서 소리질렀다.
- an exclamation mark (or point) 감탄부호

---

## □ **declaim** [dikléim] 동 열변을 토하다, 심하게 비난하다, 연설하다

de-는 「완전하게」란 의미의 라틴어 접두사이고, claim-은 「외치다」의 의미. 「완전하게 외치다」가 원래의 뜻.

He *declaimed* his speech to a large audience.
그는 많은 청중을 앞에 두고 열변을 토했다.

*declaim* against the war
그 전쟁을 심하게 비난하다

*declaim* a piece of verse
시를 낭독하다

|관련어| **declamation** (극적 효과를 노린) 연설
- The mayor delivered a long declamation of the Fourth of July. 시장은 7월 4일 독립기념일에 즈음하여 긴 연설을 했다.

**declamatory** 연설조의
- What a boring, declamatory speech!
정말 따분하고 딱딱한 연설이로군!

## proclaim [proukléim] 동 선언하다, 공포하다, 성명하다, ~을 증명하다

pro-는 「앞에」란 의미의 접두사이고, claim-은 「외치다」라는 의미. 「사람 앞에서 소리쳐 대중에게 알리다」의 의미에서 「선언하다」가 되었다.

Many former colonies have *proclaimed* their independence.
이전에 식민지였던 많은 나라들이 독립을 선언했다.

The President *proclaimed* a national holiday.
대통령이 국경일을 공포했다.

His conduct *proclaimed* him a sincere man.
그의 행동을 보고 그가 진실한 사람이라는 것을 알았다.

|관련어| **proclamation** 선언, 포고, 성명문
- The White House has issued a presidential proclamation.
백악관이 대통령성명을 발표했다.

## acclaim [əkléim] 동 갈채를 보내다, 환호로 맞이하다

ac-는 ad-의 다른 형태로 「~에」라는 의미. 「~에 외치다」가 원래의 뜻.

a world *acclaimed* singer
세계적으로 절찬 받고 있는 가수

*acclaim* a national hero
국민적 영웅을 환호로써 맞이하다

They *acclaimed* him as King.
그들은 그를 왕으로 환호하여 영접하였다.

---

## ☐ **clamor** [klǽmər]   명 외침, 소란 동 성가시게 요구하다

The speaker could hardly be heard above the *clamor* of the crowd.
군중이 소란스러워 연사의 목소리는 거의 들을 수가 없었다.

raise a *clamor* for reform
개혁을 부르짖다

The children *clamored* for candies.
아이들이 사탕을 사달라고 아우성이었다.

---

## ☐ **clamorous** [klǽmərəs]   형 시끄러운, 떠들썩한, 불만이 많은

---

## ☐ **disclaim** [diskléim]   동 포기하다, 기권하다, 부인하다

> dis-는 「부정」을 나타내는 접두사. 「외치지 않다」가 원래의 뜻.

He *disclaimed* any knowledge of me.
그는 나를 전혀 모른다고 했다.

He *disclaimed* all responsibility for the accident.
그는 그 사고의 전적인 책임을 부인하였다.

---

## ☐ **reclaim** [rikléim]   동 매립하다, 재생하다, 교정하다

> re-는 「다시」라는 의미. 「불러 돌아오게 하다」가 원래의 뜻.

*reclaimed* land 매립지
*reclaim* land from the sea 바다를 간척하다
a *reclaimed* alcoholic 회복된 알코올 중독자
*reclaimed* rubber 재생고무

## ☐ **reclamation** [rèkləméiʃən]  명 개간, 갱생, 재생
land *reclamation* 개척지, 개간지

**PART 01 어근(Root)**

# clud · clus · clos

라틴어 어근으로
'닫다(shut, close)'를 의미

## ☐ **disclose** [disklóuz]  图 덮개를 치우다, 폭로하다

dis-는 여기서 not의 의미이고, clos-는 「닫다」의 의미. 「닫지 않다」라는 의미에서 「폭로하다」, 「공표하다」의 의미로 바뀌었다.

The government publicly *disclosed* that he had worked as a spy. 정부는 그가 스파이로 활동해 온 사실을 공표했다.
He *disclosed* his secret to his friend.
그는 자기 친구에게 비밀을 털어놓았다.

|관련어|  **disclosure** 폭로(된 것)
 • make a disclosure of ~을 폭로하다

---

## ☐ **enclose** [inklóuz]  图 둘러싸다, 넣다, 동봉하다

en-은 「~의 안에」를 의미하는 라틴어 접두사, clos-는 「닫다」의 의미. 「~의 안에 넣고 닫다」가 원래의 뜻.

*enclose* a garden 정원에 울타리를 치다
Trees *enclosed* the field. 들판에는 나무들이 둘러싸여 있었다.
*enclose* a letter in an envelope 봉투 안에 편지를 넣다
I am *enclosing* my check for $27. 27달러 수표를 동봉합니다.

|관련어|  **enclosure** 둘러싸는 것, 동봉물

## ☐ **exclude** [iksklúːd]  동 차단하다, 배제하다, 추방하다

> ex-는 「밖으로」란 의미의 접두사이고, clud-는 「닫다」의 의미. 「쫓아내다」가 원래의 뜻.

*exclude* a ship from a port 배를 입항시키지 않다

He was *excluded* from the meeting.
그는 그 모임에 참가하는 것이 허용되지 않았다.

|관련어| **exclusion** 배제
- to the exclusion of ~을 제외하고

**exclusive** 배타적인, 독점적인
- That club is very exclusive. 저 클럽은 매우 배타적이다.
- an exclusive interview 단독회견
- the exclusive right to publish the novel
  그 소설의 독점출판권

**exclusively** 독점적으로
- These seats are for nonsmokers exclusively.
  이 좌석들은 금연자 전용입니다.

---

## ☐ **preclude** [priklúːd]  동 방해하다, 배제하다, 가로막다

> pre-는 「앞에」란 의미의 라틴어 접두사이고, clud-는 「닫다」의 의미. 「미리 닫다」가 원래의 뜻.

A sprained ankle *precluded* his taking part in the game.
발목을 삐어서 그는 시합에 출전할 수 없었다.

The heavy rain *precluded* our having the picnic.
폭우 때문에 소풍을 갈 수 없었다.

*preclude* him from membership
그의 회원자격을 박탈하다

**PART 01** 어근(Root)

# cor · cord · cour

라틴어 어근으로
'마음, 심장(heart)'을 의미

□ **cordial** [kɔ́ːrdʒəl]  형 마음에서의, 성심성의의, 기운을 돋우는

cord-는 「마음」, 「심장」의 의미이고, -ial은 「~에 관한」이란 뜻의 형용사 어미.

He gave us a *cordial* welcome.
그는 우리를 진심으로 환영해 주었다.

a *cordial* food 강장식

|관련어| **cordiality** 성심성의

- He greeted her with cordiality.
  그는 그녀를 성심성의로 맞이했다.

**cordially** 마음에서, 강하게

- Tom and Jack cordially hated each other.
  톰과 잭은 내심 서로 미워하고 있었다.

---

□ **accord** [əkɔ́ːrd]  통 일치하다, 조화하다 명 일치, 합의, 협정

ac-는 「~에」를 의미하는 라틴어 접두사이고, cord-는 「마음」의 의미. 「~로 마음이 향하다」에서 「일치하다」라는 의미로 되었다.

The two sides are completely in *accord* on this matter.
쌍방은 이 문제에 대해 완전한 합의를 보았다.

**Their story did not *accord* with the facts.**
그들이 하고 있는 말은 사실과 일치하지 않았다.

**My opinions *accord* with yours.** 나의 의견과 당신의 의견은 같다.

**reach *accord* with** ~와 합의에 이르다

|관련어| **accordance** 일치

- in accordance with ~에 일치하여, ~하는 대로
- I'll act in accordance with your wishes.
  당신이 원하시는 대로 이행하겠습니다.

**according** ~에 따라서, ~에 일치하여

**according to** ~에 따라서, ~에 의하면

- The building of the road was completed according to plan. 그 도로는 계획대로 완성되었다.
- According to the newspaper, it is going to rain tomorrow. 신문에 의하면, 내일 비가 온다.

**accordingly** 따라서, 적절히

- Will you arrange accordingly? 적절히 조치해 주시겠습니까?

**accordant** 일치하는, 조화된

- be accordant with one's principles 자신의 원칙에 들어맞다

---

□ **record** [rikɔ́ːrd]  동 **기록하다, 적어두다, 녹음(녹화)하다, 표시하다**  명 [rékərd] **기록**

re-는 「다시」라는 의미의 접두사, cord-는 「마음」의 의미. 「다시 마음에 새기다」가 원래의 뜻.

**I *recorded* it in my diary.** 나는 그 사실을 일기에 적어두었다.
**He keeps a *record* of what he spends.**
그는 지출내용을 기록하고 있다.

**off the *record*** 비 보도로, 공표해서는 안 되는
**police *records*** 전과

## ☐ **discord** [dískɔːrd]  통 일치하지 않다, 사이가 나쁘다
통 불일치, 불화, 내분, 불협화음

dis-는 「부정」의 의미를 나타내는 접두사.

There was *discord* over what should be done.
무엇을 해야하는지에 관해 의견이 일치되지 않았다.

the apple of *discord* 분쟁의 씨

*Troy 전쟁의 원인이 된 황금사과에서 유래된 의미.

---

## ☐ **core** [kɔːr]  명 핵심, 속, 중심부

the *core* of a matter 문제의 핵심
to the *core* 완전히, 철저하게
She's American to the *core*.
그녀는 순 미국인이다.

---

## ☐ **courage** [kə́ːridʒ]  명 용기

-age는 명사어미. 「마음의 특색」에서 「용기」라는 의미로 되었다.

pluck up *courage* 용기를 불러일으키다
have the *courage* to do ~할 용기가 있다
*Courage* is needed to try again after a defeat.
패배 후 다시 도전하는 데에는 용기가 필요하다.

I didn't have the *courage* to tell him.
나는 그에게 말할 용기가 나지 않았다.

*courage는 정신적인 용기, bravery는 용감한 행위를 의미한다.

---

## ☐ **courageous** [kəréidʒəs]  형 용감한

-ous는 형용사어미.

## ☐ **discourage** [diskə́ːridʒ] 동 용기를 잃게 하다, 실망시키다, 단념시키다

dis-는 「제거하다」란 의미의 접두사.

### She *discouraged* him.
그녀는 그를 실망시켰다.

### We *discourage* smoking in this school.
우리는 학교에서 담배를 피우지 못하게 하고 있다.

### Don't be *discouraged*.
낙심하지 마라.

---

## ☐ **encourage** [inkə́ːridʒ] 동 용기를 북돋우다

en-은 「~으로 하다」의 의미를 부여하여 타동사를 만드는 접두사.

### The teacher's praise *encouraged* the boy to study.
선생님의 칭찬으로 인해 그 소년은 용기를 얻어 공부하게 되었다.

### Your success *encouraged* me very much.
너의 성공으로 나는 크게 용기를 얻었다.

**PART 01** 어근(Root)

# cred

라틴어 어근으로
'믿다(believe), 신뢰하다(trust)'를 의미

☐ **credit** [krédit]  명 신용, 신뢰, 명성, 영예

> credit는 프랑스어에서 왔지만 그 프랑스어는 라틴어 어근 cred-에 근거를 두고 있다.

**deserve no** *credit* 신용하기에 모자라다

**give** *credit* **to** ~를 신용하다

**His** *credit* **is everywhere recognized.**
그의 명성은 널리 인정되고 있다.

**He is a** *credit* **to his country.** 그는 나라의 자랑거리이다.

**a** *credit* **card** 신용카드

**My** *credit* **is very good at this store.**
나는 이 가게에서 신용이 매우 좋다.

**No** *credit*. 외상 사절

|관련어| **creditable** 명예로운, 훌륭한, 존경할 만한

- a creditable effort 칭찬할 만한 노력
- a creditable report 신용할 수 있는 보고
- The pianist gave a creditable performance.
  그 피아니스트는 훌륭한 연주를 보여주었다.
- His achievement of straight A's is very creditable to him.
  그가 전과목 A의 성적을 받은 것은 크게 자랑할 만하다.

\*creditable의 명사형, 부사형은 각각 creditableness, creditability 명예가 됨, 신용할 수 있음, creditably 훌륭하게

**creditor** 채권자

**credible** 신용할 수 있는, 확실한

**credibility** 신뢰성

- an account lacking in credibility 신용할 수 없는 이야기

---

## □ **accredit** [əkrédit]   동 간주하다, 신임장을 주어 파견하다

ac-는 「~에」란 의미의 접두사. 「~에 credit을 부여하다」가 원래의 뜻.

**I *accredit* him with kindness.**
나는 그가 친절하다고 생각한다.

**He was *accredited* with a quick intelligence.**
그는 두뇌 회전이 빠르다는 인정을 받았다.

**The government *accredited* him to France.**
정부는 그를 프랑스대사로 파견했다.

---

## □ **credential** [kridénʃəl]   명 [보통 pl.] (신용) 증명서, 신임장

cred-가 「신용하다」의 의미이고, -ent는 명사·형용사어미이며, -al은 본래 「~에 관한」을 의미하는 형용사어미.

**The ambassador presented his *credentials*.**
대사는 신임장을 제출했다.

**To enter this building, you must show your *credentials*.**
이 건물에 들어가는 데에는 증명서가 필요합니다.

***credentials* committee** 자격심사 위원회

---

## □ **discredit** [diskrédit]   동 신용을 해치다, 신용하지 않다
　　　　　　　　　　　　　 명 불신, 불명예

dis-는 부정(not)을 나타내는 접두사.

The scandal disastrously *discredited* the mayor.
그 스캔들로 시장의 신뢰도가 치명적으로 하락되었다.

*discredit* a statement under coercion
강압적인 상황에서의 진술에 의심을 품다

cast *discredit* on ~을 신용하지 않다

|관련어| **discreditable** 신용을 떨어뜨리는

---

## □ **credo** [krí:dou]  명 신조

the *Credo*(= the Creed [kri:d]) 사도신경

---

## □ **credence** [krí:dəns]  명 신용, 신뢰

a story almost beyond *credence*
거의 믿을 수 없는 이야기

give *credence* to ~을 신뢰하다

The documents lends *credence* to her claim.
그 기록은 그녀의 주장에 뒷받침이 된다.

a letter of *credence* 신임장

---

## □ **credulous** [krédʒələs]  형 믿기 쉬운, 속기 쉬운

---

## □ **incredulous** [inkrédʒələs]  형 의심이 많은, 쉽사리 믿지 않는

She is still *incredulous* of the fact.
그녀는 아직 그 사실을 쉽사리 믿으려 하지 않고 있다.

# PART 01 어근(Root)

## cub · cumb

라틴어 어근으로 '눕다(lie down)'를 의미

## □ cubicle [kjúːbikl]  명 침실, 개인용 방

cub-는 「눕다」, -cle은 「작다」라는 의미의 라틴어 접미사. 「누울 수 있을 정도의 작은 방」이 원래의 뜻.

## □ incubate [ínkjəbèit]  동 부화하다, 획책하다

in-은 「~의 안에」(in), 「~의 위에」를 의미하는 접두사, cub-는 「눕다」의 의미이고 -ate는 「~하다」, 「시키다」라는 의미의 동사어미. 「~의 위에 눕다」가 원래의 뜻. 「알이 부화되도록 알 위에 눕다」에서 「부화하다」라는 의미로 되었다.

The prisoners were *incubating* a plan for escape.
죄수들은 탈옥계획을 세우고 있었다.

|관련어|  **incubator** 부화기, 보육기

## □ **incumbent** [inkʌ́mbənt]  혱 의무인, 현직의
　　　　　　　　　　　　　　　 몡 현재 재직중인 사람

> in-은 「위에」, cumb-는 「눕다」의 의미이고, -ent는 「~하는 것(일)」을 의미하는 명사·형용사어미. 「~의 위에 의무로서 눕다」가 원래의 뜻. 「의무 위에 누운 사람」 즉 「공직」에 있는 사람(명사)을 의미한다.

It is *incumbent* on you to advise him.
그에게 조언하는 것이 너의 의무이다.

**the *incumbent* senator** 현직의 상원의원

It is hard for a newcomer to beat an *incumbent* in an election.
선거에서 신인이 현직에 있는 사람을 이기는 것은 어려운 일이다.

|관련어| **incumbency** 현직(의 지위), 재임기간
- The mayor's incumbency is for four years.
  시장의 임기는 4년이다.

---

## □ **succumb** [səkʌ́m]  동 지다, 넘어지다, 죽다

> suc-는 sub-의 다른 형으로 「~의 아래에」라는 의미의 접두사이고, cumb-는 「눕다」라는 의미. 「~의 아래에 눕다」에서 「굴복하다」라는 의미로 되었다.

*succumb* to the competition 경쟁에 지다

Eve *succumbed* to the serpent's temptation.
이브는 뱀의 유혹에 넘어갔다.

He *succumbed* to his injuries.
그는 부상으로 사망했다.

---

## □ **encumber** [inkʌ́mbər]  동 방해하다, 귀찮게 굴다, 가득하게 하다

> en-은 「~의 안에」를 의미하는 접두사로 타동사를 만든다.

**Heavy shoes will *encumber* you in running.**
구두가 무거우면 달리는 데 방해가 된다.

**an account *encumbered* with pointless digressions**
하찮은 일을 어수선하게 늘어놓은 기사

**a room *encumbered* with piles of books**
책더미로 가득한 방

---

## ☐ **recumbent** [rikʌ́mbənt]　형 가로 누운, 기댄

re-는 「다시」의 의미.

*명사, 부사형은 각각 recumbency, recumbence, recumbently

# cur · curs · cours

라틴어 어근으로 '달리다(run), 가다(go)'를 의미

## ☐ concur [kənkə́:r] 동 의견이 일치하다, 동시에 일어나다

con-은 「함께」란 의미의 접두사이고, cur-는 「달리다」의 의미. 「함께 달리다」가 원래의 뜻.

*concur* with his view in many points
그의 생각과 여러 면에서 일치하다

Our anniversary *concurred* with my birthday.
우리의 기념일이 나의 생일과 겹쳤다.

|관련어| **concurrence** 의견일치, 동시발생
- The concurrence of unusual events made everyone uneasy.
  이상한 사건이 겹쳐 일어나자, 모든 사람은 불안해 하였다.

**concurrent** 동시발생의
- a concurrent attack on all fronts
  전 전선에 걸친 일제공격

**concurrently** 동시에

**concourse** 집합
- a large concourse of people 대군중
- a vast concourse of worshippers
  다수의 숭배자 무리

## occur [əkə́ːr] 통 나타나다, 일어나다, (생각이) 떠오르다

oc-는 「~에」를 나타내는 라틴어 접두사이고, cur-는 「달리다」라는 의미. 「~쪽으로 달려오다」에서 「일어나다」로 바뀌었다.

The same expressions *occurred* many times in his speech.
그의 연설에는 같은 표현이 여러 번 나왔다.

Several traffic accidents *occurred* yesterday.
어제 몇 건의 교통사고가 발생했다.

A bright idea *occurred* to me.
명안이 떠올랐다.

|관련어| **occurrence** 발생, 사건

- the occurrence of an earthquake
  지진의 발생
- words of frequent occurrence
  자주 나오는 단어
- an everyday occurrence
  일상 다반사
- Traffic accidents are almost daily occurrences here.
  여기서는 교통사고가 거의 매일 일어나고 있다.

---

## recur [rikə́ːr] 통 되돌아가다, 재발하다, (마음에) 다시 떠오르다

re-는 「다시」를 의미하는 접두사이고, cur-는 「달리다」, 「가다」의 의미. 「다시 달리다, 가다」에서 「다시 발생하다」로 의미가 바뀌었다.

*recurring* attacks of dizziness
재발하는 현기증

Past experience *recurred* to his mind.
과거의 경험이 그의 마음속에 되살아났다.

|관련어| **recurrent** 재발(재현)하는

- He has recurrent attacks of asthma.
  그는 천식이 재발했다.

  **recurrence** 재발

  - After one bad attack, she had no recurrence of malaria.
  그녀에게 한 번 심한 발작이 일어난 뒤에는 말라리아가 재발되지 않았다.

## □ **excursion** [ikskə́ːrʒən]  명 소풍, 탈선

ex-는 「밖으로」, 「밖으로 달리는 것」이 원래의 뜻.

go on an *excursion* 소풍가다
*excursions* into another subject
다른 문제로의 이탈
*excursion* train 유람열차

## □ **excursive** [ikskə́ːrsiv]  형 탈선하는, 산만한, 두서 없는, 지엽적인

an *excursive* talk 잡담

## □ **incur** [inkə́ːr]  동 (좋지 않은 결과에) 빠지다, (손해 등을) 초래하다

in-은 「안으로」의 의미. 「안으로 달리다」가 원래의 뜻.

*incur* his wrath 그의 노여움을 사다
I *incurred* her displeasure somehow.
나는 어쩌다가 그녀의 비위를 건드렸다.

## □ **incursion** [inkə́ːrʒən]  명 침입, 유입

Enemy forces have made *incursions* into our territory.
적군이 우리의 국경을 침범했다.

☐ **precursor** [prikə́ːrsər]  몡 선구자, 전조, 선각자

☐ **precursory** [prikə́ːrsəri]  혱 선행하는, 예고의

☐ **recourse** [ríːkɔːrs]  몡 의지, 의뢰

> re-는 「뒤로」라는 의미의 접두사이고, cours-는 「달리다」의 의미. 「뒤로 달리는 것」→「돌아가는 것」→「의지하는 것」으로 바뀌었다.

have *recourse* to ~에 의지하다
She can read a French novel without *recourse* to the dictionary.
그녀는 사전의 도움을 빌리지 않고도 프랑스어 소설을 읽을 수 있다.

# dem · demo

라틴어 어근으로
'사람들, 국민(people)'을 의미

## ☐ **demagogue** [déməgɑ̀g] 명 선동가, 선동정치가, 민중지도자

dem-은 「사람들」의 의미이고, agog-는 그리스어 어근으로 「인도하다」의 의미.

play *demagogue* 선동하다

|관련어| **demagogy** 민중선동

## ☐ **democracy** [dimάkrəsi] 명 민주주의, 민주정치, 민주국가

demo-는 「사람들」의 의미이고, cracy-는 「통치」, 「정치」, 「지배」 등의 의미를 나타낸다.

The United States is a *democracy*.
미국은 민주국가이다.

|관련어| **democrat** 민주주의자, (대문자로 미국의) 민주당원
**democratic** 민주주의의
**democratize** 민주화하다
**democratization** 민주화
**democratically** 민주주의적으로
**democratism** 민주주의 이론

**antidemocratic** 반민주적인

*anti-는 「반」이란 의미의 접두사

## ☐ **demography** [dimǽgrəfi] 몡 인구의 통계적 연구, 인구통계학

-graphy는 「기록」의 의미. 「사람들에 관한 기록」이 원래의 뜻.

|관련어| **demographic** 인구통계의, 신상조사적인
**demographist** 인구통계학자

## ☐ **epidemic** [èpidémik] 혱 유행성의 몡 유행(병)

epi-는 그리스어 접두사로 「사이」의 의미, dem-은 「사람들」의 의미이고, -ic는 형용사어미. 「사람들 사이에 만연하는 병」이 원래의 뜻.

a cholera *epidemic* 콜레라 유행

|관련어| **epidemiology** 역학, 의생태학, 유행병학

**PART 01** 어근(Root)

# dent · denti · dont

라틴어 어근으로
'치아(tooth)'를 의미

- [ ] **dental** [déntəl]  형 치아의, 치과의사의
    *dental* treatment 치아의 치료
    a *dental* surgeon 치과의사
    a *dental* appointment 치과의사의 예약
    a *dental* technician 치과기공사

- [ ] **dentiform** [déntəfɔ̀ːrm]  형 치아의 모양을 한, 치상의

- [ ] **dentifrice** [déntəfris]  명 치약(가루)

- [ ] **dentin** [déntən]  명 (치아의) 상아질

- [ ] **dentilingual** [dèntilíŋgwəl]  형 치설음의

- [ ] **dentiphone** [dentifóun]  명 덴티폰, 치음기

- [ ] **dentist** [déntist]  명 치과의사

☐ **dentistry** [déntistri]  명 치과의술, 치과(의학)

☐ **dentition** [dentíʃən]  명 치아의 상태

☐ **dentoid** [déntɔid]  형 치아와 같은, 치아와 닮은

☐ **denture** [déntʃər]  명 틀니, 부분 의치
He has worn a full set of *dentures* for many years.
그가 완전틀니를 한지 오래되었다.

☐ **denticle** [déntikl]  명 작은 이, 이 모양의 돌기

☐ **orthodontia** [ɔ̀ːrθədánʃiə]  명 치열교정술

ortho-는 「바른」을 의미하는 접두사.

|관련어| **orthodox** 정설의, 정통파의
**orthodoxy** 정설
**orthopedic** 정형법의, 정형외과의

☐ **orthodontist** [ɔ̀ːrθədántist]  명 치열교정의

PART 01 어근(Root)

# dict

라틴어 어근으로
'말하다(say), 이야기하다(speak)'를 의미

## □ **contradict** [kὰntrədíkt] 동 부정하다, 모순되다

contra-는 「~에 반하여」라는 의미의 접두사이며, dict-는 「말하다」의 의미. 「~에 반대하여 말하다」가 원래의 뜻.

*contradict* a report flatly
보고를 단호히 부정하다

*contradict* his statement
그의 진술에 반박하다

His account *contradicts* itself.
그의 설명은 그 자체로 모순이다.

Why are you always *contradicting* me?
왜 당신은 언제나 내말대로 하지 않는 거야?

|관련어| contradiction 반박, 부정, 모순

- stand contradiction 반대해도 태연하다
- run in clear contradiction 명확하게 모순되어 있다
- His speech was confusing and full of contradictions.
  그의 연설은 혼란스런 내용으로 모순투성이었다.

contradictory 모순된, 정반대의

- a theory contradictory to common sense
  상식에 정반대되는 이론

## □ **predict** [pridíkt] 동 예언하다, 예보하다

> pre-는 「앞에」란 의미의 접두사이고, dict-는 「말하다」의 의미. 「앞서 말하다」가 원래의 뜻.

He *predicted* that there would be a drought.
그는 가뭄이 들 거라고 예언했다.

*predict* the winning team
우승팀을 예언하다

The weather report *predicted* rain for tomorrow.
일기예보에서 내일 비가 내린다고 예보했다.

|관련어| **predictable** 예측되는, 예언 가능한

- Solar eclipses are always predictable.
  일식현상은 항상 예측 가능하다.

**prediction** 예언, 예보

- the predictions in the racing paper
  경마신문의 예상
- The prediction was for more snow.
  눈이 더 내린다는 예보였다.

---

## □ **diction** [díkʃən] 명 말씨, 말

> dict-는 「말하다」라는 의미이고, -ion은 「~한 상태」, 「~한 성질」을 나타내는 명사어미.

bad (or poor) *diction* 나쁜 표현
classical *diction* 고전적 어법

|관련어| **dictionary** 사전
**dictum** 의견, 격언

**PART 01** 어근(Root)

# doc · doct

라틴어 어근으로
'가르치다(teach)'를 의미

□ **docile** [dásəl]  형 **가르치기 쉬운, 솔직한, 다루기 쉬운**

> doc-는 「가르치다」의 의미이고, -ile은 「~할 수 있는」이라는 의미의 라틴어 접미사. 「가르칠 수 있는」, 「가르치기 쉬운」이 원래의 뜻.

a *docile* child 유순한 아이

|관련어| **docility** 순종, 유순

**indocile** 가르치기 어려운, 순종하지 않는

---

□ **doctor** [dáktər]  명 **의사, 박사**

> doct-는 「가르치다」의 의미이고, -or는 「~하는 사람」을 나타내는 접미사. doctor는 원래 「선생」의 의미였다.

He is a *Doctor* of Philosophy.
그는 [철학] 박사이다.

|관련어| **doctoral** 박사의

- a doctoral dissertation 박사논문
- a doctoral degree 박사학위

**doctorate** 박사학위, 학위

## doctrine [dáktrin] 명 교의, 주의, 가르침

doct-는 「가르치다」의 의미. 「가르치는 것」이 원래의 뜻.

the Monroe *Doctrine* 먼로주의
religious *doctrine* 종교의 가르침
Every religion has its own *doctrine*.
모든 종교에는 교의가 있다.

|관련어| **doctrinal** 교의(주의)의, 학설상의
- a doctrinal dispute 학설(교의)상의 논쟁
- There are doctrinal differences between Roman Catholicism and Protestantism.
  로마 카톨릭교와 신교에는 교의상의 차이가 있다.

## document [dákjəmənt] 명 문서, 기록

doc-는 「가르치다」의 의미이고, -ment는 「~의 수단」을 나타내는 접미사. 「가르치는 수단」이 원래의 뜻.

a diplomatic *document* 외교문서
an official *document* 공문서
a human *document* 인간의 기록
My lawyer drew up the *document* for me.
변호사가 문서를 작성해 주었다.

|관련어| **documentary** 문서의, 기록의, 다큐멘터리
- a documentary film 기록영화

**documentation** 참고문헌의 이용
- The author provided thorough documentation in support of his argument.
  저자는 자기 견해의 정통성을 증명하기 위해 참고문헌을 자세히 인용했다.

## □ **indoctrinate** [indáktrənèit]  동 가르치다, 이식하다, (사상·지식을) 주입하다

in-은 「~의 안에」를 의미하는 접두사, doct-는 「가르치다」의 의미이며, -ate는 「하다, 시키다」를 의미하는 동사어미. 「철저히 가르치다」가 원래의 뜻.

*indoctrinate* a population with democratic beliefs
지역 사람들에게 민주주의의 정신을 고취하다

*indoctrinate* oneself with ~을 습득하다

|관련어| indoctrination 교화

**PART 01** 어근(Root)

# duc · duce · duct

라틴어 어근으로
'인도하다, 이끌어내다, 안내하다(lead)'를 의미

□ **introduce** [ìntrədjúːs]  동 소개하다, (법안을) 제출하다, 들여오다, 전래하다

> intro-는 「안에」라는 의미의 접두사이고, duce-는 「인도하다」의 의미.
> 「~의 안으로 이끌어 들이다」가 「소개하다」의 의미로 되었다.

Let me *introduce* Mr. Smith to you. 스미스 씨를 소개합니다.

Potatoes were *introduced* into Europe from South America.
감자는 남미에서 유럽으로 유입되었다.

The government has *introduced* a ban on the advertising of cigarettes.
정부는 담배광고 금지법안을 제출했다.

|관련어| **introduction** 소개, 도입, 서론, 입문

- the introduction of submarines in naval warfare
  해전에 잠수함의 등장

- The introduction to this book is 20 pages long.
  이 책의 서론은 20페이지나 된다.

- an introduction to literature 문학입문

**introductory** 소개의, 서문의

- introductory remarks 머리말, 서언

## □ **produce** [prədjúːs]  동 생산하다, 제시하다, 연출하다

pro-는 「앞에」라는 의미의 접두사이고, duce-는 「인도하다」라는 의미. 「앞으로 이끌어내다」가 원래의 뜻.

**Boiling water *produces* steam.**
물이 끓으면 증기가 발생한다.

**Our company *produces* automobile tires.**
우리 회사는 자동차의 타이어를 생산하고 있습니다.

**These vines *produce* good grapes.**
이 포도나무에서 좋은 포도가 열매 맺는다.

***Produce* your proof.** 증거를 제시하시오.

**The musical has *produced* a great sensation throughout the country.**
그 뮤지컬은 전국적으로 센세이션을 일으켰다.

|관련어| **product** 생산물, 제품
- industrial products 공업제품
- gross national product 국민 총생산

**production** 생산
- mass production 대량생산

**productive** 생산력 있는
- productive land 비옥한 토지

**productivity** 생산성
- Productivity in the factory has risen.
  공장의 생산성이 향상되었다.

---

## □ **reduce** [ridjúːs]  동 줄이다, 축소하다, (어떤 상태로) 되게 하다, 진압하다, 바꾸다

re-는 「뒤로」라는 의미의 접두사, duce-는 「인도하다」의 의미. 「뒤로 인도하다」가 원래의 뜻.

### His salary was *reduced*.
그의 급료는 줄었다.

### He *reduced* his weight by 5 pounds.
그는 체중을 5 파운드 줄였다.

### The war *reduced* the country to a wasteland.
전쟁으로 그 지방은 불모지가 되었다.

|관련어| **reduction** 축소, 감소
- at a reduction of 20% 20% 할인해서

**irreducible** 삭감할 수 없는
- the irreducible minimum 최소한도
- We have cut costs to an irreducible minimum.
  우리는 경비를 최소한으로 줄였다.

---

## ☐ **abduct** [æbdʌ́kt] 〔동〕 유괴하다

ab-는 「떨어져서」라는 의미를 나타내는 접두사.

### *abduct* a child from his home
아이를 집에서 유괴하다

---

## ☐ **deduct** [didʌ́kt] 〔동〕 빼다, 공제하다

de-는 「떨어져서」라는 의미를 나타내는 접두사.

### *deduct* 10% from one's salary for income tax
급료에서 10% 소득세를 공제하다

### *deduct* ten percent of the price
가격에서 10%를 빼다

|관련어| **deductible** (세금) 공제 가능한
- Church dues and charitable contributions are deductible expenses.
  교회의 교무금이나 자선헌금은 세금이 공제된다.

## □ **educate** [édʒukèit]  동 교육하다

「밖으로 인도하다」→「능력을 끌어내다」.

He was *educated* in good schools.
그는 좋은 학교에서 교육을 받았다.

---

## □ **induce** [indjúːs]  동 유발하다, 권유하다, 유도하다

in-은 「~에」라는 의미이고, 「~에 이끌다」가 원래의 뜻.

Nothing will *induce* me to change my opinion.
어떠한 일이 있어도 내 의견을 바꾸지 않겠다.

---

## □ **seduce** [sidjúːs]  동 부추기다, 유혹하다

se-는 「떨어져서」, 「빗나가서」라는 의미의 접두사. 「옆길로 인도하다」가 원래의 뜻.

He *seduced* me from my studies.
나는 그의 꾐에 넘어가 학업에 태만하였다.

*seduce* a person into crime
사람을 범죄로 끌어들이다

# PART 01 어근(Root)

## equ

라틴어 어근으로
'동등한, 동일한(equal)'을 의미

---

### ☐ **adequate** [ǽdəkwit]  형 적절한, 적합한, 상응하는

ad-는 「~에」를 의미하는 접두사, equ-는 「같은」의 의미이고 -ate는 형용사어미. 「~에 동등한」에서 「요구를 충족시키는」의 의미로 바뀌었다.

a remedy *adequate* for the disease
그 병에 적합한 치료법

They had an *adequate* amount of money for the trip.
그들은 여행에 필요한 만큼의 돈을 갖고 있었다.

|관련어| adequacy 적당, 충분, 타당
　　　　adequately 적당히, 충분하게

---

### ☐ **equilibrium** [ìːkwəlíbriəm]  명 조화, 평형, 균형, (마음의) 평정

equ-는 「동등한」의 의미. 라틴어 libra는 「발란스」의 의미로 「발란스가 이루어진 상태」를 뜻한다.

restore one's *equilibrium* 몸의 평형을 회복하다
a political *equilibrium* 정치적 균형
How does a tight-rope walker keep his *equilibrium*?
줄타기하는 곡예사는 어떻게 평형감각을 유지합니까?

She was upset by the bad news but soon regained her *equilibrium*.
그녀는 나쁜 소식에 화가 났으나 곧 평정을 되찾았다.

---

## □ **equivocal** [ikwívəkəl]  형 확실하지 않은, 의심스러운, 모호한

> equ-는 「같은」의 의미, voc-는 라틴어 어근으로 「소리」의 의미이고, -al은 「~에 관한」이라는 의미의 형용사어미. 「두 가지 소리가 다 똑같이 들리는」이라는 의미에서 「애매한」의 의미로 되었다.

*equivocal* behavior 애매모호한 태도

a woman of *equivocal* reputation
평판이 의심쩍은 여자

an *equivocal* statement 애매모호한 진술

\*ambiguous와는 달리 의도적인 느낌이 내포되어 있다.

|관련어| equivocality 애매함
equivocally 애매하게
unequivocal 확실한
equivocate (속이려고) 애매한 말을 사용하다, 말을 얼버무리다

---

## □ **equable** [ékwəbl]  형 안정된, 한결같은, 고른
an *equable* situation 안정된 상황
an *equable* climate 온화한 기후

---

## □ **equator** [ikwéitər]  명 적도
right on the *equator* 적도 바로 아래에서

---

## □ **equipoise** [íːkwəpɔ̀iz]  명 조화, 평형

☐ **equivalent** [ikwívələnt]  형 동등한, 같은, 상당하는
　　　　　　　　　　　　　　　　명 동의어

　val-은 「가격」의 의미, 「같은 가격인」이 원래의 뜻.

an *equivalent* sum of money 같은 액수의 돈
There is no *equivalent* for the word in English.
(= There is no English *equivalent* of the word.)
그 말에 상당하는 영어단어는 없다.

☐ **equate** [ikwéit]  동 같은 것을 표시하다, 동일시하다
　*equate* religion with superstition
　종교와 미신을 동일시하다

☐ **equation** [ikwéiʒən]  명 평균화, 동일화, 방정식
　a chemical *equation* 화학방정식

☐ **equilibrist** [i(ː)kwíləbrist]  명 (서커스의) 줄타기곡예사

☐ **equinox** [íːkwənɑks]  명 주야 평분시, 추분, 춘분

　nox-는 「밤」의 의미, 「낮과 밤이 같은 때」가 원래의 뜻.

　the vernal [or the spring] *equinox* 춘분(점)

☐ **equidistant** [ìːkwidístənt]  형 같은 거리의
　Tokyo is about *equidistant* from Nagoya and Sendai.
　나고야와 센다이는 도쿄에서 거의 같은 거리에 있다.

PART 01 어근(Root)

# fac · fact · fect · fic

라틴어 어근으로
'하다·행하다(do), 만들다(make)'를 의미

## ☐ **facile** [fǽsil]  형 경쾌한, 유창한, 다루기 쉬운

fac-는 「하다」의 의미이고, ile-는 「~할 수 있는」라는 의미의 라틴어 접미사. 「하기 쉬운」이 원래의 뜻.

His writing is merely *facile*; it lacks depth.
그의 문장은 단지 경쾌할 뿐 깊이가 없다.

|관련어| **facility** 편리함, 용이함, 재능

  ＊시설, 설비의 의미일 때는 복수형을 사용한다.

- The new railway gives villagers traveling facility.
  철도가 신설되어 마을 사람들은 여행하기에 편하다.
- We admired his facility in playing the piano.
  우리는 그의 피아노 연주실력에 감탄했다.
- This kitchen has the latest facilities for cooking.
  이 부엌은 최신 설비를 갖추고 있다.

## ☐ **fiction** [fíkʃən]  명 소설(문학), 꾸며낸 이야기

fic-는 「만들다」라는 의미이고, -tion은 추상명사어미. 「만들어진 것」이 원래의 뜻.

**science** *fiction* 공상과학소설

What he told us was pure *fiction*.
그가 우리에게 한 말은 순전히 꾸며낸 이야기이다.

|관련어| **fictional** 꾸며낸, 가공의 **fictitious** 거짓의
- a fictitious name 가명

---

## □ **efficient** [ifíʃənt]  혱 유능한, 능률적인

ef-(= ex-)는 「밖으로」라는 의미의 접두사이고, fic-는 「행하다」의 의미. -ent는 이 경우 형용사어미이다. 「쓸데없는 노력을 하지 않고 결과를 만들어 내는」이 원래의 뜻.

He is *efficient* at his work. 그는 업무에 유능하다.
Reading is an *efficient* way of building your vocabulary.
독서는 어휘를 늘리는 능률적인 방법이다.

an *efficient* teacher 유능한 교사

|관련어| **efficiently** 능률적으로, 효과적으로 **efficiency** 능률
- promote efficiency 능률을 높이다

---

## □ **infect** [infékt]  동 감염하다(시키다), (병을) 전염시키다, 감화하다, 물들게 하다

in-은 「안에」라는 의미의 접두사.

The child is *infected* with measles.
그 아이는 홍역에 걸렸다.

They were all *infected* with her enthusiasm.
그들 모두 그녀의 열의에 감화되었다.

|관련어| **infection** 전염, 감염
- infection from impure water 오염된 물에 의한 전염

**infectious** 전염성(병)의
- an infectious disease 전염병
- Colds are infectious. 감기는 전염된다.

## ☐ **affect** [əfékt]  동 ~에 영향을 미치다

af-(=ad-)는 「~로」의 의미이고, fect-는 「행하다」의 의미. 「~에 작용하다」가 원래의 뜻.

**The brandy *affected* him.**
그에게 브랜디 술기운이 돌았다.

**Any change in the weather *affects* the crops.**
어떠한 기후의 변화라도 작물에 영향을 미치게 마련이다.

**The sad news *affected* him deeply.**
슬픈 소식에 그는 깊은 충격을 받았다.

---

## ☐ **effect** [ifékt]  명 결과, 영향, 효과

ef-(=ex-)는 「밖에」의 의미. 「행해진 결과로 생긴 것」에서 「결과, 영향」의 의미로 되었다.

**The *effects* of the storm could be seen in the morning.**
아침이 되면 폭풍의 영향이 드러날 것이다.

**Our warning did not have much *effect* on him.**
우리의 경고는 그에게 별로 효과가 없었다.

**side *effects*** (약의) 부작용

---

## ☐ **effective** [iféktiv]  형 효과적인, 실제의

**Water is *effective* in stopping some fires.**
화재진압에는 물이 효과적이다.

**The agreement becomes *effective* on April 1.**
그 협정은 4월 1일에 발효된다.

---

## ☐ **factor** [fǽktər]  명 요인, 요소

「행하는 것」이 원래의 의미.

Wealth and opportunity were the chief *factors* in his success.
부와 좋은 기회가 그의 성공의 주요인이었다.

**resolution into *factors*** 인수분해

## □ **factory** [fǽktəri] 명 공장

「만드는 곳」이 원래의 의미.

## □ **factitious** [fæktíʃəs] 형 부자연한, 만들어진, 인위적인

a *factitious* explanation 부자연스러운 설명

## □ **facsimile** [fæksíməli] 명 복사, 팩시밀리 동 복사하다

fac는 「만들다」의 의미이고, simile는 라틴어로 「같은」의 의미. 「같은 것을 만들다」가 원래의 뜻.

## □ **perfect** [pə́ːrfikt] 형 완벽한, 완전한, 더할 나위 없는

per-는 「완전하게」라는 의미. 「완전하게 만들어진」이 원래의 뜻.

a *perfect* circle 완전한 원
a *perfect* stranger 아주 낯선 사람

## □ **perfection** [pərfékʃən] 명 완전, 완성

## □ **unification** [jùːnəfəkéiʃən] 명 통일

uni-는 「단일」의 의미.

the *unification* of South and North Korea 남북통일

## PART 01 어근(Root)

# fer

라틴어 어근으로
'나르다(carry), 가져오다(bring)'를 의미

## □ confer [kənfə́ːr]  동 수여하다, 전수하다, 협의하다, 상담하다

con-은 「함께」라는 의미의 접두사, fer-는 「나르다」의 의미. 「함께 나르다」가 원래의 뜻.

The school *conferred* an award on the student.
학교가 그 학생에게 상을 수여했다.

The principal *conferred* with the teachers.
교장은 선생들과 협의했다.

|관련어|  conference 회의

- an international conference 국제회의

## □ differ [dífər]  동 다르다, 틀리다

dif-(=dis-)는 「떨어져서」라는 의미의 접두사, fer-는 「나르다」의 의미. 「떨어져서 나르다」 → 「다르다」.

Customs *differ*. 관습은 지역에 따라 다르다.

The readers' interpretation may *differ* from the authors'.
독자와 저자의 해석이 각기 다를 수도 있다.

The two reviews *differ* in length.
두 서평은 길이에 차이가 있다.

She *differs* from her sister in character.
그녀는 언니와 성격이 다르다.

|관련어| **difference** 다름, 상위

- One difference between my brother and me is that I like sports.
그녀와 형의 다른 점 하나는 내가 스포츠를 좋아한다는 것이다.

**different** 다른

- His ideas were different from mine.
그 사람과 나는 견해가 달랐다.

---

## ☐ **offer** [ɔ́(ː)fər]  동 제안하다, 권하다

of-(=ob-)는 「앞에」를 의미하는 접두사이고, fer-는 「가져오다」의 의미. 「누군가의 앞에 무엇을 가져오다」가 원래의 뜻.
＊offer에는 명사로 「신청」이라는 의미도 있다.

### He *offered* her his chair.
그는 그녀에게 앉을 수 있게 자기의 의자를 내밀었다.

### The boy *offered* to carry my packages.
소년은 나의 짐을 들어주겠다고 했다.

### He *offered* ten dollars for the table.
그는 그 테이블 값으로 10달러를 내놓았다.

### We were pleased by his *offer*.
우리는 그의 신청을 기꺼이 받아들였다.

---

## ☐ **transfer** [trænsfə́ːr]  동 옮기다, 나르다, 이동하다

trans-는 「넘어」라는 의미의 접두사, fer-는 「나르다」의 의미. 「넘어 나르다」가 원래의 뜻.

### He has been *transferred* to a new post.
그는 새로운 직위로 전임되었다.

{ He *transferred* to another school.
{ He was *transferred* to another school.

전자는 자신의 의지로 전학했다는 의미이지만, 후자는 누군가 다른 사람의 결정으로 전학되었다는 의미가 내포되어 있다.

*transfer* from a bus to a train
버스에서 기차로 갈아타다

He was able to ride all the way home on the bus without having to *transfer*.
그는 바꿔 타지 않고 버스로 집에 돌아갈 수 있었다.

|관련어| **transference** 이동, 전임, 양도

- The transference of his property was handled by a lawyer.
  그의 재산양도는 변호사에 의해 처리되었다.

**transferable** 옮길 수 있는, 양도할 수 있는

---

## ☐ **ferry** [féri] 통 (배로) 건네주다, 항공기로 현지까지 수송하다
명 나루터, 연락선, 페리

We *ferried* the goods across the river.
우리는 그 화물을 배로 강을 건너 수송했다.

We go by *ferry* to work every day.
우리는 매일 연락선으로 출근한다.

cross the river by *ferry*
연락선으로 강을 건너다

---

## ☐ **infer** [infə́ːr] 통 추론하다, 결론하다

「안으로 나르다」→「도입하다」.

I *infer* from what he writes to me that he wants to go abroad.
편지에 따르면 그는 외국에 가고 싶은 것 같다.

## inference [ínfərəns] 명 추론

inductive *inference* 귀납추리
by *inference* 추론에 의해
make rash *inferences* 성급한 결론을 내리다

---

## interfere [ìntərfíər] 동 방해하다, 간섭하다

Don't *interfere* with my work.
나의 일을 방해하지 마시오.

The noise *interfered* with his sleep.
그 소음 때문에 그는 잠을 이룰 수 없었다.

It is best not to *interfere* in other people's arguments.
다른 사람의 말다툼에는 간섭하지 않는 것이 제일이다.

---

## prefer [prifə́:r] 동 (~보다) 좋아하다

> pre-는 「앞에」의 의미. 「앞으로 나르다」→「앞에 두다」→「더 좋아하다」.

I *prefer* Bach to Beethoven.
나는 베토벤보다 바하가 더 좋다.

Your wife *prefers* you not to see him.
부인께서는 당신이 그를 만나지 않는 편이 더 낫다고 생각하고 계십니다.

---

## refer [rifə́:r] 동 보내다, 조회하다, ~에게 참조시키다, ~에 돌리다, 언급하다, 위탁하다

> re-는 「뒤로」라는 의미. 「제자리로 옮겨 놓다」가 원래의 뜻.

He *referred* me to you for counseling.
그가 상담 차 당신께 가보라고 해서 제가 온 것입니다.

*refer* the matter to arbitration 문제를 중재에 회부하다
Don't *refer* to him in your speech.
연설 중에 그 남자의 일에 관해서는 언급하지 마십시오.

**PART 01** 어근(Root)

# flect · flex

라틴어 어근으로
'구부리다, 구부러지다(bend)'를 의미

## ☐ **deflect** [diflékt]  동 빗나가게 하다, 편향시키다, 비뚤어지게 하다

de-는 「아래에, 떨어져서」라는 의미의 접두사이고, flect-는 「구부리다」의 의미.

*deflect* a person from the right course of action
사람을 정도에서 벗어나게 하다

Sometimes public policy is *deflected* by private interests.
공공정책이 개인의 이익에 의해 본래의 목적을 상실하는 경우가 종종 있다.

The rocket *deflected* from its set course.
로켓이 코스를 벗어났다.

|관련어| **deflection** 빗나감, 비뚤어짐, 편향됨
**deflective** 편향적인, 기우는

## ☐ **flexible** [fléksəbl]  형 구부리기 쉬운, 유연한, 유순한

flex-는 「구부러지다」의 의미이고, -ible는 「~할 수 있는」, 「~이 가능한」 이란 의미의 접미사. 「구부릴 수 있는」이 원래의 뜻.

a *flexible* plan 융통성 있는 계획
He had a *flexible* nature.
그는 유순한 사람이었다.

|관련어| **flexibility** 유연성, 융통성, 탄력성

• He's stubborn and shows no flexibility.
그는 완고하여 융통성은 눈꼽만큼도 없다.

**inflexible** 구부러지지 않는, 불굴의

• an inflexible will 불굴의 의지

• He has an inflexible personality.
그는 의지가 굳건한 사람이다.

---

## ☐ **reflect** [riflékt] 통 반사하다, 반영하다, (신용·체면)을 손상시키다, 반성하다, 비방하다

re-는 「뒤로」란 의미의 접두사, flect-는 「구부러지다」의 의미. 「뒤로 구부러지다」가 원래의 뜻.

### The water *reflected* the sunlight.
물에 태양 빛이 반사되었다.

### The mirror *reflected* her face.
거울에 그녀의 얼굴이 비쳤다.

### His eyes *reflected* his gentle disposition.
그의 눈에는 그의 점잖은 성품이 그대로 드러나 있었다.

### Your rudness only *reflects* on yourself.
너의 무례함은 네 자신을 손상시킬 뿐이다.

### *Reflect* on what I have said to you.
내가 당신에게 한 말을 잘 생각해 보시오.

|관련어| **reflection** 반사, 숙고

• on reflection 잘 생각해 보니

• On reflection, I've decided not to go to Europe this year. 잘 생각한 결과, 올해는 유럽에 가지 않기로 했다.

**reflective** 반사(반영)하는, 사려 깊은

• He is a calm, reflective nature.
그는 성격이 조용하며 사려 깊은 사람이다.

**reflex** 반사적인, 반사성의
- a reflex movement 반사작용

**reflexive** 재귀의, 반사성의
- a reflexive verb 재귀동사

---

## □ **inflect** [inflékt]  동 (안으로) 구부리다, 굴절시키다, 억양을 붙이다

in-은 「안으로」라는 의미의 접두사, flect-는 「구부리다」의 의미. 「안으로 구부리다」가 원래의 뜻.

|관련어| **inflection** 음의 변화, 억양, 어형변화
**inflective** 굴곡하는, 굴절하는

---

## □ **flex** [fleks]  동 (관절 등을) 구부리다, 구부러지다  명 굴곡

*flex* **the arm** 팔을 구부리다

---

## □ **flexor** [fléksər]  명 굴근(屈筋)

---

## □ **flexuous** [flékʃuəs]  형 구불구불한, 굴곡이 많은

---

## □ **genuflection** [dʒènjuflékʃən]  명 무릎 꿇음

genu-는 라틴어 어근으로 「무릎」을 의미.

# flu · flux

라틴어 어근으로 '흐르다, 흐름(flow)'을 의미

## affluent [ǽfluənt] 형 유복한, 풍부한

af-(=ad-)는 「~에」를 의미하는 접두사. flu-는 「흐르다」라는 의미이고, -ent는 형용사어미. 「풍부하게 흘러 넘치는」이 원래의 뜻.

be *affluent* with extra income 추가수입으로 호주머니가 두둑하다
land *affluent* in natural resources 천연자원이 풍부한 땅
He is the most *affluent* man in town.
그는 마을에서 가장 유복한 사람이다.

|관련어| **affluence** 풍부함, 유복, 유입
- live in affluence 유복하게 생활하다
- an affluence of refugees 난민의 유입

## fluency [flú(:)ənsi] 명 유창, 거침없음

flu-는 「흐르다」, -ency는 「~의 상태」라는 의미의 명사어미. 「흐르고 있는 상태」란 「유창한 것」을 말한다.

speak with great *fluency* 매우 유창하게 말하다
He has great *fluency* in German. 그는 독일어가 매우 유창하다.

|관련어| **fluent** 유창한
- He is fluent in English. 그는 영어를 능숙하게 구사한다.

## influence [ínfluəns] 명 영향(력), 유력자

in-은 「안으로」란 의미의 접두사, flu-는 「흐르다」라는 의미이고, -ence는 「상태」를 나타내는 명사어미. 「~의 안으로 흐르는 것」에서 「영향」이라는 의미로 되었다.

He is a man of *influence* in this city. 그는 이 도시에서 유력자이다.
the *influence* of European literature upon his work
유럽문학이 그의 작품에 미친 영향
He was a great *influence* on me. 그로부터 많은 영향을 받았다.

|관련어| influential 커다란 영향을 미치는
- an influential newspaper 유력지
- He is the most influential man in our town.
  그는 우리 마을에서 최대의 유력자이다.

## fluctuate [flʌ́ktʃuèit] 동 동요하다(시키다), 끊임없이 변화하다
*fluctuate* in price 가격이 변동하다
His mood *fluctuates* from day to day.
그의 기분은 수시로 바뀐다.

## fluctuation [flʌ̀ktʃuéiʃən] 명 동요, 변동

## fluid [flú(ː)id] 명 유동체, 액체 형 유동체의, 유동적인
*fluid* capital 유동자본
a *fluid* situation 유동적인 상황
a *fluid* society 불안정한 사회

## influx [ínflʌks] 명 유입, 도래, 쇄도
There was an *influx* of refugees into the country.
그 나라로 난민이 쇄도했다.

PART **01** 어근(Root)

# frang · fring · fract · frag

라틴어 어근으로 '깨지다, 부수다, 부서지다(**break**)'를 의미

## fraction [frǽkʃən] 명 단편, 일부, 소량, 분수

fract-는 「깨지다」의 의미이고, -ion은 명사어미. 「깨진 것」이 원래의 뜻.

He saves only a *fraction* of his salary.
그는 자기 급료에서 소액만 저축을 한다.

|관련어| **fractional** 분수의, 일부의, 얼마 안 되는
- He made a fractional payment, not a full one.
  그는 전액이 아니라 그저 일부만 지불했다.

## fragile [frǽdʒəl] 형 깨지기 쉬운, 부서지기 쉬운, 약한

frag-는 「부수다」의 의미이고, -ile은 「~할 수 있는」이라는 의미의 형용사어미. 「부서질 수 있는」이 원래의 뜻.

a *fragile* vase 깨지기 쉬운 꽃병
He looks thin and *fragile*.
그의 몸은 가냘프고 허약해 보인다.

|관련어| **fragility** 깨지기 쉬움, 부서지기 쉬움, 허약

## ☐ **fragment** [frǽgmənt]  명 파편, 조각

frag-는 「깨지다」라는 의미이고, -ment는 「~의 상태」를 나타내는 명사어미. 「깨진 상태」가 원래의 뜻.

a *fragment* of glass 유리조각
He read me a *fragment* of the letter.
그는 나에게 편지의 일부를 읽어 주었다.

|관련어| **fragmentary** 조각조각 난, 불완전한
- fragmentary memories 단편적인 기억

**fragmentation** 분열
- a fragmentation bomb 파쇄성 폭탄

## ☐ **infringe** [infríndʒ]  동 어기다, 위반하다, 침해하다

in-은 「안에」라는 의미의 접두사, fring-은 「부수다」라는 의미. 「안에 들어가 부수다」가 원래의 뜻.

Don't *infringe* on woman's rights.
여성의 권리를 침해하지 마시오.
*infringe* a copyright 판권을 침해하다

|관련어| **infringement** 위반, 침해
- an infringement of Korea's sovereignty
  한국 주권에 대한 침해행위

## ☐ **fracture** [frǽktʃər]  명 골절

compound *fractures* 복잡골절
simple *fractures* 단순골절
suffer a *fracture* 골절되다

- **frangible** [frǽndʒəbl]  형 부서지기 쉬운, 무른

- **infraction** [infrǽkʃ∂n]  명 위반, 불완전 골절

- **refract** [rifrǽkt]  동 (물·공기 등이 광선·음파 등을) 굴절시키다

- **refraction** [rifrǽkʃ∂n]  명 굴절
  the angle of *refraction* 굴절각

- **refractory** [rifrǽktəri]  형 다루기 어려운, 고집 센
  a *refractory* schoolboy 말 안 듣는 남학생

**PART 01** 어근(Root)

# fus · fund · found

라틴어 어근으로
'녹다, 녹이다(melt), 붓다(pour)'를 의미

## ☐ **confuse** [kənfjúːz]  동 애매하게 하다, 혼란시키다, 혼동하다

con-은 「함께」라는 의미의 접두사, fus-는 「붓다」의 의미. 「함께 붓다」, 「너저분하게 부어 섞다」가 원래의 뜻.

*confuse* the matter
문제를 애매 모호하게 하다

He *confused* me with my brother.
그는 나와 동생을 혼동했다.

|관련어| **confound** 당황하게 하다, 혼동하다
- confound him with his brother
  그와 동생을 혼동하다

**confusion** 혼란, 혼동
- Her screams threw the entire office into confusion.
  그녀의 큰 소리에 사무실 안이 혼란스러웠다.

---

## ☐ **foundry** [fáundri]  명 주조장, 주물공장

found-는 「녹이다」의 의미, -ry는 「~하는 장소」를 나타내는 명사어미.

an iron *foundry* 주철공장
a glass *foundry* 유리공장

## ☐ **fusion** [fjúːʒən]  명 융해, 용해, 융합, 연합

fus-는 「녹다」의 의미, -ion은 「~의 상태」를 나타내는 명사어미.

a *fusion* administration 연립 내각
the point of *fusion* 융점
Brass is formed by the *fusion* of copper and zinc.
놋쇠는 구리와 아연을 녹여 섞은 것이다.

|관련어| **infuse** 불어넣다, 붓다

- The coach infused the players with enthusiasm.
  코치는 선수들에게 열기를 불어넣었다.

**fuse** 녹이다, 녹다

- The fire fused the plastics. 화재로 플라스틱이 녹았다.
- The two metals fused into one.
  두 개의 금속이 녹아 하나가 되었다.

*fuse에는 명사로 「퓨즈, 도화선」의 의미도 있다.

- Twenty seconds after he lit the fuse, the bomb burst.
  그가 도화선에 불을 붙인 20초 후에 폭탄이 폭발했다.
- When he replaced the fuse, the light went on again.
  그가 퓨즈를 교체하자, 곧 전기가 들어왔다.

---

## ☐ **refund** [ríːfʌnd]  동 환불하다, 갚다 명 [ríːfʌnd] 환불, 변상

re-는 「다시」라는 의미의 접두사이고, fund-는 「붓다」의 의미. 「다시 붓다」가 원래의 뜻.

Will my fare be *refunded*? 제 요금을 환불받을 수 있겠습니까?
Did you get a *refund* for the damaged article?
파손된 물품에 대해 환불을 받으셨습니까?

---

## ☐ **diffuse** [difjúːz]  동 퍼뜨리다, 보급시키다, 확산하다, 보급하다

dif-는 「떨어져서」의 의미이고, fus-는 「붓다」의 의미.

*diffuse* light 빛을 방산시키다
*diffuse* a culture 어떤 문화를 전파하다
His fame is *diffused* throughout the city.
그의 명성이 도시에 널리 퍼져있다.

## ☐ **effusion** [ifjúːʒən]  몡 유출, 용솟음, 감정을 그대로 드러낸 표현

His sentimental *effusions* embarrassed everyone.
그의 감상에 젖은 표현에 모두가 당황했다.

## ☐ **profuse** [prəfjúːs]  몡 많은, 마음이 후한, 아낌없는

pro-는 「앞에」란 의미이고, fus-는 「붓다」의 의미. 「쏟아낸」이 원래의 뜻.

He's *profuse* with his money. 그는 돈 씀씀이가 헤프다.
*profuse* hospitality 극진한 환대

## ☐ **suffuse** [səfjúːz]  통 덮다, 가득 채우다, [수동태] ~로 가득 차 있다

cheeks *suffused* with a healthy color
혈색이 좋은 뺨
His work is *suffused* by the idea of social class.
그의 작품에는 계급의식이 넘쳐 있다.

## ☐ **transfuse** [trænsfjúːz]  통 붓다, 불어넣다, 스며들게 하다
clouds *transfused* with gray 회색으로 물든 구름
*transfuse* a love of nature to one's students
학생들에게 자연을 사랑하는 마음을 심어주다

## ☐ **transfusion** [trænsfjúːʒən]  몡 주입, 수혈

**PART 01** 어근(Root)

# gam

그리스어 어근으로
**'결혼(marriage)'**을 의미

## □ **bigamy** [bígəmi]  명 중혼(죄)

bi-는 「두 번」, 「두 개」의 의미를 나타내는 접두사. gam-은 「결혼」을 의미.

*Bigamy* is a crime in all states.
중혼은 모든 주에서 죄가 된다.

## □ **monogamy** [mənágəmi]  명 일부일처제

mono-는 그리스어 접두사로 「하나」를 의미.

*Monogamy* is the type of marriage prevailing in most civilized countries.
일부일처제는 대부분 문명국가에서 시행되고 있는 결혼제도이다.

## □ **polygamy** [pəlígəmi]  명 일부다처

poly-는 그리스어 접두사로 「많은」을 의미한다.
*드물게 일처다부를 의미하는 경우도 있다.

- **deuterogamy** [djùːtərágəmi] 명 재혼

  deutero-는 「두 번째의」, 「다시」를 의미한다.

- **misogamist** [miságəmist] 명 결혼을 싫어하는 사람

- **misogamy** [miságəmi] 명 결혼을 싫어함

- **amalgamate** [əmǽlgəmèit] 명 합동하다, 합병하다
  *amalgamate* **A with B** A와 B를 합병하다
  The two steel companies *amalgamated* to form one big one.
  두 철강회사가 합병하여 커다란 회사를 설립하였다.

- **exogamy** [ekságəmi] 명 족 외 (다른 족) 결혼

  exo-는 「밖」, 「외부」를 나타낸다.

- **endogamy** [endágəmi] 명 동족 결혼

  endo-는 「내부」를 나타낸다.

**PART 01** 어근(Root)

# gen · genit

그리스어 및 라틴어 어근으로
'생산하다(produce), 낳다(give birth to)'를 의미

---

□ **genesis** [dʒénisis] 명 기원, 발생, (대문자로) 창세기

> genesis는 그리스어에서 직접 온 말로 gen-에 근거를 둔 단어이다.

The *genesis* of the universe may have been a big explosion.
우주의 기원은 대폭발에 의한 것일지도 모른다.

*Genesis*, the story of the Creation, is the first book of the Bible.
천지창조에 관한 이야기인 창세기는 성서의 첫 번째 책이다.

---

□ **genius** [dʒíːnjəs, -niəs] 명 천재, 비범한 재능

> genius는 라틴어에서 직접 온 말로 gen-에 기초하며, 「타고난 비범한 재능」이 원래의 뜻. gen-에는 「수호신」이라는 의미도 있다.

a man of *genius* 천재
a mathematical *genius* 수학의 천재
(=a *genius* in mathematics)
have a *genius* for music
뛰어난 음악적 재능이 있다

The teacher recognized the boy's musical *genius*
선생님은 그 소년에게 비범한 음악적 재능이 있음을 알았다.

**She is recognized as a *genius*.**
그녀는 천재로 여겨진다.

---

## □ **genial** [dʒíːnjəl] 형 친절한, 상냥한, 쾌적한

gen-은 「수호신」의 의미. 「수호신」은 사람을 감싸주는 존재로 인식되어 이러한 뜻을 지니게 된 것이다.

a *genial* look 다정한 표정
a *genial* personality 온화한 인품
a *genial* climate 온화한 기후
a *genial* man 친절한 사람

|관련어| **congenial** 마음이 맞는, 속속들이 아는, 이심전심의
[con-은 「함께」의 의미]
- a congenial friend 마음이 맞는 친구
- congenial work 천성에 맞는 일

---

## □ **genuine** [dʒénjuin] 형 순종의, 진짜의

genuine은 라틴어에서 온 말로 「자연의」, 「타고난」이라는 의미의 어근 gen-에 기초한다.

a *genuine* New Yorker 뉴욕 토박이
a *genuine* diamond 진짜 다이아몬드
a *genuine* signature 본인의 서명

---

## □ **genital** [dʒénitəl] 형 생식기의

genit-는 「낳다」라는 의미. 「낳는 일에 관한」이 원래의 뜻.

|관련어| **genitalia** 생식기

**congenital** 타고난, 선천적인
- The baby had a congenital defect.

  그 아이에게는 선천적인 신체적 결함이 있었다.

*inborn, innate는 주로 성격에 대해 '선천적'이라고 말할 때 사용된다.

---

## ☐ **progenitor** [proudʒénitər]  명 선조

pro-는 「앞에」라는 의미의 접두사. genit-는 「낳다」의 의미이고, -or은 「사람」을 의미하는 접미사. 「먼저 태어난 사람」 즉 「선조」를 말한다.

a *progenitor* of the elephant 코끼리의 원조

PART 01 어근(Root)

# geo

그리스어 어근으로
'지구, 지표, 지면(earth)'을 의미

## ☐ **geography** [dʒiágrəfi]  명 지리(학), 지형의 구도, 위치

geo-는 「지구」이고, graphy-는 「기록」, 「기술」의 의미를 나타내는 그리스어 어근. 「지구에 관한 기술」이 원래의 뜻.

School children need maps to study *geography*.
학생들이 지리를 공부하기 위한 지도가 필요하다.

We are studying the *geography* of our town.
우리들은 우리가 살고 있는 마을의 지리를 공부하고 있다.

|관련어| **geographic, geographical** 지리학의, 지리적인
- geographical features 지세

**geographically** 지리적으로

**geographer** 지리학자

---

## ☐ **geology** [dʒiálədʒi]  명 지리학, 지질

geo-는 「지면」, 「지표」의 뜻이고, -logy는 「학문」의 의미. 「지표의 구조에 관한 학문」이 원래의 뜻.

|관련어| **geologic, geological** 지질학의  **geologist** 지질학자

**geologize** (vi.)지질학을 연구하다; (vt.)~을 지질학적으로 조사하다

## geometry [dʒiámitri] 명 기하학

geo-는 「지면」을 의미하고, -metry는 「측정」의 뜻. 「지면을 측정하는 것」이 원래의 뜻이다.

analytical *geometry* 해석 기하학
Euclidian *geometry* 유클리드 기하학

|관련어| geometric, geometrical 기하학의
geometrician 기하학자

## geobotany [dʒìːoubátəni/-bɔ́t-] 명 지구식물학

## geocentric [dʒìːouséntrik] 형 지구를 중심으로 한

|관련어| geocenter 지구의 중심

## geochemistry [dʒìːoukémistri] 명 지구화학

## geochronology [dʒìːoukrənálədʒi] 명 지구연대학

## geophysics [dʒìːoufíziks] 명 지구물리학

## geopolitics [dʒìːoupálitiks] 명 지정학

**PART 01** 어근(Root)

# ger · gest

라틴어 어근으로
'나르다(carry), 계속하다(carry on),
낳다(produce, bear)'를 의미

## ☐ **belligerent** [bəlídʒərənt]  형 호전적인, 전쟁중의
명 교전국(의 병사)

> belli-는 라틴어 어근으로 「전쟁」, ger-는 「계속하다」의 의미이며, -ent는 형용사·명사어미. 「전쟁을 계속하는」, 「호전적인」이 원래의 뜻.

He was *belligerent* toward strangers, always picking fights.
그는 낯선 사람에게는 걸핏하면 시비를 걸고 항상 싸움을 건다.

*belligerent* countries 교전국
the defeated *belligerent* 패전국

|관련어| belligerence 호전성
belligerency 교전상태
belligerently 호전적으로
nonbelligerent 비교전국(의)

---

## ☐ **digest** [didʒést, dái-]  동 소화하다, 터득하다, 요약하다 명 요약

> di-는 라틴어 접두사로 「떨어져서」란 뜻이며, gest-는 「나르다」의 의미. 「안으로 완전히 나르다」, 「흡수하다」가 원래의 뜻.
> \* 동사는 [daidʒést], 명사는 [dáidʒest].

126

**Food must be chewed well to be *digested* properly.**
음식은 잘 씹어서 먹지 않으면 소화가 잘 안 된다.

**I need time to *digest* this new idea.**
이 새로운 사고방식을 터득하는 데에는 시간이 필요하다.

**Please *digest* this long report into a two-page summary.**
이 긴 보고서를 2페이지로 요약해 주십시오.

**Have you read the *digest* of his latest book?**
그의 최신 저작의 요약본을 읽어보셨습니까?

|관련어| **digestion** 소화, 터득
- Digestion of meat is comparatively slow.
  육류는 비교적 소화가 늦다.

**digestive** 소화의, 소화력이 있는
- digestive aids 소화제
- suffer from digestive trouble 소화 장애를 겪다

**digestible** 소화가 잘 되는
- Soft food is more digestible.
  부드러운 음식은 소화가 잘 된다.

**indigestion** 소화불량

**indigestible** 소화가 안 되는, 이해가 어려운

---

## ☐ **gestate** [dʒésteit] 동 잉태하다, 임신하다

gest-는 「임신하다」, 「아이를 가지다」의 의미.
* 영어의 carry도 이런 의미로 쓰인다. -ate는 동사어미.

**The human female *gestates* for nine months.**
여성의 임신기간은 9개월이다.

|관련어| **gestation** 임신기간
- Gestation in human beings is nine months.
  인간의 임신기간은 9개월이다.

**gestant** 임신한

## ☐ **congest** [kəndʒést] 동 ~을 충만시키다

> con-은 「함께」라는 의미이고, gest-는 「나르다」의 의미. 「함께 나르다」 → 「함께 채우다」.

The shopping area was *congested* with the Sunday crowd. 상점가는 일요일의 인파로 가득 찼다.

---

## ☐ **congested** [kəndʒéstid] 형 밀집한, 혼잡한, 충혈된

*congested* area (건물·인구 등의) 밀집지역

a street *congested* with traffic
교통이 혼잡한 거리

My nose is *congested*.
나는 코가 막혔다.

---

## ☐ **congestive** [kəndʒéstiv] 형 울혈의, 충혈의

---

## ☐ **congestion** [kəndʒéstʃən] 명 밀집, 충만

traffic *congestion* 교통정체
mental *congestion* 정신적 과로
*congestion* of the brain 뇌충혈

PART **01** 어근(Root)

# grad · gred · gress

라틴어 어근으로
'한 걸음, 발을 내딛다(step), 가다(go)'를 의미

## ☐ **aggression** [əgréʃən] 몡 침략, 공격

ag-(=ad-)는 「~로」를 의미하는 접두사, gress-는 「발을 내딛다」, 「가다」의 의미이고, -ion은 「~의 행위」, 「~의 상태」를 나타내는 명사어미. 「~쪽으로 향해 가는 것」에서 「침략」, 「공격」의 의미로 되었다.

**Arresting our citizens was an act of *aggression* by that country.**
우리 국민을 체포한 것은 그 나라의 침략행위였다.

**an *aggression* upon one's rights** 권리의 침해

|관련어| **aggressive** 침략적인, 공격적인, 적극적인

- He is so aggressive that others avoid him.
  그는 매우 공격적이기 때문에 모두 그를 피하고 있다.

- We need an aggressive leader.
  우리에게는 적극적인 지도자가 필요하다.

**aggressiveness** 침략, 공격
[-ness는 「성질」, 「상태」를 나타내는 추상명사를 만드는 접미사]

- His aggressiveness made us dislike him.
  그의 공격적인 태도 때문에 우리는 그를 싫어하게 되었다.

**aggressor** 침략자
[-or는 「~하는 사람」을 나타내는 접미사]

129

## □ **gradual** [grǽdʒuəl]  형 점진적인, 단계적인, 약간씩의, 완만한

grad-는 「한 걸음」의 의미이고, -al은 형용사어미. 「한 걸음 한 걸음 나아가는」이 원래의 뜻.

The doctor noticed a *gradual* improvement in his patient.
의사는 환자가 서서히 좋아지고 있다는 것을 알았다.

|관련어| **gradually** 서서히
**gradualism** 점진주의 [-ism은 「~주의」의 의미]

## □ **graduate** [grǽdʒuèit, -it]  동 졸업하다, 학위를 받다, 배출하다, 점차로 변하다, 누진적으로 하다
명 졸업생, 대학원생

grad-는 「한 걸음」의 의미이고, -ate는 「잡다」(take)의 의미. 「한 걸음 나아가다」가 원래의 뜻.
* 명사의 발음은 [grǽdʒuit].

He *graduated* from college last year.
그는 작년에 대학을 졸업했다.

The university *graduates* 1,000 students every year.
그 대학은 매년 1,000명의 졸업생을 배출한다.

The dawn *graduated* into day. 날이 점점 밝아왔다.
The income tax is *graduated*. 소득세는 누진적이다.
He is a university *graduate*. 그는 대학 졸업생이다.

|관련어| **graduation** 졸업, 졸업식, 눈금

## □ **progress** [prágres/próug-]  명 진행, 진보, 향상
동 진행하다, 진보하다, 전진하다

pro-는 「앞쪽으로」라는 의미의 접두사이고, gress-는 「가다」의 의미. 「전진하다」가 원래의 뜻.
* 동사의 발음은 [prəgrés].

We made slow *progress* through the heavy traffic.
차들이 붐비는 곳을 천천히 통과했다.

the *progress* of education in this country
우리나라에서의 교육의 진보

make tremendous *progress* in education
교육에 있어서 눈부신 발전을 이루다

He is making *progress* on the piano.
그는 피아노 실력이 향상되고 있다.

The work *progressed* rapidly.
일이 급속히 진척되었다.

|관련어| progressive 진보적인
progressively 점차로
progression 전진, 진보, 연속

PART 01 어근(Root)

# grat

라틴어 어근으로
'즐거운, 기쁜(pleasing)'을 의미

☐ **congratulate** [kəngrǽtʃəlèit] 동 축하하다, 운 좋게 된
것을 기뻐하다

con-은 「함께」, grat-는 「기쁜」이라는 뜻. -ate는 동사어미.

Friends *congratulated* him on his success.
친구들이 그의 성공을 축하해 주었다.

Let me *congratulate* on your promotion.
승진을 축하합니다.

He *congratulated* himself on having found a job.
그는 운 좋게 일을 구하여 기뻐했다.

|관련어| **congratulation** 축하, 축사

- offer him one's congratulations on his success
  그의 성공에 축사를 하다
- Congratulations! 축하합니다! [반드시 복수형으로 말한다.]
- Congratulations on your success.
  성공을 축하합니다.

**congratulatory** 축하의

- a congratulatory address 축사

## ☐ **grateful** [gréitfəl] 〚형〛 감사하고 있는, 고마워하는

grat-는 「즐거운」의 의미이고, -ful은 「~한 경향이 있는」, 「~로 특징 지어진」을 나타내는 형용사어미. 「즐거움으로 특징 지어진」이란 「감사하고 있는」의 의미.

### He was *grateful* for your help.
그는 당신의 도움에 고마워 했다.

### I am *grateful* that I have good friends.
좋은 친구들이 있어 감사하게 생각한다.

|관련어| **gratefully** 감사하여

**gratefulness** 감사

---

## ☐ **gratify** [grǽtəfài] 〚동〛 기쁘게 하다, 만족시키다

grat-는 「즐거운」의 의미이고, -ify는 「~시키다」를 나타내는 동사어미. 「즐겁게 하다」가 원래의 뜻.

### I am *gratified* to hear of your success.
당신이 성공했다는 소식을 들으니 기쁘다.

### I am *gratified* with the election results.
나는 선거 결과에 만족한다.

|관련어| **gratifying** 만족시키는, 기쁜

**gratification** 만족

- He had the gratification of seeing his son graduate from college.

  그는 아들이 대학을 졸업한다는 기쁨에 젖어 있었다.

## gratitude [ɡrǽtitʃùːd]  명 감사

grat-는 「즐거운」의 의미이고, -itude는 「~의 성질」, 「~의 상태」를 나타내는 명사어미. 「즐거운 마음의 상태」가 원래의 뜻.

**They showed their *gratitude* by sending her flowers.**
그들은 감사의 표시로 그녀에게 꽃을 보냈다.

**He expressed his *gratitude* to Mr. Smith for his help.**
그는 스미스 씨의 도움에 감사의 뜻을 표현했다.

|관련어| **ingratitude** 배은망덕 [in-은 not의 의미]

- Parents sometimes accuse their children of ingratitude.
  부모는 때로 자녀에 대해 배은망덕하다고 나무랄 때가 있다.

**PART 01** 어근(Root)

# graph

그리스어 어근으로
'쓰다(**write**)'를 의미

□ **biography** [baiágrəfi, bi-/-ɔ́g-]  명 전기

bio-는 「생애」(life)의 의미.

□ **calligraphy** [kəlígrəfi]  명 달필, 서예

calli-는 「아름다운」의 의미.

study *calligraphy* 서예를 익히다

|관련어| **calisthenics** [kæ̀ləsθéniks] 미용체조

□ **holograph** [háləgræ̀f, -grà:f, hóulə-]  형 자필의
　　　　　　　　　　　　　　　　　　　　 명 자필 문서

holo-은 「완전」, 「유사」의 의미.

|관련어| **holocaust** [háləkɔ̀:st, hóu-] 대참사, 전멸, 대학살

□ **homograph** [háməgræ̀f]  명 동형이의어(同形異義語)

homo-는 「동일한」, 「같은」의 의미.

|관련어| homosexual 동성애의

## □ **hydrograph** [háidrəgræf]  명 수위도(水位圖)

hydro-는 「물」, 「수소」의 의미.

|관련어| hydroairplane 수상비행기

## □ **orthography** [ɔːrθágrəfi]  명 정자법, 철자법

ortho-는 「바른(正, 直)」의 의미.

|관련어| orthodox [ɔ́ːrθədɑ̀ks] 정통적인

## □ **phonograph** [fóunəgræ̀f]  명 축음기

phono-는 「음」의 의미.

## □ **radiograph** [réidiougræ̀f]  명 X선 (뢴트겐) 사진

## □ **graph** [græf]  명 그래프, 도표
a line *graph* 선 그래프
a bar *graph* 막대 그래프

## □ **graphic** [grǽfik]  형 도화의, 도해의

## □ **graphite** [grǽfait]  명 그래파이트, 흑연(연필의 원료)

- **graphology** [græfálədʒi] 명 필적학

  |관련어| graphologist 필적학자

- **monograph** [mánəɡræf] 명 전공논문, 학술논문

- **photograph** [fóutəɡræf] 명 사진

  photo-는 「빛」의 의미.

  take a *photograph* of ~의 사진을 찍다

- **telegraph** [téləɡræf] 명 전신, 전보 동 전보를 치다

  tele-는 「먼」, 「어떤 거리를 계속 전달하다」의 의미.

**PART 01** 어근(Root)

# her · hes

라틴어 어근으로
'달라붙다(stick)'를 의미

## □ adhere [ædhíər] 통 달라붙다, 부착하다, 신봉하다, 고집하다

ad-는 「~에」의 의미, her-는 「달라붙다」의 의미. 「~에 달라붙다」가 원래의 뜻.

His wet clothing *adhered* to his body.
그의 젖은 옷이 몸에 달라붙었다.

*adhere* to the church
교회에 충실하다

He no longer *adheres* to those beliefs.
그는 더 이상 그런 신념에 집착하지 않는다.

|관련어| **adherence** 고수, 충실한 지지

- adherence to the party
  당에 대한 충실한 지지

- He was well known for his adherence to the rules.
  그는 규칙을 고수하는 것으로 유명하다.

**adherent** 신자, 지지자

- The candidate was surrounded by his adherents.
  그 후보는 지지자들에게 둘러싸였다.

- fresh adherents to the theory
  그 새 학설의 지지자들

**adhesion** 집착, 부착, 충실한 지지

- give one's adhesion to the policy
  그 정책의 지지를 표명하다

**adhesive** 고집하는, 끈적끈적한, 접착성의

- Where is the adhesive tape?
  접착테이프는 어디에 있지?

---

## □ **cohere** [kouhíər]  동 밀착하다, 결합하다, 시종일관하다

co-는 「함께」란 의미의 접두사이고, her-는 「달라붙다」의 의미. 「함께 달라붙다」, 「결합하다」가 원래의 뜻.

*cohere* as a group 하나의 그룹으로 합치다
**The stories of the three witnesses don't *cohere*.**
세 명의 목격자의 말이 일치하지 않는다.

|관련어| **coherence** 밀착성, 일관성

- His speech lacked coherence.
  그의 연설은 일관성이 없었다.

**coherent** 밀착된, 일관된, 논리적인

- Do you think his speech was coherent?
  그의 연설이 조리가 있었다고 생각하니?

**cohesion** 점착, 결합, 단결, 응집력

- The *cohesion* of their family group is remarkable.
  그들의 일가족으로서의 단결은 주목할 만하다.

**cohesive** 밀착하는

- a cohesive group 단결한 그룹

---

## □ **incoherent** [ìnkouhí(ː)ərənt]  형 이치에 맞지 않는, 앞뒤가 안 맞는, 자제력을 잃은

in-은 not의 의미.

an *incoherent* explanation
이치에 맞지 않는 설명

She became quite *incoherent* as the disease got worse.
병이 악화되자 그녀는 완전히 자제력을 잃게 되었다.

## ☐ **inhere** [inhíər] 동 본래부터 갖고 있다, 내재하다

Charity *inheres* in human nature.
자비심은 인간성에 내재하는 것이다.

Jealousy *inheres* in love.
질투는 사랑에 내재해 있다.

## ☐ **inherent** [inhí(ː)ərənt] 형 타고난, 고유의

*inherent* rights 선천적 권리

He accepted the responsibility *inherent* in the job.
그는 그 일에 따르는 책임을 받아들였다.

## ☐ **inherence** [inhí(ː)ərəns] 명 본래부터 갖고 있는 것, 고유, 내재

PART 01 어근(Root)

# jac · jec · ject

라틴어 어근으로
'던지다(throw), 눕다(lie)'를 의미

## □ adjacent [ədʒéisənt]  형 부근의, 인접한, 직전(직후)의

ad-는 「가까이」라는 의미의 접두사이고, jac-는 「눕다」의 의미. -ent는 여기서 형용사어미. 「무엇인가의 가까이에 눕다」가 원래의 뜻.

*adjacent* houses 서로 이웃한 집
a park *adjacent* to a school 학교에 인접한 공원
a photograph on an *adjacent* page
옆 페이지의 사진

## □ inject [indʒékt]  동 주입하다, 주사하다, 삽입하다

in-은 「~의 안에」란 의미의 접두사. ject-는 「던지다」의 의미. 「무엇인가의 안에 던지다」가 원래의 뜻.

*inject* a tank with water
탱크에 물을 부어넣다

The doctor *injected* the vaccine into my arm.
의사는 나의 팔에 백신을 주사했다.

He *injected* a touch of humor into a serious speech.
그는 딱딱한 연설에 약간의 유머를 집어넣었다.

|관련어|  injection 주입, 주사

- give an injection of cocaine
  코카인 주사를 놓다

**injector** 주입자, 주사놓는 사람, 주사기

---

## □ **project** [prədʒékt] 동 제안하다, 기획하다, 계획하다, 내던지다
명 [prάdʒekt] 계획, 기획(안), 계획사업

> pro-는 「앞쪽에, 앞에」라는 의미의 접두사이고, ject-는 「던지다」의 의미.
> 「앞으로 던지다」가 원래의 뜻.

**New housing is *projected* for that area in the city.**
새로운 주택이 시내 그 지역에 건설될 예정이다.

**the President's *projected* visit to Europe**
대통령의 (예정된) 유럽 방문

***project* a missile** 미사일을 발사하다

**The road-building *project* was discussed at the meeting.**
회의에서 도로건설계획이 토의되었다.

**a *project* to build a new gymnasium** 새로운 체육관 건설계획

| 관련어 | **projectile** 발사체

**projection** 영사, 투사, 돌기, 계획

- a projection booth 영사실
- a projection of next year's income and expenses
  내년의 수입과 지출 계획

**projectionist** 영사기사

---

## □ **abject** [ǽbdʒekt] 형 절망적인, 비참한, 야비한

> ab-는 「떨어져서」, ject-는 「던지다」의 의미. 「떨어져서 던지다」 → 「던져 버려진」 → 「참담한」이 원래의 뜻.

***abject* poverty** 적빈

**make an *abject* apology** 손이 발이 되게 빌다

## ☐ **eject** [i(:)dʒékt] 동 쫓아내다, 분출하다, 배설하다

e-는 「밖으로」의 의미. 「밖으로 던지다」 → 「추방하다」.

*eject* a tenant from an apartment
입주자를 아파트에서 쫓아내다

---

## ☐ **interject** [ìntərdʒékt] 동 처넣다, 불쑥 끼워 넣다

inter-는 「~의 사이에」의 의미.

*interject* a remark 의견을 불쑥 꺼내다

---

## ☐ **reject** [ridʒékt] 동 거절하다, 사절하다, 거부 반응을 나타내다, 불합격시키다
명 [rídʒekt] 불합격품(자)

re-는 「뒤로」의 뜻. 「뒤로 던지다」 → 「되던지다」.

He *rejected* their offer to help.
그는 그들의 도움요청을 거절했다.

He was *rejected* for the army because of his bad eyesight.
그는 시력이 나빠 군 신체검사에서 떨어졌다.

**PART 01** 어근(Root)

# join · joint · junct

라틴어 어근으로
'연결하다, 결합되다(join)'를 의미

## ☐ adjoin [ədʒɔ́in] 동 인접하다

ad-는 「~에」란 뜻의 접두사. 「~에 결합되다」는 「인접해 있다」라는 의미.

Canada *adjoins* the United States. 캐나다는 미국에 인접해 있다.
The two rooms *adjoin*. 2개의 방이 서로 이웃해 있다.

|관련어| adjoining 인접한
- the adjoining room 옆방
- an adjoining garden 인접한 정원

adjunct 부속물, 첨가물
- an adjunct to ceremonial occasions
  의식에 덧붙여 개최되는 행사

## ☐ conjunction [kəndʒʌ́ŋkʃən] 명 결합, 공동, 관련, 동시발생, 접속사

con-은 「함께」란 의미의 접두사, junct-는 「결합되다」의 의미이고, -ion은 명사어미. 「결합」이 원래의 뜻.

in *conjunction* with two other organizations
다른 2개의 조직과 공동으로

|관련어| conjoin 결합시키다(하다)

- We believe in justice conjoined with mercy.
  우리는 자비와 결합된 정의를 믿는다.

**conjoiner** 결합하는 사람(사물)

**conjunctive** 결합하는, 공동의

- conjunctive tissue 결합조직
- a conjunctive plan 공동계획

---

## □ **injunction** [indʒʌ́ŋkʃən]  명 명령, 금지명령, 권고

in-은 「안에」란 의미의 접두사이고, junct-는 「결합되다」의 의미. -ion은 「~한 행위」, 「~한 상태」를 나타내는 명사어미. 「~안에 참가하는 것」에서 「~안에 간섭하는 것」으로 바뀌었다.

The judge issued an *injunction* against the strike.
재판관은 그 파업의 금지명령을 내렸다.

|관련어| **injunct** 금지하다, 억제하다

---

## □ **junction** [dʒʌ́ŋkʃən]  명 연결, 연락점, 접합점

junct-는 「결합되다」의 의미이고, -ion은 추상명사어미. 「결합된 상태」가 원래의 뜻.

The two rivers make their *junction* near the sea.
그 두 개의 강이 바다 근처에서 합류하고 있다.

There is a store at the *junction* of the two roads.
그 두 길이 교차하는 곳에 상점이 있다.

**PART 01** 어근(Root)

# leg · lect · lig

라틴어 어근으로
'고르다(choose), 읽다(read)'를 의미

## ☐ **elect** [ilékt]  동 선거하다, 고르다

e-(=ex-)는 「밖으로」라는 의미이고, lect-는 「고르다」의 의미. 「골라내다」가 원래의 뜻.

**The people *elected* him President.**
국민은 그를 대통령으로 선출했다.

**He was *elected* to the Presidency for a second term of office.** 그는 대통령에 재선되었다.

|관련어| **election** 선거, 투표
- There is a presidential election every four years.
  (미국의) 대통령선거는 4년마다 행해진다.

**elector** 선거인

**electorate** 선거민, 유권자
- Twenty percent of the electorate voted for the losing candidate.
  유권자의 20%가 낙선된 후보자에게 투표했다.

**elective** 선거의, 선거에 의해 부여된
- an elective official 선거에 의해 뽑힌 공무원
- an elective office 선거에 의해 뽑는 관직

## ☐ **lecture** [léktʃər]  명 강의, 강화, 선교, 훈계, 잔소리  동 강의하다

lect-는 「읽다」의 의미, -ure는 「~행위」를 나타내는 명사어미. 「읽는 것」이 원래의 뜻.

**The professor gave a *lecture* on modern art.**
교수는 현대미술에 관한 강의를 했다.

**He *lectured* at the university.**
그는 대학에서 강의했다.

**I wish you'd stop *lecturing* me.**
훈계조로 말씀하시지 않았으면 좋겠어요.

|관련어| **lecturer** 강사

---

## ☐ **legible** [lédʒəbl]  형 읽기 쉬운, 판독할 수 있는, 식별 가능한

leg-는 「읽다」의 의미이고, -ible은 「~할 수 있는」을 나타내는 형용사어미. 「읽을 수 있는」이 원래의 뜻.

**This scrawled note is barely *legible*.**
이 흘려 쓴 메모는 거의 읽을 수 없다.

|관련어| **legibility** 읽기 쉬움

**illegible** 읽을 수 없는 [il-은 not의 의미]
- **His handwriting is illegible.**
  그의 필적은 판독이 불가능하다.

---

## ☐ **select** [silékt]  동 고르다, 선발하다, 발췌하다
형 가려낸, 정선한, 상류사회의
명 [pl.] 최상품, 정선품

se-는 「떨어져서」, lect-는 「고르다」, 「떨어져서 고르다」는 「골라내다」라는 뜻이다.

***select* a toy for a child** 아이에게 장난감을 골라주다

*select* the best among many works
많은 작품 중에서 최우수작품을 고르다

*select* books 정선 도서

the *select* staff 선발 직원

a *select* society 상류사회

a *select* part of the city 그 도시의 고급주택가

| 관련어 | **selection** 선택, 선발, 선택된 것(사람)

- a careful selection of members 구성원의 엄선
- The new headmaster is a good selection.
  이번 교장은 적임자이다.

**selective** 선별능력이 있는, 선택적인

- selective bombing 선별폭격

**selectivity** 선택성, 선택능력

**selector** 선택자

**selectman** (Rhode Island 주를 제외한 New England 각 주의) 도시행정위원

---

## □ **neglect** [niglékt]  동 무시하다, 가볍게 여기다, 게을리하다
명 태만, 경시

neg-는 「부정」의 의미이고, lect-는 「고르다」의 의미. 「선택되지 않다」 → 「경시되다」.

She was unhappy because he *neglected* her.
그녀는 그가 돌봐주지 않아 불만이었다.

The boy had bad teeth because he *neglected* to brush them.
그 소년은 이 닦기를 게을리했기 때문에 충치가 있었다.

Their yard was a mess because of their *neglect*.
그들의 마당은 그대로 방치되어 아주 엉망이었다.

☐ **neglectful** [niglektfəl] 형 태만한, 부주의한, 소홀히 하는

*neglectful* of one's appearance
외모에 무관심한

students who are *neglectful* of their studies
공부에 태만한 학생들

---

☐ **recollect** [rèkəlékt] 동 생각해 내다, 회상하다

I cannot *recollect* his name.
그의 이름이 생각나지 않는다.

I *recollected* having said so.
그렇게 말했던 것을 생각해 냈다.

*[rì:kəlékt] 다시 모으다, 마음을 가라앉히다, (힘·용기를) 불러일으키다

---

☐ **recollection** [rèkəlékʃən] 명 회상, 기억, 추억

According to my *recollection*, they were married last year.
내 기억에 의하면 그들은 작년에 결혼했다.

They had many happy *recollections* of their trip.
여행 중에 좋은 추억거리가 많았다.

PART 01 어근(Root)

# loqu · locut

라틴어 어근으로
'말하다(speak)'를 의미

## ☐ colloquial [kəlóukwiəl]  혱 구어체의, 스스럼없는, 회화체의

col-(=con-)은 「함께」라는 의미의 접두사, loqu-는 「말하다」의 의미이고, -ial은 「~에 관한」을 나타내는 형용사어미. 「함께 말하는 데 관한」이란 「형식적이 아닌 스스럼없는 말투의」라는 의미.

a *colloquial* expression 구어적 표현

|관련어| colloquially 구어체로
　　　　colloquialism 구어적 표현, 구어체

---

## ☐ eloquent [éləkwənt]  혱 웅변의

e-(=ex-)는 「밖으로」란 의미의 접두사, loqu-는 「말하다」의 의미이고 -ent는 여기서 형용사어미. 「밖으로 말하는」이란 「분명히 말하는」의 뜻.

an *eloquent* speaker 웅변가
an *eloquent* speech 설득력 있는 연설

|관련어| eloquently 웅변으로
　　　　eloquence 웅변, 능변
　　　　• with eloquence 웅변으로

## elocution [èləkjúːʃən]  명 연설의 방식, 연설법, 웅변술

e-는 「밖으로」, locut-는 「말하다」의 의미이고, -ion은 「~행위」를 나타내는 명사어미. 「밖으로 말하는 행위」가 원래의 뜻.

**Lawyers have to study *elocution*.**
변호사는 웅변술을 배워야 한다.

|관련어| **elocutionist** 연설법 교사
 **elocutionary** 웅변술의, 연설법에 관한

## circumlocution [sə̀ːrkəmloukjúːʃən]
명 빗대어 말하는 법, 빙 돌려서 하는 표현

circum-은 「주변」, 「주위」의 의미.

**without *circumlocution*** 단도직입적으로

## locution [loukjúːʃən]  명 말투, 말씨, 어법
**a Cockney *locution*** 런던 사투리

## loquacious [loukwéiʃəs]  형 말 많은, 수다스러운

## loquacity [loukwǽsəti]  명 요설, 다변, 수다

## soliloquize [səlíləkwàiz]  동 독백하다

## soliloquy [səlíləkwi]  명 독백

PART 01 어근(Root)

# luc · lum · lun · lus

라틴어 어근으로 '빛(light)'을 의미

☐ **lucid** [lúːsid]  형 빛나는, 반짝이는, 투명한, 명쾌한

-id는 형용사어미.

the *lucid* water of a spring 샘의 맑은 물
a *lucid* explanation 명쾌한 설명

☐ **Luna** [lúːnə]  명 달, 달의 여신

☐ **luminary** [lúːmənèri]  명 (태양·달 등의) 천체, 발광체, 선각자

one of the *luminaries* in the field of medical science
의학 분야에서의 선각자 중 한 사람

☐ **luminance** [lúːmənəns]  명 발광성

the blinding *luminance* of the sun 태양에서 방출되는 눈이 부실 듯한 빛

☐ **luminous** [lúːmənəs]  형 빛을 발하는, 밝은

*luminous* bodies 발광체   *luminous* paint 야광도료

The ballroom was *luminous* with the light from a thousand candles.
댄스홀 안은 수많은 촛불로 밝았다.

---

☐ **luster** [lʌ́stər]  명 광택, 윤기, 반짝임, 영광

add *luster* to pearls 진주에 광택을 내다
The *luster* of his achievements did not dim with the passing years.
세월이 흘러도 그의 빛나는 업적은 바래지 않았다.

---

☐ **lustrous** [lʌ́strəs]  형 광택이 있는, 빛나는, 매력 있는

*lustrous* silk 광택이 있는 비단   *lustrous* eyes 빛나는 눈
a *lustrous* actress 매력 있는 여배우

---

☐ **illuminate** [iljúːmənèit]  동 비추다, 확실하게 하다, 설명하다

「위에 비추다」가 원래의 의미.

The lamp *illuminated* the room.
램프가 방을 밝게 했다.
The professor *illuminated* the problem for his students.
교수는 학생들에게 그 문제를 설명했다.

---

☐ **translucent** [trænsljúːsənt]  형 반투명의, 명쾌한

trans-는 「지나서」의 의미.

Frosted window glass is *translucent* but not transparent.
젖빛 유리는 빛을 통과시키지만 투명하지는 않다.
His explanation of symbolic logic was absolutely *translucent*.
그의 기호이론학의 설명은 실로 명쾌했다.

**PART 01** 어근(Root)

# magn · magna · magni

라틴어 어근으로 '큰(**great**)'을 의미

---

☐ **magnate** [mǽgneit] 명 (기업·업계 등의) 유력자, ~왕

a financial *magnate* 재계의 유력자
an oil *magnate* 석유왕
musical *magnates* 음악계의 거장들

---

☐ **magnify** [mǽgnəfài] 동 크게 보이게 하다, 확대하다

This microscope *magnifies* objects 500 times.
이 현미경은 물체를 500배로 확대하여 보여준다.

The chart was *magnified* several times.
그 지도는 여러 배로 확대되었다.

a *magnifying* glass 확대경

---

☐ **magnifier** [mǽgnəfàiər] 명 확대하는 사람(사물), 확대렌즈

---

☐ **magnific** [mægnífik] 형 당당한, 과장된 *고어

---

☐ **magnitude** [mǽgnətjùːd] 명 크기, 규모, 중요성, 진도(震度)

A crowd of great *magnitude* attended the President's inauguration.
광장히 많은 사람들이 대통령의 취임식에 참가했다.

the *magnitude* of a swamp 습지의 넓이

the *magnitude* of a new housing development
새로운 주택단지의 규모

He had not realized the *magnitude* of the problem.
그는 문제의 중요성을 인식하고 있지 않았다.

the problems of very great *magnitude*
정말로 중대한 문제들

The *magnitude* was 5 on the Richter scale.
진도〈震度〉는 리히터 눈금으로 5도였다.

---

☐ **magnificent** [mægnífisənt]  형 장대한, 훌륭한

The house has a *magnificent* view.
그 집 주위의 경치는 수려하다.

a *magnificent* inheritance 막대한 유산

---

☐ **magnum** [mǽgnəm]  명 큰 술병(약 1.5리터), 매그넘 화약총 (화기), 손목뼈

---

☐ **magniloquent** [mægníləkwənt]
형 (말·문체 등이) 호언장담하는, 과장된

---

☐ **magnanimous** [mægnǽnəməs]  형 관대한, 아량이 넓은

anim-은 「마음」이란 의미.

PART 01 어근(Root)

# man · manu

라틴어 어근으로 '손(hand)'을 의미

☐ **manual** [mǽnjuəl]  형 손의, 손으로 하는
　　　　　　　　　　　명 소책자, 편람, 입문서

　*manual* dexterity 손재주
　*manual* handicrafts 수공예
　a student *manual* 학생용 편람

☐ **manacle** [mǽnəkl]  명 [보통 pl.] 수갑, 속박

☐ **manicure** [mǽnəkjùər]  명 매니큐어 동 매니큐어를 칠하다, (손·손톱 등의) 손질을 하다

　「손을 돌보는 것」이 원래의 뜻.

☐ **manufacture** [mæ̀njəfǽktʃər]  명 제조업, 제품
　　　　　　　　　　　　　　　　　동 ~을 만들다, 제조하다

　fact-는 「만들다」의 의미. 「손으로 만들어진 것」이 원래의 뜻.

　glass *manufacture* 유리제조업
　silk *manufactures* 비단제품
　*manufacture* a good excuse 적당한 구실을 만들다

- **manufacturer** [mæ̀njəfǽktʃərər] 명 제조업자

- **manuscript** [mǽnjəskrìpt] 명 원고

  「손으로 쓰여진 것」이 원래의 의미. *약자: MS

- **manipulate** [mənípjəlèit] 동 능숙하게 다루다, (장부·숫자·자료 등을) 속이다, 조작하다

  |관련어| manipulation 교묘히 다루기
  - manipulate tractor 트랙터를 능숙하게 다루다
  - manipulate public opinion 여론을 조작하다

- **emancipate** [imǽnsəpèit] 동 해방하다, 이탈시키다

  e-는 「밖으로」, cip-는 「잡다」의 의미. 「손에 잡힌 상태에서 자유롭게 풀어주다」가 원래의 뜻.

  *emancipate* a person from anxiety
  사람을 걱정에서 해방하다

  *emancipate* the mind from prejudice
  마음 속에서 편견을 없애다

  She's a very *emancipated* woman.
  그녀는 매우 자유분방한 여성이다.

## PART 01 어근(Root)

# matr · matri · matric · matro

라틴어 어근으로 '어머니(mother)'를 의미

☐ **matrix** [méitriks]　명 모체, 기반

Rome was the *matrix* of Western civilization.
로마는 서양 문명의 모체였다.

☐ **matriarch** [méitrià:rk]　명 리더격의 여성, 여가장

☐ **matriarchy** [méitrià:rki]　명 모계 가족제

☐ **matrilateral** [mèitrilǽtərəl]　형 어머니 쪽의

☐ **matripotestal** [mèitripoutéstəl]　형 모권제의

potest-는 「힘센」이란 의미.

☐ **matrilineal** [mæ̀trəlíniəl]　형 모계의

a *matrilineal* society 모계사회

- **maternal** [mətə́ːrnəl] 형 어머니의, 어머니 같은
  *maternal* instincts 모성 본능
  *maternal* love 모성애
  *maternal* nature 모성

- **matricide** [mǽtrisàid] 명 어머니 살해

- **matronymic** [mæ̀trəními k] 형 어머니의 이름에서 딴
  a *matronymic* name 모계 이름

- **maternity** [mətə́ːrnəti] 명 모성, 어머니다움

- **matriarchate** [méitriɑ̀ːrkeit] 명 모계제

- **metropolis** [mətrɑ́pəlis] 명 대도시, 수도, 중심도시

**PART 01** 어근(Root)

# micro

그리스어 어근으로
'작은(small), 극소의(minute)'를 의미

☐ **microlith** [máikrəlìθ]   명 [고고학] 세석기(細石器)

☐ **microbe** [máikroub]   명 미생물

☐ **microbicide** [máikroubaisàid]   명 살균제

cide-는 「죽이다」란 의미.

☐ **microchemistry** [màikroukémistri]   명 미량화학

☐ **microcosm** [máikrəkàzəm]   명 소우주, 소세계

cosm-은 「우주」, 「전체」의 의미.

the *microcosm* of the atom 원자의 소세계

|관련어| **cosmic** 우주의, 광대무변인   **cosmonaut** 우주비행사
**cosmopolitan** 세계주의의, 전세계적인   **cosmos** 우주

☐ **microecology** [màikroui:kálədʒi]  명 미시생태학

☐ **microfilm** [máikrəfìlm]  명 마이크로필름

☐ **microgram** [máikrəgræ̀m]  명 마이크로그램(1그램의 100만 분의 1)

☐ **micrograph** [máikrəgræ̀f]  명 현미경 사진

☐ **microbarograph** [maikroubǽrəgræ̀f]  명 자기미기압계

☐ **micrology** [maikrálədʒi]  명 미물연구(학)

☐ **microphone** [máikrəfòun]  명 마이크로폰, 마이크

-phone은「음」의 의미.

☐ **microscope** [máikrəskòup]  명 현미경

scope-는「보다」의 의미.

## PART 01 어근(Root)

# mit · mitt · miss

라틴어 어근으로
'보내다(send), 놓아주다(let go)'를 의미

---

☐ **admit** [ədmít]  통 들어가는 것을 허락하다, 인정하다, 수용하다

ad-는 「~에」라는 의미의 접두사. mit-은 「보내다」의 의미. 「~에 보내다」, 「가게 하다」가 원래의 뜻.

Please *admit* me to the room.
방에 들어가게 해 주십시오.

This ticket *admits* one person to the theater.
이 입장권으로 극장에 들어갈 수 있는 인원은 1명이다.

The criminal *admitted* his guilt.
범인은 죄를 인정했다.

This theater *admits* 300 persons.
이 극장은 300명을 수용할 수 있다.

|관련어| **admission** 들어가는 것을 허가하는 것, 입장, 입회

- Admission to the school is open to everyone.
  그 학교는 모든 사람에게 문호가 개방되어 있다.

- admission tickets 입장권

- the admission of a country into the U.N.
  유엔 가입승인

- gain admission into a golf club
  골프클럽 입회 허가를 받다

- Admission free 무료입장

**admittance** 입장 (허가) [admission보다 형식적인 말]

- admittance **into a museum** 박물관에의 입장허가

**admittedly** 명백히

- The pitcher was admittedly the one responsible for the loss. 시합에 진 책임은 누가 보더라도 투수에게 있었다.

**admissible** 용인되는

- an admissible **explanation** 받아들여질 수 있는 설명
- admissible **evidence**
  받아들여질 수 있는 증거, 법정에서 채용되는 증거

**inadmissible** 허락하기 어려운, 받아들여질 수 없는

- inadmissible **evidence** 받아들여질 수 없는 증거

---

## dismiss [dismís] 동 해임(해고)하다, 해산시키다, 보내다, 물러나게 하다, 잊어버리다

dis-는 「떨어져서」라는 의미의 접두사, miss-는 「보내다」의 의미. 「떨어져서 보내다」가 원래의 뜻.

**He was *dismissed* because he was always late for work.**
그는 항상 지각했기 때문에 해고당했다.

**The class is *dismissed*.** 수업 끝
*초·중학교에서 수업이 끝날 때 선생님이 말하는 맺음 문구.

**You are *dismissed*.** 해산!
*군대 등에서 사용되는 문구.

**He *dismissed* the proposal as trivial.**
그는 그 제안을 하찮은 것이라며 상대해주지 않았다.

**The matter was so unimportant that she *dismissed* it from her thoughts.**
그 문제는 그다지 중요하지 않았기 때문에 그녀는 그것을 생각에서 지워버렸다.

|관련어| **dismissal** 퇴거, 방면, 해산, 해고통고

- His dismissal from the job came as a shock.
  그는 해고 통보에 충격을 받았다.

---

## □ **emit** [imít]  동 내다, 방출하다

e-(=ex-)는 「밖으로」란 의미의 접두사, mit-는 「놓아주다」의 의미.

**Cars *emit* noxious fumes.**
자동차는 유독가스를 방출한다.

**The electric typewriter was *emitting* a low buzz.**
전기타자기가 낮은 윙하는 소리를 내고 있었다.

*emit* a moan 신음소리를 내다

|관련어| **emission** 방출, 방사
- the emission of infrared rays 적외선의 방사
- emission control 자동차 배출가스 규제
- an emission-free automobile 배출가스 없는 차

**emissive** 방출성의, 방사성의

---

## □ **omit** [oumít]  동 생략하다, 게을리하다, 빼다

o-(=ob-)는 「~에게 향해」라는 의미의 접두사, mit-는 「보내다」의 의미.
「~에게 보내다」라는 의미에서 「가게 하다」, 「빼다」로 되었다.

*omit* a sentence from a paragraph
한 단락에서 한 문장을 빼다

*omit* a closing remark 폐회사하는 것을 잊다

**She *omitted* to say goodbye.** 그녀는 작별인사하는 것을 잊었다.

**He was not invited because his name was *omitted* from the list.**
그의 이름이 리스트에서 빠져있었기에 그는 초대되지 않았다.

|관련어| **omission** 생략, 실수
- without omission 누락 없이

## ☐ **transmit** [trænsmít]  동 보내다, 나르다, 옮기다, 전하다

trans-는 「넘어서」라는 의미의 접두사이고, mit-는 「보내다」의 의미.
「넘어서 보내다」가 원래의 뜻.

*transmit* the money by check
수표로 송금하다

*transmit* a disease to others
다른 사람에게 병을 옮기다

The message was *transmitted* from New York to London by cable.
메시지가 뉴욕에서 런던으로 해저케이블로 전송되었다.

|관련어| **transmission** 전달, 전동, 트랜스미션
- transmission of news 뉴스의 전송
- power transmission 송전

**transmitter** 전달자, 전달장치, 송신기

## ☐ **mission** [míʃən]  명 사절단, 대표단, 포교

「보내지는 것」이 원래의 의미.

dispatch an economic *mission* to India
인도에 경제사절단을 파견하다

*Mission* accomplished.
임무 완수.

## ☐ **missionary** [míʃənèri]  명 선교사, 주창자, 사절  형 전도의

He is going abroad as a *missionary*.
그는 선교사로 해외에 갈 예정이다.

## ☐ **emissary** [émisèri]  명 사자, 밀사  형 밀사의

☐ **remit** [rimít]　⑧ 보내다, 송금하다, (부채·형벌·세금 등을) 감면하다

re-는 「뒤로」의 의미이고, mit-는 「보내다」의 의미. 「돌려 보내다」가 원래의 뜻.

*remit* a check 수표를 보내다

Please *remit* the amount of your bill by check.
지불은 수표로 보내주십시오.

*remit* taxes to half the amount 세금을 반감하다

PART **01** 어근(Root)

# mon · monit

라틴어 어근으로
'경고하다(warn), 충고하다(advise)'를 의미

## ☐ admonish [ædmániʃ]  동 충고(권고 · 경고)하다

ad-는 「~에」를 나타내는 접두사, mon-은 「경고하다」의 의미이고, -ish 는 여기서는 동사어미. 「~에 경고하다」가 원래의 뜻.

*admonish* a student for his misconduct
학생에게 비행을 경고하다

*admonish* him not to do such a thing
= *admonish* him against doing such a thing
학생에게 그런 일을 하지 않도록 충고(경고)하다

The teacher *admonished* the dozing student to pay attention.
선생님은 졸고 있는 학생에게 수업에 집중하라고 주의를 주었다.

He *admonished* his friend not to be late for work.
그는 친구에게 회사에 지각하지 말라고 충고했다.

|관련어| **admonisher**, **admonitor** 충고자

**admonishment**, **admonition** 훈계, 충고, 경고

- The student didn't hear the teacher's admonition.
  그 학생은 선생님의 주의를 무시했다.

## monument [mánjəmənt]  명 기념건조물, 유적, 금자탑

mon-은 「경고하다」의 의미이고, -ment는 「~행위」, 「~할 수단」을 나타내는 명사어미. 「무엇인가를 사람들에게 경고하여 상기시키는 것」이 원래의 뜻. 기념비는 확실하게 무엇인가를 생각나게 해주는 것이다.

a *monument* to a king 왕의 기념비
a World War II *monument*
제2차 세계대전의 기념비

a historical *monument* 사적
a natural *monument* 천연기념물

The skyscraper is a *monument* of modern architecture.
마천루는 현대건축의 금자탑이다.

This book on ancient history is a *monument* of learning.
고대사에 관한 이 책은 학문의 금자탑이다.

|관련어| **monumental** 기념비의, 터무니없이 큰

- the world's first monumental architecture in stone
  세계 최초의 석상 기념건축물

- a monumental achievement 불멸의 업적

- monumental failures 어처구니없는 실패

---

## monitor [mánitər]  명 충고자, 감시자, 감시장치, 학급위원
동 감시하다, 모니터하다

monit-는 「충고하다」의 의미, -or는 「~하는 사람(것)」을 나타내는 접미사. 「충고하는 사람(것)」이 원래의 의미.

He was watching a television as a *monitor*.
그는 모니터로 TV를 보고 있었다.

Who has been chosen class *monitor* this year?
올해는 누가 학급반장에 선출되었니?

They *monitored* the flight of the spaceship.
그들은 우주선의 비행을 추적했다.

They *monitored* Phnom Penh Radio in Bangkok.
그들은 방콕에서 프놈펜 방송을 청취했다.

|관련어| **monitorial** 학급위원의, 충고자의, 모니터 장치에 의한

**monitory** 경고를 주는

- The teacher gave Jim a monitory look and he stopped whispering.
  선생님은 짐에게 경고하는 듯한 표정을 지었기 때문에 그는 작은 소리로 이야기하는 것을 멈췄다.

- a monitory frown 충고하는 듯한 찌푸린 얼굴

---

## ☐ **premonition** [primənı́ʃən] 명 예고, 예감

pre-는 「앞에」를 나타내는 접두사, monit-는 「충고하다」의 의미이고, -ion은 「~한 상태」, 「~한 결과」를 의미하는 명사어미. 「사전에 경고되어 있는 상태」가 원래의 뜻.

He had a *premonition* that he would be in an accident.
그는 사고를 당할 것 같은 예감이 들었다.

|관련어| **premonitory** 미리 경고하는

- Headache and sore throat are the first premonitory symptoms of many infectious childhood diseases.
  두통과 인후염은 많은 전염성 소아병의 초기증상이다.

**PART 01** 어근(Root)

# mort

라틴어 어근으로
'죽음(death)'을 의미

□ **mortal** [mɔ́ːrtəl]  형 죽을 운명인, 죽음의 명 인간

All men are *mortal*. 사람은 모두 죽는다.

The soldier received a *mortal* wound.
그 병사는 치명상을 입었다.

We are *mortals*, not gods.
우리는 인간이지, 신이 아니다.

---

□ **mortgage** [mɔ́ːrɡidʒ]  명 저당 동 저당에 잡히다, (생명·명예를) 걸고 달려들다

> gage는 「서약」의 의미.
> *가난한 상속인이 돈을 빌리고 싶을 때, 아버지가 돌아가시면 유산을 지불한다고 서약한 데서 유래됨.

place a *mortgage* on a person's house
어떤 사람의 집을 저당잡고 있다

take out a *mortgage* on one's house
자기의 집을 저당 잡히다

The bank holds a $10,000 *mortgage* on the house.
은행이 1만 달러에 그 집을 저당잡고 있다.

They *mortgaged* the house in order to obtain a cash loan for hospital bills.
그들은 입원비를 변통하기 위하여 집을 저당 잡혀 돈을 빌렸다.

He *mortgaged* his life to the object.
그는 목숨을 걸고 목적을 수행했다.

## □ **mortician** [mɔːrtíʃən]  명 장의사

* 영국에서는 undertaker라고 한다.

## □ **morgue** [mɔːrg]  명 시체 보관소, (신문사 등의) 참고자료실

## □ **immortal** [imɔ́ːrtəl]  형 불멸의, 불후의
    명 불후의 명성을 가진 사람

im-은 「부정」의 의미를 나타낸다. 「죽지 않는」이 원래의 의미.

*immortal* literary classics
불후의 문학작품

The work of great artists is *immortal*.
위대한 예술가의 작품은 불멸이다.

enjoy *immortal* fame
불후의 명성을 떨치다

His writings have made him an *immortal*.
그는 자신의 저작으로 불후의 명성을 갖게 되었다.

**PART 01** 어근(Root)

# mov · mot · mob

라틴어 어근으로
'움직이다, 움직이게 하다(**move**)'를 의미

## ☐ **emotion** [imóuʃən] 명 감정, 감동, 감격

e-(=ex-)는 「밖으로」라는 의미의 접두사. mot-는 「움직이게 하다」의 의미이고, -ion은 「~한 행위·상태」를 나타내는 명사어미. 「밖으로 움직인 상태」가 원래의 뜻.

Love, hate, and fear are all *emotions*.
사랑, 미움, 공포 등은 모두 감정이다.

appeal to *emotion* rather than to reason
이성보다 감정에 호소하다

suppress one's *emotions* 감정을 억제하다

He read the story with deep *emotion*.
그는 그 이야기를 읽고 깊이 감동했다.

|관련어| **emotional** 감정(감동)적인

- He had an emotional meeting with his old friend.
  그는 옛친구와 감동적인 만남을 가졌다.
- Women are supposed to be more emotional than men.
  여성은 남성보다 감정적이라는 것이 일반적이다.
- an emotional act 감정적인 행동
- The actor gave an emotional performance.
  그 배우는 감동적인 연기를 했다.

- an emotional decision 감정적으로 이루어진 결정

  **emotionally** 감정적으로

---

## ☐ **remote** [rimóut]  형 먼, 근소한, 약간, 서먹서먹한

re-는 「뒤로」, 「다시」를 나타내는 접두사, mot-는 「움직이다」의 의미. 「뒤로 움직인」에서 「멀리 이동한(떨어진)」이란 의미가 되었다.

a hamlet *remote* from the mainstream of life
생활의 주류에서 떨어진 작은 마을

His farm is *remote* from any town.
그의 농장은 어느 마을에서도 멀다.

The accident occurred in a *remote* place.
사고는 먼 곳에서 발생했다.

a *remote* cousin 먼 조카

All members of the family except *remote* relatives were invited.
먼 친척을 제외한 일가족 모두가 초대되었다.

by any *remote* chance 어쩌다가

There is only a *remote* possibility that he will be elected.
그가 당선될 가능성은 거의 없다.

*remote* control 원격조정, 리모트 컨트롤

a *remote*, silent man 말수가 적은, 조용한 남자

a *remote* air 쌀쌀맞은 태도

|관련어| **remotely** 멀리서, 떨어져서, 서먹서먹하게

**remoteness** 멀리 떨어져 있는 것

---

## ☐ **remove** [rimúːv]  동 이동시키다, 제거하다, 추방하다

re-는 remote의 re-와 같은 용법의 접두사. 영어 move는 mov-가 기초가 되어 생긴 말. 「다시 움직이게 하다」, 「이동시키다」가 원래의 의미.

She *removed* her hat and coat.
그녀는 모자와 코트를 벗었다.

He was *removed* from the university.
그녀는 대학에서 쫓겨났다.

*remove* a name from a list 제명하다

She could not *remove* the spot from the carpet.
그녀는 카펫에 묻은 얼룩을 제거하지 못했다.

|관련어| **removal** 제거, 해임

- snow removal 제설

---

## □ **mobilize** [móubəlàiz]  图 전시에 동원하다, 결집하다

Because of the danger of enemy attack, the country was *mobilized*.
적의 공격의 위험이 있기 때문에, 국가가 전시체제에 놓였다.

*mobilize* support for the project
그 계획을 위한 지지를 모으다

---

## □ **motion** [móuʃən]  몡 움직이는 것, 동의
　　　　　　　　　　  图 ~에게 몸짓으로 알리다(지시하다)

the laws of *motion* 운동의 법칙

He made *motions* at me with his hand.
그는 나에게 손짓했다.

*Motion* carried! 동의가결

He *motioned* me to the seat.
그는 나에게 앉으라는 시늉을 했다.

---

## □ **motionless** [móuʃənlis]  혱 움직이지 않는, 꼼짝하지 않는

-less는 「~가 없는」이란 의미의 형용사어미.

The cat remained *motionless*, waiting for the mouse to come out of its hole.
그 고양이는 쥐가 그 구멍에서 나올 때까지 꼼짝하지 않고 있었다.

## ☐ **motivate** [móutəvèit]  동 동기(자극)를 주다

I was *motivated* to go by what I had heard about the place.
그 장소에 대해서 들었던 것이 동기가 되어 그 곳에 갔다.

I don't know what *motivated* me to come here.
내가 왜 여기에 오게 되었는지 모르겠다.

## ☐ **motivation** [mòutəvéiʃən]  명 동기부여, 유발, 자극

Workers must have a *motivation* to raise productivity.
노동자에게는 생산성 향상을 위한 자극이 필요하다.

**PART 01** 어근(Root)

# nasc · nat

라틴어 어근으로
'태어나다(to be born)'를 의미

## ☐ **nascent** [nǽsənt]  형 태어나려고 하는, 초기의

nasc-는 「태어나다」의 의미이고, -ent는 형용사·명사어미.

a *nascent* republic 초기의 공화국

The survey uncovered *nascent* discontent among students.
그 조사로 학생들 속에서 불만이 싹트고 있음을 알았다.

|관련어| **renascent** 재생(부활)하는 [re-는 「다시」란 의미의 접두사]

**renascence(=renaissance)** [the를 붙이고 대문자로 쓰면 문예 부흥, 르네상스의 뜻]

**nascence** 발생, 기원

---

## ☐ **nation** [néiʃən]  명 국민, 나라, 국가, 민족

nat-는 「태어나다」의 의미이고, -ion은 「~한 상태」를 나타내는 명사어미. 「태어나는 것」, 「태어난 장소」가 원래의 뜻.

the French *nation* 프랑스 국민

The United States of America is one *nation*.
미합중국은 하나의 국가이다.

the Jewish *nation* 유태민족

|관련어| **national** 국가의, 국민의, 국립의; 시민, 국민

- the national anthem 국가
- a national bank 국립은행
- All schools are closed on national holidays.
  모든 학교가 국가공휴일에는 쉰다.

**nationalism** 국가주의, 민족주의

**nationalist** 국가(국수·민족)주의자

**nationality** 국적

- What nationality are you? 국적이 어디십니까?
  = What is your nationality?

**international** 국제적인

**nationalize** 국영(국유)화하다

- nationalize the oil industry
  석유산업을 국영화하다

---

☐ **native** [néitiv]  명 토착민, 원주민, ~태생의 사람
　　　　　　　　 형 출생지의, 선천적인, 고유의

> nat-는 「태어나다」의 의미이고, -ive는 여기서는 「~하는 사람」을 나타낸다. 「어느 특정 장소에서 태어난 사람이나 동물」이 원래의 뜻.

He is not a *native* of this city.
그는 이 도시 태생이 아니다.

a *native* of New York 뉴욕 토박이

America is my *native* land.
미국이 나의 출생지이다.

a *native* American 아메리카 인디안

Palm trees are *native* to warm climates.
야자나무는 온난한 기후 특유의 식물이다.

*native* New Jersey tomatoes
뉴저지주 원산의 토마토

| 관련어 |  nativity 탄생, 출생
- of Italian nativity 이탈리아 출생의
- the Nativity 그리스도의 탄생

## ☐ **prenatal** [prìːnéitəl]  혱 출생(출산) 전의

pre-는 「앞에」라는 의미의 접두사, nat-는 「태어나다」의 의미이고, -al은 「~에 관한」을 나타내는 형용사어미.

### Good *prenatal* care produces healthy babies.
출산 전의 적절한 몸조리가 건강한 아이를 낳는 비결이다.

PART **01** 어근(Root)

# nunci · nounc

라틴어 어근으로
'선언하다, 알리다, 공표하다(declare)'를 의미

□ **announce** [ənáuns]  동 공시(발표)하다, (손님·교통수단의) 도착을 알리다, ~임을 나타내다

an-은 「~에」란 의미의 접두사이고, nounc-은 「선언하다」의 뜻. 「~에게 선언하다」, 「공표하다」가 원래의 뜻.

They will *announce* the names of the winners tonight.
당선자가 오늘밤 발표된다.

A man stood at the door to *announce* the arrival of the guests. 손님의 도착을 알리기 위해 입구에 한 남자가 서 있었다.

Her dress *announces* her to be a nurse.
복장을 보아 그녀가 간호사임을 알 수 있다.

|관련어| **announcer** 고지자, 아나운서

**announcement** 고지, 발표, 공표

* make an announcement of ~을 공표하다

---

□ **denounce** [dináuns]  동 (공공연히) 비난하다, 고소하다, (경찰에) 호소하다

de-는 「아래에」라는 의미의 접두사이고, nounc-는 「선언하다」의 의미. 「아래에 선언하다」가 「좋지 않게 선언하다」가 되고 여기에서 「비난하다」 라는 의미로 되었다.

179

He *denounced* the man as a coward.
그는 그 사람을 비겁자라고 비난했다.

She *denounced* him to the police.
그녀는 그를 경찰에 고소했다.

|관련어| denouncement 비난
denuciation 비난, 탄핵, 고발
denunciatory 비난의, 탄핵의

---

## □ **pronounce** [prənáuns]  동 발음하다, 공언하다, (판결을) 선고하다

pro-는 「앞에」란 의미의 접두사이고, nounc-는 「선언하다」의 의미. 「사람 앞에서 말하다」가 원래의 뜻.

The teacher *pronounced* each word slowly and distinctly.
선생님은 한 단어 한 단어를 천천히 명확하게 발음하셨다.

The judge will *pronounce* sentence upon the guilty man.
재판관은 죄를 범한 그 남자에게 판결을 내릴 것이다.

|관련어| pronounced 현저한, 뚜렷한, 단호한
- Age had made a pronounced change in his appearance.
  세월로 인해 그의 외모는 완전히 변해 버렸다.
- He has very pronounced opinions.
  그는 확고한 의견을 가지고 있다.

pronouncement 공고, 선언, 판결
pronounciation 발음

---

## □ **renounce** [rináuns]  동 단념하다, 포기하다, 인연을 끊다

re-는 「뒤로」를 나타내는 접두사이고, nounc-는 「선언하다」의 의미. 「뒤에서 선언하다」가 「버리다」의 의미로 바뀌었다.

*renounce* one's faith in God 신앙을 버리다

*renounce* war 전쟁을 포기하다

He *renounced* his citizenship.
그는 시민권을 포기했다.

*renounce* one's son 자식과 의절하다

Her parents *renounced* her because of her marriage.
그녀의 양친은 결혼문제로 딸과 의절했다.

|관련어|   renunciation 포기, 단념

- make a renunciation of ~을 단념하다

**PART 01** 어근(Root)

# pan

그리스어 어근으로
'「전(全), 범(汎), 총(總)」(all)'을 의미

□ **panacea** [pæ̀nəsí(ː)ə]   명 만병통치약, 모든 문제의 해결책

「전체를 치료하는 것」이 원래의 의미.

□ **Pan-Africanism** [pæ̀nǽfrəkənìzəm]
명 범(전) 아프리카주의

□ **Pan-American** [pæ̀nəmérikən]
형 북·중·남미제국의, 전미의

□ **Pan-Americanism** [pæ̀nəmérikənìzəm]
명 범미주의, 전미주의

□ **pancreas** [pǽnkriəs]   명 췌장

□ **pandemic** [pændémik]   형 (병이) 전지역에 걸친, 전국적 (세계적) 유행의

dem-은 「사람들」의 의미이고, -ic은 「~성질의」란 의미의 형용사어미.

□ **pandemonium** [pæ̀ndəmóuniəm]
명 대혼란, 혼돈, 수라장

□ **panegyric** [pæ̀nidʒírik] 명 찬사, 공식적 찬미

□ **pantisocracy** [pæ̀ntəsákrəsi]
명 이상적 평등사회, 만민 동권 체재

□ **panjandrum** [pændʒǽndrəm] 명 어르신네

*고위고관이나 위세를 부리는 관리 등을 경멸적으로 말할 때 쓴다.

□ **panopticon** [pænáptəkɑ̀n]
명 망원 현미경, (한 곳에서 내부 전부가 보이는) 원형 교도소

□ **panorama** [pæ̀nərǽmə] 명 전경
a fine *panorama* of the city 그 시의 멋진 전경

□ **pansophy** [pǽnsəfi] 명 전(만유)지식, 백과사전적 지식

soph-는 「지혜」, 「지식」, 「학문」의 의미.

□ **pantheon** [pǽnθiɑ̀n]
명 (신화의) 신들, [the를 붙여 대문자로] 판테온

the Pantheon은 기원전 27년에 건립된 로마의 만신전을 말함. 「모든 신의 것」이 원래의 의미.

**PART 01** 어근(Root)

# pater · patr · patri

라틴어 어근으로
'아버지(father)'를 의미

□ **pater** [péitər]  명 아버지, 부친

라틴어에서 직접 온 말.

□ **patriarchy** [péitriàːrki]  명 가부장제 (사회)

archy-는 「지배」의 의미.

a system of *patriarchy* 가부장제
an ancient *patriarchy* 고대의 가부장 사회

*「어머니」를 나타내는 어근 matri-가 붙은 matriarchy는 「가모장제」의 의미.

□ **patrimony** [pǽtrəmòuni]  명 (자식이 아버지에게서 물려받은) 세습 재산

□ **patronymic** [pæ̀trənímik]  형 아버지의 이름을 딴 (이름)

□ **patron** [péitrən]  명 고객, 단골, (예술가, 사업 등의) 후원자

「아버지 같이 보호해주는 사람」이 원래의 의미.

☐ **patronize** [péitrənàiz] 동 특별히 돌봐주다, 후원하다

-ize는 「~와 같이 하다」, 「~화 하다」의 의미를 나타내는 동사어미.

☐ **paternity** [pətə́ːrnəti] 명 아버지라는 것, 아버지로서의 책임

☐ **paternal** [pətə́ːrnəl] 형 아버지의, 아버지다운, 아버지 쪽의

-al은 「~에 관한」이란 의미의 형용사어미.

the *paternal* side of the family 아버지 쪽의 친족

☐ **paternalism** [pətə́ːrnəlìzəm] 명 (군·정치 등에서의) 부재(가족)주의, 온정주의

☐ **paternoster** [pǽtərnástər] 명 주기도문

☐ **patrician** [pətríʃən] 명 형 귀족(의)

☐ **patricide** [pǽtrisàid] 명 아버지 살해

cide-는 「죽이다」의 의미.

☐ **patriotism** [péitriətìzəm] 명 애국심(주의)

*조국을 사랑하는 마음을 말하지만 영국 영어에서는 조국을 fatherland 라고 한다.

- [ ] **patriot** [péitriət]  명 애국자

- [ ] **patriotic** [pèitriátic]  형 애국적인, 애국자와 같은
  *patriotic* fervor 애국의 정열

- [ ] **unpatriotic** [ʌnpèitriátik]  형 애국심이 없는

  un-은 「부정」의 의미를 나타내는 접두사.

- [ ] **expatriate** [ekspéitrièit]  명 국외로 추방된 사람

  ex-는 「밖에」라는 의미의 접두사.

PART 01  어근(Root)

# path

그리스어 어근으로
'감정(feeling)'을 의미

## □ apathy [金pəθi]  명 무관심, 무감정, 무감동, 냉담

a-는 「부정」의 의미를 나타낸다. 「감정이 없는 것」이 원래의 의미.

feel *apathy* toward [=have an *apathy* to]
~에 냉담하다

## □ apathetic [æpəθétik]  형 무감정의, 냉담한

*apathetic* behavior 감정을 나타내지 않는 태도
an *apathetic* face 무감정한 얼굴
Public opinion was *apathetic* toward the whole affair.
여론은 그 사건 전체에 대해 냉담했다.

## □ antipathy [æntípəθi]  명 반감, 공연히 싫은 것

racial *antipathies* 인종적 반감
I have a deep *antipathy* to snakes.
나는 뱀을 매우 싫어한다.

## ☐ **antipathetic** [æ̀ntipəθétik]  혱 반감을 가진, 성격이 맞지 않는

He was *antipathetic* to any change.
그는 어떤 변화에 대해서도 거부감을 가지고 있었다.

The new house was *antipathetic* to all of us.
그 새집이 모두의 마음에 들지 않았다.

---

## ☐ **pathetic** [pəθétik]  혱 불쌍한, 애처로운, 감동적인

We could not bear to listen to the sick child's *pathetic* cries.
우리는 그 병에 걸린 아이의 가엾은 울음소리를 듣는 것이 참기 어려웠다.

a *pathetic* sight 애처로운 광경

---

## ☐ **pathos** [péiɑs]  몡 연민의 정을 자아내는 힘, 정념, 비애

a touch of *pathos* 일말의 연민
speak with *pathos* 비애감에 젖어 이야기하다

---

## ☐ **sympathy** [símpəθi]  몡 동정, 불쌍함, 공명, 공감, 찬성

sym-은 「함께」의 의미.

They expressed their *sympathy* by sending flowers to her husband's funeral.
그들은 그녀의 남편 장례식에 꽃을 보내 조의를 표했다.

feel a deep *sympathy* for the poor
가난한 사람들을 깊이 동정하다

You have all my *sympathies*.
정말 안됐습니다.

He was in *sympathy* with their aims.
그는 그들의 목표에 찬성했다.

□ **sympathetic** [sìmpəθétik] 형 동정하는, 마음이 맞는

He is *sympathetic* to the plan.
그는 그 계획에 공감하고 있다.

a most *sympathetic* companion
매우 마음이 잘 통하는 상대

---

□ **sympathize** [símpəθàiz] 동 동정하다, 동의하다

He *sympathized* with the girl in her grief.
그는 비탄에 빠진 그녀에게 동정이 갔다.

*sympathize* with a person's ambition to be an author
작가가 되고 싶어하는 염원에 공감이 가다

---

□ **sympathizer** [símpəθàizər] 명 공명자, 동조자, 인정이 있는 사람

**PART 01** 어근(Root)

# ped · pedi · pedo · pod

라틴어 및 그리스어 어근으로
'발(foot), 어린이(child)'를 의미

□ **pedagogue** [pédəgɑ̀g] 명 교육자, 선생

agog-는 「인도하다」의 의미, 「아이를 인도하는 사람」이 원래의 의미.
*고어

□ **pedagogy** [pédəgòudʒi] 명 교육학

□ **pedantry** [pédəntri] 명 학자연함, 점잔 뺌

□ **pediatrician** [pìːdiətríʃən] 명 소아과 의사

□ **pediatrics** [pìːdiǽtriks] 명 소아과

□ **pedodontics** [pìːdədántiks] 명 소아치과(의학)

dont-는 「치아」의 의미. -ics는 「~술」, 「~학」을 나타내는 명사어미.

- **pedodontia** [pìːdoudántia]  명 소아치과(치료)

  -ia는 과학용어 어미.

- **pedology** [pidálədʒi]  명 육아학, 소아과(의학)

  pedology에는 「토양학」의 의미도 있다. 이때의 ped(o)-는 「흙」을 의미한다.

- **pedologist** [pidálədʒist]  명 육아학자

- **pedophilia** [pìːdəfíliə]  명 (성인의 아이에 대한) 이상 성욕

  phil-은 「사랑하다」의 의미이고, -ia은 병명을 나타내는 명사어미.

- **pedicure** [pédəkjùər]  명 발의 전문적 치료, (티눈·물집을 치료하는) 발 전문의

- **pedestal** [pédistəl]  명 (기념비·조각상 등의) 받침대

- **pedestrian** [pədéstriən]  명 도보여행자, 보행자
  형 도보의, 단조로운

  a *pedestrian* bridge 육교
  a *pedestrian* speech 평범한 연설

- **pedometer** [pədámitər]  명 만보계

□ **pedal** [pédəl]  명 페달 동 ~의 페달을 밟다
I was too tired to *pedal* the bicycle.
너무 지쳐서 자전거 페달을 밟을 수 없었다.

---

□ **podiatry** [pədáiətri]  명 발 치료, 족병학

---

□ **pedograph** [pídougræ(:)f]  명 (종이에 적은) 족형

---

□ **podium** [póudiəm]  명 연단, 단, 발

---

□ **centipede** [séntipìːd]  명 지네

cent-는 「백」을 나타낸다.

PART **01** 어근(Root)

# pel · pell · puls

라틴어 어근으로
'쫓아보내다, 몰다(**drive**), 밀다(**push**)'를 의미

□ **compel** [kəmpél]  동 (사람을) 억지로 ~시키다, 강제하다, 강요하다

com-은 「함께」란 의미의 접두사, pel-은 「밀다」의 의미. 「함께 밀다」가 원래의 의미이지만 지금은 「강제하다」라는 의미로 사용되고 있다.

I *compelled* him to admit his error.
나는 그에게 잘못을 인정할 것을 강요했다.

My sense of duty *compels* me to do this.
나는 의무감 때문에 이 일을 하지 않을 수 없다.

All children are *compelled* to attend school.
모든 어린이들이 학교에 다니지 않으면 안 된다.

|관련어| **compelling** 강제적인, 저항하기 어려운
- compelling **ambition** 억누를 수 없는 야망

**compulsion** 강제, 강박
- under compulsion 부득이
- He felt a compulsion to maintain his physical condition.
  그는 건강을 잘 관리하지 않으면 안 된다는 것을 통감했다.

**compulsive** 강제적인, 충동강박의
- a compulsive desire 충동적인 욕망

**compulsory** 강제하는, 의무적인

193

- compulsory education 의무교육
- compulsory service 징집
- a compulsory subject 필수과목

---

## □ **impel** [impél] 图 (사람을) 재촉해서 ~시키다, 몰아내다, 추진시키다

im-은 「~위에」란 의미의 접두사. pel-은 「몰아내다」, 「밀다」의 의미.

He was *impelled* by strong emotion.
그는 격한 감정에 사로잡혔다.

Fatigue *impelled* us to turn back before we reached the mountain top.
기진맥진하여 산 정상을 눈앞에 두고 귀환할 수밖에 없었다.

A brisk wind *impelled* our sailboat out to sea.
거센 바람이 우리를 태운 요트를 바다로 밀어냈다.

|관련어| **impulse** 충동, 충격, 자극

- give an impulse to trade 무역을 촉진하다
- a man of impulse 충동적인 사람
- on the impulse of the moment
  순간적인 충동으로
- act from impulse 충동적으로 행동하다
- impulse buying 충동구매

**impulsion** 충격, 충동, 추진

- He acted under the impulsion of the moment.
  그는 순간적인 충동에 따라 행동했다.

**impulsive** 충동적인

- an impulsive child 충동적인 아이
- an impulsive remark 충동적인 발언
- His purchase of an expensive new car was impulsive.
  그는 비싼 차를 충동구매했다.

- an impulsive nature 충동적인 성격

**impellent** 추진하는, 몰아세우는

---

## repel [ripél] 동 물리치다, 격퇴하다, 물러가다, (물 등을) 튀기다, 혐오감을 갖게 하다

re-는 「뒤로」란 의미의 접두사이고, pel-은 「쫓아보내다」의 의미. 「물리치다」가 원래의 뜻.

### The enemy was *repelled*.
적군은 격퇴되었다.

### She *repelled* his attempts to be friendly.
그녀는 그녀와 가까워지려는 그의 시도를 묵살해 버렸다.

*repel* a proposal 제안을 거절하다

### Birds' feathers *repel* water.
새의 날개는 물에 젖지 않는다.

### She was *repelled* by the odor of the spoiled food.
그녀는 상한 음식의 냄새에 역겨워 했다.

### Snakes *repel* me. 뱀은 딱 질색이다.

|관련어| **repellent** 불쾌한, 튀기는

- Their way of life was repellent to him.
  그는 그들의 생활태도가 싫었다.

- a water-repellent raincoat 방수 레인코트

**repulsion** 격퇴, 혐오

- a feeling of repulsion 혐오감

- feel instinctive repulsion for a person
  어떤 사람에게 본능적인 혐오감을 느끼다

**repulsive** 혐오를 느끼게 하는

- I found him repulsive.
  알고 보니 그는 구역질나는 사람이었다.

## ☐ **repulse** [ripʌ́ls]  동 쫓아버리다, 차갑게 거절하다

「뒤로 쫓아보내다」, 「물리치다」가 원래의 의미.

*repulse* the enemy 적을 격퇴하다
She *repulsed* her neighbor's offer of help.
그녀는 도와주겠다는 이웃사람의 제의를 차갑게 거절했다.

---

## ☐ **expel** [ikspél]  동 쫓아내다, 내뱉다

「밖으로 내몰다」가 원래의 의미.

They used pumps to *expel* water from the ship.
그들은 펌프를 사용하여 배의 물을 퍼냈다.

The student was *expelled* from the college.
그 학생은 대학에서 퇴학당했다.

---

## ☐ **propel** [prəpél]  동 추진시키다, 몰아내다, 재촉하다

pro-는 「앞으로」의 의미. 「앞으로 밀다」가 원래의 의미.

The wind *propelled* the boat.
바람이 보트를 몰아냈다.

Their cheers *propelled* me on to victory in the race.
나는 그들의 응원 덕분에 이길 수 있었다.

---

## ☐ **dispel** [dispél]  동 쫓아버리다, 없애다

dis-는 「떨어져서」의 의미.

*dispel* doubt 의심을 풀다
Her reassuring words *dispelled* our fears.
그녀의 안심시켜 주는 말에 두려움이 없어졌다.

PART **01** 어근(Root)

# pend · pens

라틴어 어근으로
'걸다, 걸리다(hang), 무게를 달다(weigh)'를 의미

□ **dispense** [dispéns]  동 나눠주다, 집행하다, (약을) 조제하다, 면제하다, (with를 동반하여) ~ 없이 때우다, 생략하다

dis-는 「떨어져서」란 의미의 접두사이고, pens-는 「무게를 달다」의 의미. 「저울에 달아 분배하다」가 원래의 뜻.

For twenty years the judge has *dispensed* justice to all kinds of offenders.
20년 동안 그 재판관은 모든 범법자들에게 법을 집행해 왔다.

Let us *dispense* with compliments and enter into our discussion.
의례적인 인사는 빼고 토론에 들어가자.

|관련어| **dispensary** 의무실, 조제실, 진료소
- She was a nurse at the school dispensary.
  그녀는 학교 양호실에서 일하는 간호사였다.

**dispensable** 베풀 수 있는, 필요하지 않은
- During the emergency they cut off all dispensable service. 그들은 비상시에 없어도 되는 모든 부대설비를 차단시켰다.

**indispensable** 빼놓을 수 없는
- goods indispensable to city life 도시생활의 필수품

## suspend [səspénd] 동 걸다, 매달리다, 매달다, 연기하다, 일시정지하다, 정학(정직)시키다

sus-(=sub-)는 「아래에」란 의미의 접두사이고, pend-가 「걸다」의 의미. 「아래에 걸다」가 원래의 뜻.

The swing was *suspended* from a branch of the tree.
그네가 나뭇가지에 매달려 있었다.

The judge gave him a *suspended* sentence.
재판관은 그에게 집행유예를 선고했다.

*suspend* a banner from the window
창에 기를 매달다

*suspend* a sentence 판결을 연기하다

The train schedule was *suspended* until the railroad tracks were repaired.
철도선로의 수리가 끝날 때까지 열차운행이 일시 중지되었다.

The boy was *suspended* from school for a week.
그 소년은 일주일의 정학 처분을 받았다.

|관련어| **suspenders** 바지 멜빵
- He always wears suspenders instead of a belt.
  그는 벨트 대신에 항상 멜빵을 맨다.

**suspension** 매달기, 정학, 정지, 중지
- a suspension bridge 현수교
- suspension of a license 자격정지
- suspension from school 정학
- suspension of a project 계획의 중지

**suspense** 걱정, 불안, 서스펜스
- She could hardly bear the suspense of waiting for a decision.
  그녀는 결정이 날 때까지 안절부절하였다.

## □ **append** [əpénd] 동 (부록으로) 덧붙이다, 첨부하다, 동봉하다, 부록을 달다

ap-는 「~에」를 나타낸다.

The author *appended* a list at the end of his book.
저자는 책의 말미에 부록을 첨가하였다.

He *appended* his signature to the statement.
그는 진술서에 서명하였다.

## □ **appendage** [əpéndidʒ] 명 첨가물, 부속물

## □ **appendix** [əpéndiks] 명 부록 [복수형은 appendices]

The *appendix* contains some useful information.
부록 안에는 유익한 정보도 있다.

*appendices* to a dictionary 사전의 부록

## □ **pendent** [péndənt] 형 매달려 있는

a *pendent* flower basket 매다는 꽃바구니

## □ **pendant** [péndənt] 명 늘어져 있는 물건(장식), 팬던트

## □ **pending** [péndiŋ] 형 미결정의, 현안의

the *pending* decision 현안으로 되어 있는 결정사항
the *pending* issue 현안사항

## pendulum [péndʒələm]
**명** 진자, 흔들리는 추, 마음을 잡지 못하는 사람

the *pendulum* of a clock 시계의 추

---

## independent [indipéndənt]　**형** 독립(자주·자립)의

dependent에 in-을 붙였다. in-은 not의 의미. 「의존하지 않는」이 원래의 뜻.

an *independent* nation 독립국
He is *independent* of his parents.
그는 부모님에게 의존하지 않는 사람이다.

---

## independence [indipéndəns]　**명** 독립, 자주, 자립

Many countries have recently gained their *independence*.
많은 국가들이 최근 독립을 쟁취했다.

enjoy *independence* from outside control
외부로부터의 간섭 없이 자유로운 생활을 즐기다

---

## interdependent [intərdipéndənt]　**형** 상호의존의, 서로 돕는

inter-는 「~의 사이의」, 「상호의」란 의미를 나타낸다.

**PART 01 어근(Root)**

# pet · petit

라틴어 어근으로
'가다(go), 찾다(seek)'를 의미

☐ **compete** [kəmpíːt]  동 경쟁하다, 다투다, 겨루다, 필적하다

> com-은 「함께」란 의미의 접두사이고, pet-가 「구하다」의 의미, 「함께 구하다」가 원래의 뜻.

The three men *competed* for the prize.
세 남자가 상을 목표로 경쟁했다.

*compete* against other countries in trade
무역으로 다른 나라와 경쟁하다

No painting can *compete* with this one.
이 그림에 필적하는 것은 없다.

| 관련어 | **competition** 경쟁, 시합, 경기대회

- the competition for good marks
  좋은 성적을 올리기 위한 경쟁
- a wrestling competition 레슬링 시합

**competitor** 경쟁자, 경쟁상대

- competitor in business 사업상의 경쟁자

**competitive** (자유) 경쟁의

## competent [kámpitənt] 형 유능한, 적임의, 자격 있는

com-은 「함께」라는 의미의 접두사이고, pet-는 「가다」의 의미. -ent는 여기서 형용사어미. 「함께 가다」가 원래의 의미이고, 그것이 「일치하다」로 바뀌고 「적합한」이란 의미가 되었다.

He is a *competent* doctor. 그는 유능한 의사이다.
a man *competent* for the post 그 지위의 적임자
She is *competent* to do the job.
그녀는 그 일을 할 만한 능력이 있다.

|관련어| **competence** 능력, 적성

- Her competence as a teacher is known to everyone at the school.
  그녀의 교사로서의 능력은 그 학교에 알려져 있다.

- one's competence for a task
  사람의 임무수행 능력

**incompetent** 무능한, 자격 없는

- an incompetent mechanic 무능한 기술자

- He is incompetent for teaching French.
  = He is incompetent to teach French.
  그에게는 프랑스어를 가르칠 실력이 없다.

- He is a totally incompetent bookkeeper.
  그는 실력이 전혀 없는 경리사원이다.

---

## petition [pətíʃən]
명 청원 · 탄원 · 진정(서)
동 청원(탄원 · 진정)하다, 탄원(청원)서를 제출하다

petit-는 「구하다」의 의미이고, -ion은 명사어미. 「무엇인가를 구하는 행위」가 원래의 뜻.

The people signed a *petition* to stop destruction of the historic buildings.
사람들은 역사적 건축물의 파괴 중지를 요구하는 탄원서에 서명했다.

The town *petitioned* the state government for help during the flood.
그 마을은 홍수 때 주정부에 원조를 요청했다.

The prisoner *petitioned* the governor for mercy.
그 죄수는 지사에게 사면을 탄원했다.

---

## □ **repetition** [rèpətíʃən]  명 반복, 중복, 암송, 사본

re-는 「다시」를 의미하는 접두사, petit-는 「구하다」의 의미이고, -ion은 명사어미. 「다시 구하는 행위」가 원래의 의미.

*Repetition* of the word helped him to remember it.
그는 그 말을 암송했기 때문에 기억할 수 있었다.

This morning's traffic jam was a *repetition* of yesterday's.
오늘 아침의 교통정체는 어제와 마찬가지였다.

careless *repetition* 부주의한 반복

|관련어| **repetitious** 반복이 되풀이되는, 장황한
- He gave a long, repetitious report at the meeting.
  그는 회의에서 길고 장황한 보고를 했다.

**repetitive** 반복의, 반복적인
- Bad teaching can make the learning process dull and repetitive.
  교수방법이 올바르지 않으면 학습과정은 지루하고 되풀이된다.

# PART 01 어근(Root)

# phil · phila · phile · philo

그리스어 어근으로
'사랑하다(love)'를 의미

## ☐ philosophy [filásəfi] 명 철학, 철리, 원리

philo-는 「사랑하다」라는 의미이고, soph-는 「지혜」, 「학문」, 「지식」을 뜻한다. 「지혜를 사랑하는 학문」이 원래의 의미.

the *philosophy* of Hegel 헤겔철학
the *philosophy* of language 언어의 원리
All first-year students at this college are required to take a course in *philosophy*.
이 대학에서 1학년은 모두 철학 과정을 이수해야 한다.

His *philosophy* was based on the goodness of man.
그의 철학의 원리는 성선설에 기초를 두고 있다.

|관련어| philosopher 철학자
philosophically 철학적으로
philosophic 철학(자)의
philosophize 철학적으로 해석(설명)하다
- He philosophized about life and death.
  그는 삶과 죽음을 철학적으로 설명하였다.

## ☐ Anglophile [ǽŋgləfàil] 명 형 친영(의), 친영파(의)

☐ **bibliophile** [bíbliəfàil] 명 애서가

> biblio-는 「책」, 「성서」의 의미.

☐ **philobiblic** [filəbíblik] 형 책(문학) 애호의

☐ **philanthropy** [filǽnθrəpi] 명 박애(주의), 자선

> anthrop-는 「인류」, 「인간」의 의미.

☐ **philanthropist** [filǽnθrəpist] 명 박애주의자, 자선가

> -ist는 「~하는 사람」을 의미하는 접미사.

☐ **philatelist** [filǽtəlist] 명 우표연구(수집)가

☐ **philharmonic** [fìlhɑːrmánik] 형 음악애호의
명 음악회, 음악애호가

☐ **philogynist** [filádʒənist] 명 여자를 좋아하는 사람

☐ **philology** [filálədʒi] 명 언어학, 문헌학

☐ **philologist** [filálədʒist] 명 언어학자

**PART 01** 어근(Root)

# ple · plet

라틴어 어근으로
'채우다(fill)'를 의미

## complete [kəmplíːt]
형 모든 요소(부분)를 포함하는, 완비한, 완성한, 끝난, 완전한
동 ~을 전부 갖추다, 완전하게 하다, 완성하다

com-은 「완전하게」란 의미의 접두사이고, plet-는 「채우다」의 의미. 「완전히 채우다」가 원래의 뜻.

We bought a *complete* set of dishes. 접시 한 세트를 샀다.
The book is not *complete*. 책이 아직 완성되지 않았다.
We have *complete* trust in you.
우리는 당신을 전적으로 신뢰하고 있습니다.
They *completed* the journey. 그들은 여행을 끝냈다.

|관련어| **completely** 완전히

- I am completely satisfied.
  나는 아주 만족하고 있다.

**completeness** 완벽, 완비(완성)되어 있는 것

**completion** 완성

- reach completion 완성하다
- be near completion 완성 직전이다
- The completion of the work took two years.
  그 작품은 완성까지 2년이 걸렸다.

## ☐ **deplete** [diplíːt] 동 격감시키다, 다 써버리다

de-는 「부정」, 「역전」의 의미를 나타내는 접두사이고, plet-는 「채우다」의 의미.

The farmers' strike has seriously *depleted* the country's stocks of rice.
농부들의 파업으로 인해 나라의 쌀 재고량이 바닥났다.

a *depleted* mine 고갈된 광산

*deplete* one's strength
체력을 완전히 소모하다

|관련어| **depletion** 감소, 고갈

- The depletion of oil reserves is a major problem.
  비축 석유의 고갈이 큰 문제이다.

---

## ☐ **implement** [ímpləmənt] 동 이행하다, 실행하다, 충족시키다
### 명 도구, 용구

im-(=in-)은 「안에」라는 의미의 접두사, ple-가 「채우다」의 의미이고, -ment는 「~한 행위」를 나타내는 명사어미. 「필요한 것으로 채우는 것」이 원래의 뜻.

*implement* a new idea
새로운 계획을 실행하다

Money is needed to *implement* the program.
계획을 실행하는 데는 자금이 필요하다.

A plow is a farm *implement*.
쟁기는 농기구의 하나이다.

farming *implements* 농기구

## replete [riplíːt]  혱 풍부한, 가득한, 충만되어 있는, 포만한

re-는 「다시」란 의미의 접두사이고, plet-는 「채우다」의 의미. 「다시 채우는」이 원래의 뜻.

**Cod-liver oil is *replete* with vitamins A and D.**
대구간유에는 비타민 A와 D가 많이 함유되어 있다.

**The house is *replete* with every modern requirement.**
그 집은 현대식 설비를 겸비하고 있다.

*replete* with wine 와인을 실컷 마시고

|관련어|  repletion 충만, 충실, 포만

- The room is filled to repletion with children.
  그 방은 아이들로 넘쳐났다.
- drink to repletion 만취되도록 마시다

**PART 01 어근(Root)**

# plic · plicit · plex · ply

라틴어 어근으로
'접다(fold), 휘감다(twist), 얽히게 하다(tangle)'를 의미

☐ **complex** [kampléks]  형 (서로 관련된) 몇 개의 부분으로 된, 복합의, 복잡한, 잠입한
명 [kámpleks] 복합체, 종합빌딩, 단지

> com-은 「함께」란 의미의 접두사이고, plex-는 「휘감다」의 의미. 「함께 휘감은」이 원래의 뜻.

a *complex* system of transportation
교통기관의 통합시스템

a *complex* device 복잡한 장치

a *complex* theory 복잡한 이론

The engine of an airplane is very *complex*.
비행기 엔진은 굉장히 복잡하다.

a massive concrete *complex*
거대한 콘크리트 종합건축물

a petrochemical *complex* 석유화학단지

|관련어| complexity 복잡성

- a political problem of great complexity
  매우 복잡한 정치문제

## ☐ **complicate** [kɑ́mpləkèit]  동 복잡하게 하다, 얽히게 하다

com-은 「함께」란 의미의 접두사. plic-는 「감다」, 「얽히게 하다」의 의미이고, -ate는 「하다」, 「시키다」란 의미의 동사어미. 「함께 얽히게 하다」가 원래의 뜻.

**Machines improve but also *complicate* life.**
기계는 생활을 편리하게 하지만 복잡하게도 한다.

**The information only *complicates* this problem.**
그 정보는 이 문제를 복잡하게 할 뿐이다.

**His ideals are *complicated* with selfish interest.**
그의 목표에는 이기적 이해타산이 깔려 있다.

|관련어|  **complicated** 복잡한, 잠입한

- the complicated motions of the planets
  혹성의 복잡한 운동

- This book is too complicated for children.
  그 책은 아이들에게는 너무 난해하다.

**complication** 복잡한 상태, 합병증

- The complications of the job are more than one man can handle.
  그 일은 너무 복잡해서 혼자서는 처리할 수 없다.

- He was promised there would be no complications.
  그에게 더 이상 합병증이 없을 것이라는 확실한 진단이 내려졌다.

---

## ☐ **explicit** [iksplísit]  형 명쾌한, 솔직한

ex-는 「밖으로」란 의미의 접두사이고, plicit-는 「접다」의 의미. 「밖으로 접다」는 「접힌 것을 펼치다」라는 의미.

*explicit* directions 명쾌한 지시
**He was *explicit* on that point.**
그는 그 점에 대해서는 솔직했다.

**a man of *explicit* in his speech**
솔직하게 말하는 사람

|관련어| **explicate** 명확하게 하다, 해설하다
**explication** 해명
**explicitly** 명쾌하게
**explicitness** 명백한, 솔직함

---

## ☐ **implicate** [ímpləkèit] 동 끌어넣다, 관련(관계)시키다, 함축하다, 뒤얽히게 하다

im-(=in-)은 「안으로」란 의미의 접두사, plic-는 「휘감다」, 「얽히게 하다」의 의미이고, -ate는 「하다」, 「시키다」의 의미를 나타내는 동사어미. 「안으로 휘감다」가 원래의 뜻.

**He was *implicated* in the plot.**
그는 책략에 말려들었다.

**The evidence *implicates* five people in the robbery.**
그 증거로 5명이 강도사건에 관여한 사실이 판명되었다.

|관련어| **implication** 함축, 관련
 • by implication 암암리에, 넌지시
 • his implication in a murder 살인사건에 연루

---

## ☐ **implicit** [implísit] 형 절대의, 암암리에

im-은 implicate와 같은 용법의 접두사, plicit-는 「접다」의 의미. 「안으로 접혀진」이 원래의 뜻.

*implicit* **trust** 절대 신뢰
*implicit* **obedience** 절대 복종
**His smile meant *implicit* consent.**
그의 미소는 묵시적인 동의를 의미했다.

## imply [implái] 동 ~을 포함하다, 암시하다

im-은 「안으로」란 의미의 접두사이고, ply-가 「접다」, 「감다」의 의미. 「안으로 접다(감다)」가 원래의 뜻.

Rights *imply* obligations.
권리는 의무를 동반한다.

Your manner *implies* that you are not pleased with me.
당신의 태도로 보아 나를 달갑게 여기지 않으시는군요.

Silence often *implies* resistance.
침묵은 때때로 저항을 의미한다.

**PART 01** 어근(Root)

# pon · pos · posit · pound · pose

라틴어 어근으로 '두다(put, place)'를 의미

## ☐ compose [kəmpóuz] 동 ~을 구성하다, (~로) 되어 있다, 가라앉히다, 작곡하다

com-은 「함께」라는 의미의 접두사이고, pose-는 「두다」의 의미. 「함께 두다」가 원래의 뜻.

Our group was *composed* of 20 men.
우리의 일행은 20명으로 구성되어 있었다.

This substance is *composed* of many chemicals.
이 물질은 많은 화학약품으로 되어 있다.

He *composed* himself after the accident.
그는 사고 후 안정을 되찾았다.

The symphony was *composed* by Mozart.
그 교향곡은 모짜르트가 작곡한 것이다.

|관련어| composer 작곡가

composition 구성, 구조

composure 침착성, 평정

- with great composure 태연자약하게
- lose one's composure 침착성을 잃다
- recover one's composure 침착성을 되찾다
- maintain one's composure 평정을 유지하다

213

## compound [kámpaund]

- 명 화합물, 혼합물
- 형 합성의, 혼합의, 복합의
- 동 혼합하다, 조제하다, 화해하다

com-은 「함께」의 의미이고, pound-는 「두다」의 의미.

a *compound* noun 복합명사

Most drugs are *compounds* of several chemicals.
대부분의 약품은 여러 화학약품의 혼합물이다.

The farmer *compounded* with the bank for a reduction in the interest rate on the money he owed.
그 농부는 상환해야 할 돈의 이자 할인을 은행측과 타협했다.

---

## depose [dipóuz]

동 물리치다, 퇴임시키다, (문서로) 선서 증언하다

de-는 「아래로」란 의미의 접두사이고, pose-는 「두다」의 의미. 「아래에 두다」, 「격하시키다」가 원래의 뜻.

*depose* the king 왕을 퇴임시키다

*depose* the chairman 의장을 해임시키다

*depose* a person from office 사람을 면직시키다

The witness *deposed* that he saw the accident.
증인은 그 사건을 목격했다고 증언했다.

He *deposed* to having seen the two men steal the money.
그는 그 두 사람이 돈을 훔치는 것을 보았다고 증언했다.

|관련어| **deposition** 면직, 퇴적물, 침전물

- deposition of topsoil from a river in flood
  홍수에 의한 표토의 퇴적

☐ **deposit** [dipázit]　⑧ 두다, 내리다, 쌓이게 하다, 예금하다, 계약금으로 지불하다
　　　　　　　　　　　⑲ 퇴적물, 침전, 광상

de-는 「아래로」란 의미의 접두사이고, posit-는 「두다」의 의미. 「아래에 무엇인가를 두다」가 원래의 뜻.

*Deposit* a quarter and push the button.
25센트 주화를 넣고 버튼을 누르십시오.

The overflowing river *deposited* rich soil on its banks.
홍수 뒤에 제방에 비옥한 토질의 흙이 쌓였다.

He *deposited* a part of his salary in the bank.
그는 급료의 일부를 은행에 예금했다.

He *deposited* a small amount of money toward the purchase of the car.
그는 약간의 돈을 차의 계약금으로 지불했다.

The country has large oil *deposits*.
그 나라에는 석유의 매장량이 많다.

a coal *deposit* 석탄층

|관련어|　**depository** 보관장소, 창고

　• The library is a depository for books.
　　도서관은 책이 보관되어 있는 장소이다.

---

☐ **dispose** [dispóuz]　⑧ (적절하게) 배치하다, 정리하다, [of를 수반하여] 처리하다, 처분하다, ~할 마음이 내키게 하다

dis-는 「떨어져서」를 의미하는 접두사이고, pose-는 「두다」의 의미. 「떨어져 두다」가 원래의 뜻.

*dispose* furniture artfully around the room
가구를 방에 보기 좋게 잘 배치하다

They *disposed* of the paper by burning it.
그들은 그 서류를 소각 처분했다.

### Man proposes, God *disposes*.

|속담| 일은 사람이 꾸미고 성패는 하늘에 달려 있다.

|관련어| **disposable** 한 번 쓰고 버릴 수 있는
- a disposable paper cup 일회용 종이컵

**disposal** 배치, 처리, 처분
- the disposal of business affairs 사무처리
- the disposal of nuclear waste
  방사성폐기물의 처리

**disposition** 기질, 성질, 배치
- She has a shy disposition. 그녀는 내성적이다.
- The map showed the disposition of troops in the area.
  그것은 그 지역의 군대 배치를 나타낸 지도다.

---

## □ **expose** [ikspóuz] 동 노출시키다, 스치게 하다, 폭로하다, 발표하다

ex-는 「밖으로」란 의미의 접두사. pose-는 「두다」의 의미. 「남에게 알려지도록 밖에 두다」가 원래의 뜻.

### The child was *exposed* to the sun's rays too long.
그 아이는 햇빛에 너무 오랜 시간 노출되어 있었다.

### Many people were *exposed* to danger.
많은 사람들이 위험에 노출되어 있었다.

### Everyone should be *exposed* to good music.
모든 사람들에게 좋은 음악을 들을 기회가 주어져야 한다.

### The crime of the official was *exposed*.
그 공직자의 범죄가 폭로되었다.

*expose* a fraud 부정(행위)을 폭로하다

|관련어| **exposure** 폭로, 적발, 방향, 발각
- exposure of all facts 모든 사실이 백일하에 드러남
- the exposure of corruption 부정행위의 적발

- a room with a northern exposure 북향의 방
- This room has a southern exposure.
  이 방은 남향이다.

---

## □ **exposition** [èkspəzíʃən]   명 전시, 진열, 박람회, 상세한 해설

ex-는 「밖에」란 의미의 접두사이고, posit-는 「두다」라는 의미, -ion은 「상태」, 「행위」의 의미를 나타내는 명사어미. 「밖에 놓여진 상태」가 원래의 뜻.

The museum has an *exposition* of new paintings.
그 박물관에는 새로운 그림이 전시되어 있다.

The teacher gave a clear *exposition* of the contents of the course.
선생님은 그 강좌의 내용을 자세하게 설명했다.

| 관련어 |   **expository** 해설의
- an expository essay 해설 논문

---

## □ **impose** [impóuz]   동 부과하다, 강요하다, 강압하다, [on을 수반하여] 편승하다, 이용하다

in-은 「위에」란 의미의 접두사이고, pose-는 「두다」의 의미. 「위에 두다」가 원래의 뜻.

*impose* a penalty 형벌을 부과하다

The judge *imposed* a heavy fine on the lawbreaker.
재판관은 그 범법자에게 무거운 벌금을 부과했다.

*impose* one's opinions on others
타인에게 자기의 의견을 강요하다

He *imposed* on his friends by visiting them too often.
그는 친구임을 빙자하여 너무 자주 그들의 집을 방문했다.

| 관련어 |   **imposition** 부과하는 것, 세금, 부담

## □ **oppose** [əpóuz]  동 반항하다, 반대하다, 맞서다

op-(=ob-)는 「~에 반하여」란 의미의 접두사. pose-는 「두다」의 뜻. 「~에 반하여 두다」는 「반대하다」라는 의미.

### He *opposed* all of my ideas for change.
그는 변혁을 요구하는 나의 모든 제안에 반대했다.

### Father is *opposed* to my marriage.
아버지는 나의 결혼에 반대하신다.

### Never *oppose* violence to violence.
폭력에 폭력으로 대항하지 마라.

|관련어| **opponent** 대항(반대)자, 상대

- a political opponent 정적
- an opponent to the bill 그 법안의 반대자

**opposite** 반대측의, 마주보고 있는

- opposite sides of the street 거리의 양측
- His house is opposite to mine.
  그의 집과 나의 집은 마주보고 있다.

**opposition** 반대(자), 야당

- His opposition did not want him to speak.
  그의 반대자는 그가 발언하는 것을 원하지 않았다.
- stand in opposition to ~에 반대하다
- The plan has met little opposition.
  그 계획은 거의 반대 받지 않았다.
- The opposition voted against the President's bill.
  야당은 대통령이 제출한 법안에 반대표를 던졌다.

---

## □ **postpone** [poustpóun]  동 뒤로 연장시키다, 연기하다, (중요성·평가 면에서) 뒤에 두다

post-는 「뒤에」라는 의미의 접두사이고, pone-은 「두다」의 의미. 「뒤에 두다」가 원래의 뜻.

**They *postponed* their trip because of rain.**
그들은 비 때문에 여행을 연기했다.

**The game was *postponed* until Saturday.**
시합이 토요일까지 연기되었다.

***postpone* individual freedom to the national good**
국익을 개인의 자유보다 우선시키다

|관련어| **postponement** 연기, 미루기

- Bad weather caused a three-day postponement of our trip.
  악천후로 인해 여행이 3일간 연기되었다.

---

## □ **propose** [prəpóuz]  동 제안하다, 추천(지명)하다, 계획하다, (결혼을) 신청하다

pro-는 「앞에」라는 접두사, pose-는 「두다」의 뜻. 「누군가의 앞에 무엇인가를 두다」가 「제안하다」로 바뀌었다.

**They *proposed* a plan for a new school.**
그들은 새로운 학교의 건설을 제안했다.

***propose* him for chairman** 그를 의장으로 추천하다

**We *propose* to leave for the city tomorrow.**
내일 그 도시로 갈 예정입니다.

**He *proposed* to her last night.**
그는 어젯밤 그녀에게 프로포즈했다.

***propose* marriage** 결혼을 신청하다

|관련어| **proposal** 신청, 제안

- a proposal of marriage 결혼 신청
- a proposal for peace 화평의 제안

## ☐ **interpose** [ìntərpóuz] 동 ~의 사이에 두다, 개입시키다, 끼워 넣다

*interpose* a fence between the two houses
두 집 사이에 담장을 세우다

*interpose* an objection 이의를 제기하다

He *interposed* his authority.
그는 권한을 이용하여 간섭했다.

I *interposed* myself between them to stop their fighting.
나는 그들 사이에 끼어 들어 싸움을 말렸다.

---

## ☐ **propound** [prəpáund] 동 제출하다

「앞에 두다」가 원래의 의미.

*propound* a question 문제를 제출하다

---

## ☐ **proponent** [prəpóunənt] 명 제안자, 발의자, 지지자

---

## ☐ **impound** [impáund] 동 (가축 등을) 우리 속에 넣다, 압수하다

「안에 두다」가 원래의 의미.

*impound* stray cattle
길을 잃은 소를 울타리 안으로 넣다

The police will *impound* your car if you leave it there.
차를 그곳에 두시면 경찰이 차를 압수할 것입니다.

*impounded* water 저수(貯水)

## PART 01 어근(Root)

# port

라틴어 어근으로
'나르다(carry)'를 의미

## □ **deport** [dipɔ́ːrt]  동 추방하다, (강제적으로) 이송하다

de-는 「떨어져서」라는 의미의 접두사이고, port-는 「나르다」의 의미. 「완전히 나르다」가 원래의 의미.

### He was *deported* from the United States.
그는 미국에서 추방되었다.

### *deport* political prisoners to penal servitude in frontier territories
정치범을 변경지역에서 복역시키기 위해 강제 이송하다

|관련어| **deportation** 국외추방

- a deportation order 퇴거명령
- The deportation of the spy is scheduled for today.
  그 스파이는 오늘 국외 추방될 예정이다.

**deportee** 추방되는 사람

---

## □ **export** [ekspɔ́ːrt]  동 수출하다 형 수출의
명 [ékspɔːrt] 수출, 수출품, 수출액

ex-는 「밖으로」란 의미의 접두사이고, port-가 「나르다」의 의미. 「밖으로 나르다」가 원래의 의미.
*동사와 명사·형용사의 악센트 위치에 주의.

221

ban the *export* of ~의 수출을 금지하다

Wheat is a major *export*. 밀은 주요 수출품이다.

Machinery is one of our most important *exports*.
기계류는 중요한 수출품 중의 하나이다.

*export* surplus 수출초과

an *export* item 수출품

*export* reject 수출기준 불합격품

|관련어| exporter 수출업자(국)

exportation 수출

---

☐ **import** [impɔ́ːrt] 동 수입하다, (감정 등을) 개입시키다,
~의 뜻을 나타내다
명 [impɔːrt] 수입, 수입품, 수입액, 의미, 취지

> im-은 「안으로」란 의미의 접두사이고, port-는 「나르다」의 의미. 「안으로 나르다」가 원래의 의미.

*import* wheat from Canada 캐나다에서 밀을 수입하다

He *imported* his feeling into discussion.
그는 토론에서 자기 감정이 개입된 말을 했다.

His words *imported* that he wanted to quit the job.
그의 말은 일을 그만두겠다는 취지였다.

*Imports* during the year were greater than exports.
(그 해는) 수입초과였다.

*import* quota 수입할당

*import* duties 수입관세

*import* licence 수입허가서

*import* restriction 수입제한

What is the *import* of the President's remarks?
대통령의 발언취지는 무엇인가?

|관련어| importer 수입업자(국)

importation 수입

☐ **portable** [pɔ́ːrtəbl]  형 휴대용의, 운반할 수 있는
명 휴대용 물건(라디오, TV, 컴퓨터 등)

port-는 「나르다」의 의미이고, -able은 「~할 수 있는」이라는 형용사어미. 「운반할 수 있는」이 원래의 의미.

a *portable* bed 이동식 침대

---

☐ **report** [ripɔ́ːrt]  명 보고(서), 보도, 기사, 소문, 의사록
동 보고하다, 보도하다, 신고하다, 통보하다, 출두하다

re-는 「뒤로」, 「다시」란 의미의 접두사, port-는 「나르다」의 의미. 「다시 나르다」가 「전하다」, 「보고하다」의 의미로 바뀌었다.

a *report* on the meeting 회의의 보고

A *report* of the accident was in the newspapers.
사고 기사가 신문에 보도되었다.

I have heard bad *reports* about him.
그에 관해 좋지 않은 소문을 들었다.

The newspaper *reports* that there were a lot of traffic accidents yesterday.
어제는 교통사고가 많았다고 신문에 보도되었다.

The committee *reported* on housing conditions.
위원회는 주택사정에 관해 보고했다.

She *reported* him to the police. 그녀는 그를 경찰에 신고했다.

*Report* to my office. 나의 사무실로 출두하십시오.

|관련어| reporter 보고자, 보도원, 기자

- a reporter for the New York Times
  뉴욕타임즈 기자

reportedly 소문에 의하면

- Reportedly, he left London a week ago.
  소문에 의하면 그는 일주일 전에 런던을 떠났다.

☐ **porter** [pɔ́:rtər]  명 운반인, 포터, (호텔, 침대차의) 사환, 문지기, 수위

The hotel *porter* carried their bags to their room.
호텔 짐꾼은 그들의 가방을 방까지 운반했다.

---

☐ **portfolio** [pɔ:rtfóuliòu]  명 서류가방, 서류첩, 유가증권 명세표, 장관의 지위

「종이를 나르는 물건」이 원래의 의미.

*portfolio* investment 증권투자, 간접투자

---

☐ **transport** [trænspɔ́:rt]  동 나르다, 수송(운반)하다, 귀양 보내다, 도취시키다
　　　　　　　　　　　　　　 명 [trǽnspɔ:rt] 수송

trans-는 「넘어서」의 의미.

*transport* goods to London by plane
화물을 런던으로 항공수송하다

Were the goods *transported* by rail or by ship?
물건이 열차로 운송되었습니까 아니면 배로 운송되었습니까?

He was *transported* with joy.
그는 기쁨에 도취되었다.

*transport* of goods 화물수송

---

☐ **transportation** [trænspərtéiʃən]  명 수송(기관·수단)

We have both bus and subway *transportation* in this area.
이 지역에서는 버스와 지하철 둘 다 이용 가능합니다.

public *transportation* 공공교통기관
means of *transportation* 교통기관, 수송수단

**PART 01 어근(Root)**

# put

라틴어 어근으로
'생각하다(think)'를 의미

---

□ **compute** [kəmpjúːt]  동 계산하다, 어림잡다, 산정하다, ~을 컴퓨터로 계산하다

com-은 「함께」라는 의미의 접두사이고, put-은 「생각하다」의 의미. 「함께 생각하다」가 「전체적으로 생각하다」로 바뀌고 「계산하다」가 되었다.

*compute* the age of a distant star
멀리 떨어져 있는 별의 나이를 계산하다

He is *computing* his yearly taxes.
그는 그가 1년 간 지불한 세금을 계산하고 있다.

We *computed* the distance at 200 miles.
거리를 200마일로 어림잡았다.

|관련어|  **computer** 계산자(기), 컴퓨터

- He used a computer to solve the problem.
  그는 그 문제를 풀기 위해 컴퓨터를 사용했다.

---

□ **dispute** [dispjúːt]  동 논쟁하다, 의논하다, 의심을 품다, 경쟁하다
　　　　　　　　　　　 명 논쟁, 의논, 쟁의

dis-는 「떨어져서」란 의미의 접두사. 「떨어져 생각하다」란 누군가와 다른 생각을 한다는 것에서 「논쟁하다」가 되었다.

*dispute* with a person on something
어떤 일을 남과 의논하다

They *disputed* the matter.
그들은 그 문제를 논의했다.

The villagers are *disputing* the building of a new road.
마을사람들은 새로운 도로의 건설을 논의하고 있다.

The fact cannot be *disputed*.
그 사실은 의심의 여지가 없다.

They had a bitter *dispute* about money.
그들은 돈 문제로 심하게 다투었다.

a labor *dispute* 노동쟁의
settle a *dispute* 분쟁을 해결하다
beyond *dispute* 이론의 여지없이

She's beyond all *dispute* the best nurse in the hospital.
그녀가 이 병원의 최고 간호사라는 점에는 이론의 여지가 없다.

| 관련어 | **disputation** 논쟁, 의논

**disputant** 논쟁자 [-ant는 「~하는 사람」의 의미. 논쟁은 혼자서는 할 수 없기 때문에 주로 복수형으로 사용된다.]

**disputer** 논쟁자

**disputatious** 논쟁을 좋아하는
- disputatious scholars 논쟁을 좋아하는 학자들

**disputable** 의논(논쟁)의 여지가 있는

---

## ☐ **repute** [ripjúːt]  동 (사람·사물을) ~로 생각하다, 간주하다, 평가하다
명 평판

「다시 생각하다」가 원래의 의미.

He was *reputed* to be a genius.
그는 천재로 이름이 나 있었다.

That director is highly *reputed*.
저 영화감독의 명성은 널리 알려져 있다.

a family of good *repute* 평판이 좋은 가정
be held in good *repute* 평판이 좋다

## □ **reputable** [répjətəbl]　혱 평판이 좋은, 일반적으로 인정되고 있는

a *reputable* company 명성이 높은 회사
*reputable* words 표준적인 말

## □ **reputation** [rèpjə(:)téiʃən]　명 평판, 명성

a physician of good *reputation*
평판이 좋은 내과의사

She has a *reputation* for being late.
그녀는 지각생으로 평판이 나 있다.

That hotel has *reputation* for good service.
저 호텔은 좋은 서비스로 평판이 나 있다.

If people find out what you're doing, it will ruin your *reputation*.
사람들이 당신이 하고 있는 짓거리를 알게 되면 당신 명성에 먹칠하게 될 것이다.

PART **01** 어근(Root)

# quir · quisit · quest

라틴어 어근으로
'구하다(seek), 묻다(ask)'를 의미

## ☐ **acquire** [əkwáiər] 통 획득하다, 손에 넣다, 습득하다

ac-(=ad-)는 「~에」, 「~를 위해」라는 의미의 접두사이고, quir-는 「구하다」의 의미. 「자기 자신을 위해 무엇인가를 구해서 그것을 손에 넣다」가 원래의 뜻.

*acquire* land 토지를 손에 넣다

He *acquired* a fortune. 그는 큰돈을 벌었다.

*acquire* a virtue 미덕을 몸에 익히다

She *acquired* a Ph. D. after many years of study.
그녀는 여러 해의 연구 끝에 박사학위를 취득했다.

|관련어| **acquirement** 취득, 획득, 습득(한 것)
- the acquirement of property 재산 취득
- the acquirement of knowledge 지식 습득
- a man of uncommon acquirements
  드물게 보는 학식의 소유자

**acquisition** 취득, 습득, 획득자, 입수 도서
- He is the team's newest acquisition.
  그는 팀의 신참자이다.
- The library has a display of its recent acquisitions.
  도서관에는 최근에 입수된 도서가 전시되어 있다.

**acquisitive** 취득하려고 하는

- the acquisitive instinct 취득 본능
- an acquisitive mind 향학심
- He is acquisitive of information.
  그는 정보를 입수하려고 혈안이 되어 있다.

---

## □ **inquire** [inkwáiər] 동 문의하다, 조사하다

in-은 「안에」란 의미의 접두사이고, quir-는 「구하다」, 「묻다」의 의미.

I *inquired* my way from a policeman.
나는 경찰에게 길을 물었다.

*inquire* about the train schedule
기차 시간표에 대해 묻다

*inquire* into the details of the accident
사고의 진상을 조사하다

She *inquired* after his mother's health.
그녀는 그의 어머니를 문병했다.

|관련어| **inquisition** (공적인) 조사

- propose an inquisition into ~의 조사를 제안하다

**inquisitive** 탐구적인, 캐묻기 좋아하는

- a bright and inquisitive child
  영리하고 탐구심이 강한 아이
- with inquisitive eyes 호기심 가득한 눈으로
- an inquisitive gossip 캐묻기 좋아하는 수다쟁이

**inquiring** 탐구심이 많은

- an inquiring mind 탐구 정신

**inquiry** 탐구, 조사, 문의

- without inquiry 잘 조사해 보지도 않고
- make inquiries into the matter
  그 사항을 조사하다

- On inquiry, I learned that she was out.
  조회해 보고 그녀가 외출한 것을 알았다.
- scientific inquiry 과학적 연구

## □ require [rikwáiər] 동 ~을 필요로 하다, 요구하다, 규정하다

re-는 「다시」라는 의미의 접두사이고, quir-가 「구하다」의 의미. 「다시 구하다」가 원래의 의미.

The sick man *required* constant attention.
그 병자에게는 꾸준한 보살핌이 필요했다.

We *require* knowing it. 그것을 알 필요가 있다.

The school *required* a record of his past studies.
학교는 그의 학력을 요구했다.

a *required* subject 필수과목

Students are *required* to wear uniforms.
학생은 교복을 착용하도록 되어 있다.

The regulations *require* that all students, shall attend 90 percent of the lectures.
규정상 모든 학생들은 적어도 90%의 강의 출석을 해야 한다.

|관련어| requirement 요구되는 일, 필요조건, 요구, 필요한 것

- satisfy the entrance requirements of the university
  대학의 입학조건을 충족시키다
- meet a person's requirement 요구에 응하다
- travel requirements 여행에 필요한 것

## □ request [rikwést] 명 의뢰, 요망, 요청, 요망서
동 부탁하다, 바라다, 구하다

「다시 구하다」가 원래의 의미.

make a *request* for 요청하다

He would not listen to my *request*.
그는 내 부탁을 들으려 하지 않았다.

receive a formal *request* 공식 요망서를 수리하다
grant a person's *request* 남의 소원을 들어주다
The old man's dying *request* was granted.
그 노인의 마지막 소원이 이루어졌다.

I *request* you to send money at once.
즉시 송금하길 바란다.

He *requested* me to write a letter of recommendation.
그는 나에게 추천서를 써달라고 부탁했다.

She *requested* a week's leave.
그녀는 일주일 휴가를 신청했다.

---

☐ **conquest** [kánkwest]　명 정복, 획득

> con-은 「완전하게」란 의미의 접두사. 「구해서 완전히 손에 넣는 것」이 원래의 의미.

Rockets made possible the *conquest* of space.
로켓으로 인해 우주 정복이 가능하게 되었다.

make a *conquest* of a woman
여자의 애정을 획득하다

---

☐ **exquisite** [ékskwizit]　형 매우 아름다운, 멋진, 절묘한, 세련된, 격렬한

> ex-는 「충분히」란 의미의 접두사. 「충분히 찾아 구해진」 → 「절묘한」.

an *exquisite* piece of music 절묘한 음악
The weather in Hawaii is *exquisite*.
하와이의 날씨는 더할 나위없이 좋다.

The *exquisite* diamond pin was a work of art.
그 멋진 다이아몬드 핀은 예술품이었다.

# PART 01 어근(Root)

# rupt

라틴어 어근으로
'부수다(break), 파열하다(burst)'를 의미

## corrupt [kərʌ́pt]  형 부정한, 타락한, 뇌물이 통하는
동 타락하다(시키다), 매수하다(당하다), (원문이) 개악되다

cor-(=con-)은 「완전하게」란 의미의 접두사이고, rupt-는 「부수다」의 의미. 「완전히 부서진」이 원래의 뜻.

*corrupt* practices 부정행위, 수회행위
lead a *corrupt* life 타락한 생활을 하다
a *corrupt* judge 수뢰 판사
a *corrupt* politician 타락한 정치인
He was *corrupted* by evil companions.
그는 나쁜 친구들 때문에 타락했다.

|관련어| **corruption** 타락, 부패
- the political corruption 정치의 부패
- the corruption of youth 젊은이의 타락

## disrupt [disrʌ́pt]  동 ~을 혼란시키다, 붕괴시키다, 찢어버리다, 일시 불통케 하다  형 혼란한, 분열한

dis-는 「떨어져서」라는 의미의 접두사. rupt-는 「부수다」의 의미. 「부수어 떼어놓다」가 원래의 뜻.

**The noisy students *disrupted* the class.**
시끄러운 학생들 때문에 수업이 엉망이 되었다.

| 관련어 | **disruption** 파열, 분열, 붕괴

- the disruption of a friendship 우정의 결렬
- Guards were posted to prevent the disruption of the meeting. 회의의 혼란을 막기 위하여 경비원이 배치되었다.

**disruptive** (영향 · 행동 등이) 분열시키는, 파괴적인

- The dean expelled the disruptive students.
  학장은 파괴적인 학생들을 퇴학처분했다.

---

## ☐ **erupt** [irʌ́pt] 图 분출 · 분화하다, 발진하다, 발발하다

e-(=ex-)는 「밖으로」란 의미의 접두사이고, rupt-는 「파열하다」의 의미. 「밖으로 파열하다」가 원래의 뜻.

**The volcano *erupted* yesterday.** 어제 화산이 폭발했다.
**a dispute that *erupted* into civil war** 내란으로 발전한 분쟁
**Their anger *erupted* into a fight.** 그들의 노여움이 싸움으로 발전했다.
**Violence *erupted* in the city after the football match.**
축구 시합 후에 폭력사건이 발발하였다.

| 관련어 | **eruption** 발발, 폭발, 발생, 분출, 부스럼

- an argument punctuated by frequent eruptions of anger 빈번한 분노의 표출로 중단된 논의
- volcanic eruptions 화산의 분화
- a skin eruption similar to acne
  여드름 비슷한 부스럼

---

## ☐ **interrupt** [ìntərʌ́pt] 图 가로막다, 방해하다, 중단하다

inter-는 「~의 사이에」라는 의미의 접두사. rupt-는 「부수다」의 의미. 「~의 사이에 넣어 부수다」, 「끼어 들다」가 원래의 뜻.

The ring of the telephone *interrupted* my thoughts.
전화벨 소리 때문에 나의 사색이 방해를 받았다.

The traffic was *interrupted* by the food.
홍수로 인해 교통이 두절되었다.

They *interrupted* the meeting for lunch.
그들은 점심식사를 위해 회의를 중단했다.

|관련어| **interruption** 가로막는 것, 차단, 방해(물)

- There came an interruption in the rush of people.
  인파가 잠시 차단되었다.
- The speaker tried to ignore the heckler's interruption.
  그 연사는 야유를 무시하려고 했다.
- interruption of an electric service 정전

---

☐ **rupture** [rʌ́ptʃər] 명 파열, 결렬, 단절, 불화
  동 깨다(깨지다), 파열하다(시키다), 째다

> rupt-는 「파열하다」의 의미이고, -ure는 「행위」, 「결과」의 의미를 나타내는 명사어미. 「파열하는 것」이 원래의 뜻.

the *rupture* of a blood vessel 혈관 파열

a skin *rupture* 피부 열상

a *rupture* in the relations between the two countries
양국 간의 (우호)관계의 단절

We came to a *rupture* in our friendship.
우리의 우정이 깨졌다.

*rupture* one's Achilles' tendon
아킬레스건을 파열시키다

the *rupture* between England and Ireland
영국과 아일랜드의 불화

PART **01** 어근(Root)

# scrib · scrip · script

라틴어 어근으로
'쓰다(**write**)'를 의미

☐ **describe** [diskráib]  동 ~을 (문자·말로) 서술하다, 묘사하다, 기술하다, (인물을) 평하다, 그리다, 나타내다

de-는 「아래에」(down)란 의미의 접두사. scrib-는 「쓰다」의 의미. 「기록하다」(write down)가 원래의 뜻.

*describe* an event 사건을 묘사하다

He *described* his sister to me.
그는 그의 여동생에 대해 설명해 주었다.

Aggressiveness often *describes* inferiority complex.
공격적 태도는 종종 열등감을 나타낸다.

|관련어| **description** 기술, 묘사

- His description of the child's grief saddened everyone.
  그가 이야기한 그 아이의 불행은 모두를 슬픔에 잠기게 했다.

- a beautiful sight beyond all description
  무엇으로도 표현할 수 없는 아름다운 광경

- give a detailed description 자세하게 묘사하다

**descriptive** 기술(묘사)적인, 설명적인

- colorful, descriptive writing 생생한 설명문

## inscribe [inskráib] 동 (책·비석 등에) 쓰다, 표시하다, 새기다, 새겨 넣다, (증정의 말·이름 등을 써서) 보내다, (공식명부 등에) 명기하다

in-은 「안에」, 「위에」란 의미의 접두사이고, scrib-는 「쓰다」의 의미. 「무엇인가의 위에 쓰다」가 원래의 뜻.

*inscribe* one's name in a list 명부에 서명하다

The monument was *inscribed* with the names of the war dead. 기념비에는 전사자의 이름이 새겨져 있었다.

The author *inscribed* a copy of his book to his best friend. 저자는 자기의 책 한 권을 그의 가장 친한 친구에게 증정했다.

He *inscribed* his name on the petition.
그는 진정서에 서명했다.

|관련어| **inscription** 표시된(새겨진) 것
- The inscription on the ancient monument was hard to read. 고대의 비문에 새겨진 문자는 판독이 어려웠다.

---

## prescribe [priskráib] 동 규정하다, 권하다, 처방하다

pre-는 「전에」라는 의미의 접두사. scrib-는 「쓰다」의 의미. 「누군가가 행동을 시작하기 전에 쓰다」라는 원래의 의미에서 「(그 행동을) 규정하다」, 「명하다」라는 의미로 되었다.

What punishment does the law *prescribe* for this crime?
이 범죄에 대한 법정 형벌은 무엇입니까?

Skimmed milk is often *prescribed* for diarrhea.
설사에는 탈지유유가 자주 권해진다.

The doctor *prescribed* some medicine for her cold.
의사는 그녀의 감기에 약간의 약을 처방했다.

|관련어| **prescription** 처방전, 처방약
- make up a prescription 처방전대로 조제하다

- Take the prescription once after each meal and before going to bed.
  매 식후와 취침 전에 이 약을 1회씩 복용하십시오.

**prescriptive** 규정하는, 규범적인
- prescriptive grammar 규범문법

---

## □ **proscribe** [prouskráib] 통 금지하다, 인권을 박탈하다, 추방하다

pro-는 「앞에」라는 의미의 접두사이고, scribe-는 「쓰다」의 의미. 「대중 앞에서 처벌자의 이름을 쓰다」가 원래의 뜻.

**Many nations agreed to *proscribe* germ warfare.**
많은 국가들이 세균전을 금지하기로 합의했다.

**Many states have *proscribed* the use of certain insecticides.** 많은 주가 어떤 종류의 살충제의 사용을 금지했다.

|관련어| **proscription** 금지, 추방
- a proscription of nuclear weapons 핵무기 추방

---

## □ **subscribe** [səbskráib] 통 (서명하여) 기부할 것을 약속하다, 기부하다, 서명하여 동의하다, (예약) 구독하다

sub-는 「~의 바로 아래에」란 의미의 접두사. scrib-는 「쓰다」의 의미. 「문서 등의 맨 뒤에 (약속·동의 등의 표시로서) 자기의 이름을 쓰다」가 원래의 뜻.

*subscribe* $1,000 for the new gymnasium
체육관 신설을 위해 1,000달러를 기부하다

**President *subscribed* his name to the document.**
대통령은 그 문서에 서명했다.

**They *subscribed* to a charity.**
그들은 자선단체에 기부했다.

They *subscribed* to several monthly magazines.
그들은 여러 월간지를 구독했다.

|관련어| subscriber 구독자, 서명자
- a subscriber to a newspaper 신문 구독자

subscription 기부, 서명, 예약금, 불입금, 구독(료)
- When does your magazine subscription expire?
당신이 보고 있는 잡지의 구독기한은 언제까지입니까?

---

## □ **transcribe** [trænskráib]  동 필기하다, 베껴 쓰다, 고쳐 쓰다, 편곡하다, (녹음)녹화 방송하다

trans-는 「넘어서」라는 의미의 접두사이고, scrib-가 「쓰다」의 의미. 「옮겨 쓰다」가 원래의 뜻.

It is difficult to *transcribe* another person's shorthand notes. 다른 사람이 속기로 쓴 메모를 베껴 쓰는 것은 어렵다.

He has *transcribed* the Korean into Roman characters.
그는 한국어를 로마자로 고쳐 썼다.

|관련어| transcript 사본, 복사, 카피, 성적증명서
- a transcript from high school 고등학교 성적증명서

---

## □ **scribble** [skríbl]  동 갈겨쓰다, 낙서하다 명 낙서, 흘려 쓴 것

*scribble* on a wall 벽에 낙서하다
No *scribbling*. 낙서금지

---

## □ **ascribe** [əskráib]  동 ~에 돌리다, ~에 기인하는 것으로 하다, ~에 속한다고 생각하다

a-는 「~에」라는 의미. 「~에서 인용하여 쓰다」가 원래의 의미.

I *ascribed* his refusal to lack of money.
나는 그가 거절한 것은 돈이 없어서라고 생각했다.

The invention of gun powder is *ascribed* to the Chinese.
화약은 중국인이 발명했다고 여겨진다.

He *ascribed* his success to luck.
그는 운이 좋아서 성공했다고 여겼다.

## □ **circumscribe** [sə̀ːrkəmskráib]
⑧ ~을 제한하다, 주위에 선을 긋다, 단락을 짓다, ~의 경계를 정하다

circum-은 「주위에」의 의미. 「주위에 쓰다」, 「주위에 선을 긋다」가 원래의 뜻.

The child's free time is *circumscribed*.
그 아이의 자유시간은 제한되어 있다.

*circumscribe* the scope of one's research
자기의 연구 범위를 한정하다

## □ **manuscript** [mǽnjəskrìpt]  ⑲ 사본, 원고

manu-는 「손」의 의미. 「손으로 쓰여진 것」이 원래의 뜻.

*manuscripts* of Chaucer 초서의 필사본
His work is still in *manuscript*.
그의 저작은 원고로 남아 있다.

The author's *manuscript* was accepted for publication.
그 저자의 원고는 출판사에 받아들여졌다.

## □ **postscript** [póustskrìpt]  ⑲ 추신, 후기

P.S. *post-는 「뒤의」라는 의미.

PART 01 어근(Root)

# sed · sess · sid

라틴어 어근으로
'앉다(sit), 정착하다(settle)'를 의미

☐ **preside** [prizáid] 동 사회하다, 통할하다, 관장하다, (연주를) 맡아 하다

pre-는 「앞에」란 의미의 접두사이고, sid-는 「앉다」의 의미. 「앞에 앉아 지배하다」가 원래의 의미.

The town meeting was *presided* over by the mayor.
시장이 시 모임의 사회를 보았다.

Her grandmother *presided* over the family.
그녀의 할머니가 가족을 도맡아 보살폈다.

|관련어| **presidential** 대통령의
- presidential government 대통령 중심제 정부
- a presidential election 대통령 선거
- presidential year 대통령 선거의 해

**presidency** (대통령의) 직, 지위, 임기
- George Washington was the first man elected to the Presidency of the United States.
  죠지 워싱턴은 미국에서 최초로 대통령 직위에 오른 사람이었다.

☐ **reside** [rizáid] 동 살다, 주재하다, (권한 등이) ~에 속하다, 존재하다

re-는 「뒤에」란 의미의 접두사이고, sid-는 「앉다」의 뜻. 「뒤쪽에 앉다」에서 「앉아서 떠나지 않다」로 의미가 바뀌었다.
*live보다 형식 차린 말.

**Where do you *reside* now?** 지금 어디에 거주하십니까?
**The power of decision *resides* in us.** 결정권은 우리에게 있다.
**The power to legislate *resides* in the legislature.**
법률을 제정하는 권한은 입법부에 있다.

|관련어| **residence** 주거지, 거주

- the official residence 관저
- make one's residence in the country
  시골에 주거를 정하다

**resident** 거주자, 주재자, 거주하고 있는

- Korean residents in England 재영 한국인
- a resident housekeeper 입주 가정부
- a resident doctor 전임 의사
- He is the resident physician at this hospital.
  그는 이 병원의 전속 의사이다.
- resident aliens 재류 외국인

**residential** 거주의, 주택으로 점유된

- He lives in a residential area near the lake.
  그는 호수 근처의 주택지역에 살고 있다.

---

☐ **sediment** [sédəmənt]  명 침전물, 퇴적물

sed-는 「정착하다」의 의미이고, -ment는 「결과」, 「행위」를 나타내는 명사어미. 「정착된 것」이 원래의 뜻.

**The drinking water was full of *sediment*.**
음료수에 침전물이 가득했다.

## dissident [dísidənt] 형 달리하는, 다른 의견을 가진
명 의견을 달리하는 사람, 반대자

dis-는 「떨어져서」의 의미, sid-는 「앉다」의 의미이고, -ent는 명사·형용사 어미. 「떨어져서 앉다(앉는 것)」에서 「의견이 다르다(다른 것)」을 나타낸다.

opinions *dissident* from ours 우리와 다른 견해
a *dissident* leader 반체제 지도자
political *dissidents* 정적

## obsession [əbséʃən] 명 (망상 등) 달라붙는 것 또는 그 상태, 강박관념

ob-는 「가까이에」의 의미이고, sess-는 「앉다」의 의미. 「가까이에 앉는 것」은 「점령되는 것」을 의미한다.

his *obsession* with gambling 그의 노름벽
be under an *obsession* of ~에 사로잡혀 있다
suffer from an *obsession* 망상에 사로잡혀 괴로워하다

## residual [rizídʒuəl] 형 나머지의, 남아있는 명 나머지, 후유증

*residual* oil 잔여 오일

The amount will be joined to the *residual* amount.
그 액수는 잔액으로 이월한다.

His *residuals* are a weak heart and light-headedness.
후유증은 심장 쇠약과 현기증이다.

She recovered with no *residuals*. 그녀는 후유증 없이 회복되었다.

## residue [rézidjùː] 명 나머지, 잔류, 잔재

*residue* on the bottom of a pool
수영장 바닥의 잔류물

# spec · spect · spectro · spic

라틴어 어근으로 '보다, 보이다(look)'를 의미

## ☐ **conspicuous** [kənspíkjuəs]  형 똑똑히 보이는, 눈에 띄는

con-은 「완전하게」라는 접두사, spic-는 「보이다」의 의미이고, -uous는 「~경향이 있는」을 나타내는 형용사어미. 「완전히 보이는 경향이 있는」이 란 「잘 보이는」의 뜻.

a *conspicuous* mistake 명백한 잘못
make oneself *conspicuous* 사람의 눈을 끌다
He was *conspicuous* because of his great size.
그는 몸집이 커서 눈에 잘 띈다.

She was wearing a *conspicuous* dress.
그녀는 눈에 확 띄는 드레스를 입고 있었다.

|관련어| conspicuously 눈에 띄게
inconspicuous 눈에 띄지 않는
- a quiet, inconspicuous man 점잖고 남 앞에 나서지 않는 남자

## ☐ **inspect** [inspékt]  동 시찰하다, 사찰하다, 점검하다

in-은 「안에」란 의미의 접두사이고, spect-은 「보다」의 의미. 「안을 보다」 가 원래의 뜻.

*inspect* factories and mines 공장과 광산을 시찰하다

He *inspected* the used car for defects.
그는 중고차의 결함 유무를 자세히 검사하였다.

Nobody *inspected* my ticket before I got on the train.
내가 기차를 타기 전에 아무도 승차표를 검표하지 않았다.

|관련어| **inspection** 시찰, 사찰, 조사
- undergo a safety inspection 안전점검을 받다
- pass inspection 검사에 합격하다
- make an inspection of ~을 시찰하다

**inspector** 시찰관, 검사관, 사찰관
- an IAEA inspector IAEA의 사찰관
* IAEA(the International Atomic Energy Agency)
  : 국제 원자력 기구

---

## ☐ **respect** [rispékt]
명 존경, 경의, 존중, 점
동 존경하다, 존중하다, 참작하다, 고려에 넣다

re-는 「다시」란 의미의 접두사이고, spect-는 「보다」의 의미. 「누군가를 다시 보다」가 원래의 뜻. 「다시 보다」가 「존경하다」로 바뀌었다.

We have great *respect* for your opinion.
우리는 당신의 의견을 매우 존중하고 있다.

He always shows *respect* for his elders.
그는 손위 사람에게 항상 존경을 표시한다.

In many *respects*, he is more capable than his brother.
여러 면에서 그는 형보다 우수하다.

I promise to *respect* your wishes.
당신이 원하신 바를 참작할 것을 약속드립니다.

If you don't *respect* yourself, how can you expect others to respect you?
당신의 자존심을 지키지 않는다면 어떻게 남이 당신을 존중해 주리라고 기대하는가?

We *respect* him as a great artist.
우리들은 그를 위대한 예술가로서 존경하고 있다.

### I deeply *respect* his honesty.
나는 그의 정직함을 진심으로 존경하고 있다.

|관련어| **respectable** 존경할 만한, 훌륭한, 상당한

- He comes from a respectable family.
  그는 훌륭한 가문 출신이다.
- He received a respectable raise.
  그의 급료는 꽤 올랐다.

**respectful** 경의를 표하다

- Children should be respectful to their parents.
  아이는 부모를 존경해야 한다.

---

## □ **spectacle** [spéktəkl]   몡 광경, 장관, 구경거리, [복수형으로] 안경

「볼 만한 가치가 있는 것」이 원래의 의미.

### The massive traffic jam was quite a *spectacle*.
그 엄청난 교통정체는 큰 구경거리였다.

### a gorgeous *spectacle* 호화로운 쇼
### He drank too much at the party and made a *spectacle* of himself.
그는 파티에서 과음하여 추태를 부리고 말았다.

*make a spectacle of oneself는 「자기를 구경거리로 만들다」, 결국 「수치를 드러내다」라는 의미.

|관련어| **spectacular** 장대한, 스릴 넘치는; 특별 TV 프로그램, 초대작

- The race ended in a spectacular neck-and-neck finish.
  쫓고 쫓기는 긴박한 경주였다.
- a television spectacular 특별 프로그램

**spectator** 구경꾼

- Baseball is our most popular spectator sport.
  야구는 관중이 제일 많이 모이는 인기 스포츠이다.

## perspective [pərspéktiv] 명 원근법, 전망, 예측

per-는 「통하여」의 의미.

**draw pictures in *perspective***
원근법으로 그림을 그리다

---

## prospect [práspekt] 명 예상, 기대

pro-는 「앞쪽에」의 의미. 「앞쪽에 보이는 것」→「전망」.

**The job offers no *prospects*.**
그 일은 아무런 장래성도 없다.

**The *prospects* for the future were excellent.**
장래의 전망이 매우 좋았다.

---

## suspect [səspékt] 동 수상하게 여기다, 의심하다, 추측하다
명 [sʌ́spekt] 용의자
형 의심스러운, 수상쩍은

sus-(=sub)는 「아래」라는 의미. 「아래를 보다」→「의심하다」.

**The police *suspected* him of the crime.**
경찰은 그가 범인이라는 혐의를 두고 있었다.

**They *suspect* his motives.**
그들은 그의 동기를 의심하고 있다.

**I *suspect* we will see him again.**
나는 우리가 그와 다시 만나게 되리라고 생각해.

**Who are the *suspects* in the case?**
이 사건에서 누가 용의자입니까?

---

## suspicion [səspíʃən] 명 의혹

**He is under *suspicion* of murder.** 그는 살인 혐의를 받고 있다.

**PART 01 어근(Root)**

# spir

라틴어 어근으로 '호흡하다(breathe)'를 의미

## ☐ **aspire** [əspáiər]  동 열망하다, 갈망하다, 대망을 품다

a-는 「~에」란 의미의 접두사이고, spir-는 「호흡하다」의 의미. 「~를 향해 숨을 쉬다」가 원래의 뜻.

He *aspired* to be a leader. 그는 지도자가 될 뜻을 품고 있었다.
*aspire* to holy orders 성직에 큰 뜻을 품다
*aspire* after perfection 완벽을 간절히 바라다

|관련어| **aspirant** 큰 뜻을 품은 사람, (성공 등을) 열망하는 사람, 큰 뜻을 품은
- a literary aspirant 문학 지망자

**aspiration** 포부, 염원(의 대상)
- He had an aspiration to be a lawyer.
  그에게는 변호사가 되겠다는 강한 포부가 있었다.

## ☐ **conspire** [kənspáiər]  동 음모를 세우다, 공모하다, 서로 겹치다

con-은 「함께」란 의미의 접두사이고, spir-는 「호흡하다」의 의미. 「함께 호흡하다」에서 「함께 꾸미다」의 뜻으로 바뀌었다.

*conspire* to assassinate the premier 수상의 암살을 음모하다
The two men *conspired* to rob a bank.
그 두 남자가 은행털이를 공모했다.

All things *conspired* to make the day a happy one.
모든 일이 잘 되어 그 날은 즐거운 하루가 되었다.

|관련어| **conspiracy** 음모, 공모
- be in conspiracy to do ~하기로 공모하다

**conspirator** 공모자, 음모자 [conspiratress는 여성형]

---

☐ **inspire** [inspáiər] 동 고무하다, 할 마음이 들게 하다, 생기를 주다

in-은 「안에」란 의미의 접두사이고, spir-는 「호흡하다」의 의미. 「숨을 들이쉬다」가 원래의 뜻.

His speech *inspired* the crowd. 그의 연설은 군중을 고무시켰다.
His brother's success *inspired* the boy to work harder.
형의 성공에 힘을 얻어 그 소년은 열심히 일할 의욕이 생겼다.

His words *inspired* confidence in us.
그의 말에 우리는 자신감을 갖게 되었다.

|관련어| **inspiration** 인스피레이션, 영감, 고무, 자극
- get inspiration from ~에서 영감을 받다
- under the inspiration of ~에 격려되어

**inspirational** 영감의 **inspired** 영감을 받은
- an inspired musician 영감을 받은 음악가

**inspiring** 기운 나게 하는
- an inspiring speech 격려 연설

---

☐ **spirit** [spírit] 명 마음, 정신, (생명의) 입김, 영(靈), 기분, [복수형으로] 알코올

「호흡하는 행위」가 원래의 의미.

sound in *spirit* if not in body 육체는 건강하지 않아도 정신은 건전한

give up one's *spirit* 숨을 거두다
She took his advice in the right *spirit*.
그녀는 그의 충고의 진의를 이해했다.

Though he is dead, he is with us in *spirit*.
그는 죽었지만 그의 마음은 우리와 함께 있다.

He showed *spirit* in his answers. 그의 대답에는 기백이 있었다.
He's in high *spirits*. 그는 기분이 몹시 유쾌하다.
He believes in evil *spirit*. 그는 악령을 믿는다.
He does not believe in *spirits*. 그는 영혼의 존재를 믿지 않는다.
He likes strong *spirits*. 그는 독한 술을 좋아한다.

---

☐ **expire** [ikspáiər] 동 숨을 내쉬다(내뱉다), 숨을 거두다, 기한이 끝나다

ex-는 「밖으로」의 의미. 「밖으로 숨을 내쉬다」, 「숨이 다하다」가 원래의 뜻.

*expire* peacefully 평온하게 숨을 거두다
My license *expires* on the first of May.
나의 면허증은 5월 1일에 기한이 끝난다.

The agreement *expired* yesterday. 계약기간이 어제로 끝났다.

---

☐ **expiration** [èkspəréiʃən] 명 숨을 쉼, 만기
at the time of *expiration* 임기만료시

---

☐ **respire** [rispáiər] 동 호흡하다, 한숨 돌리다

re-는 「다시」의 의미. 「반복 호흡하다」가 원래의 뜻.

---

☐ **respiration** [rèspəréiʃən] 명 호흡(작용), 한 번의 호흡
artificial *respiration* 인공호흡
count the *respirations* 호흡을 세다

**PART 01** 어근(Root)

# sta · stit · stet · sist

라틴어 어근으로 '서다(stand)'를 의미

□ **assist** [əsíst]  동 거들다, 도와주다, 원조하다

as-(=ad)는 「~에」의 의미이고, sist-는 「서다」의 의미. 「옆에 서다」가 원래의 뜻.

A team of nurses *assisted* the doctor in performing the operation.
일단의 간호사들이 의사의 수술을 도왔다.

Please *assist* me with my work. 일을 좀 도와 주십시오.

|관련어| **assistance** 원조, 지원
- give assistance to a person 남을 도와주다
- If I can be of any assistance to you, I shall be indeed happy.
  힘이 되어드릴 수만 있다면 정말로 기쁠 따름입니다.

**assistant** 보좌, 협력자, 어시스턴트
- an assistant to the president 회장 보좌

□ **resist** [rizíst]  동 저항(반항)하다, 참다

re-는 「뒤에」의 의미이고, sist-는 「서다」의 의미. 「뒤에 서다」가 「저항하다」로 바뀌었다.

**The city *resisted* the enemy onslaught for two weeks.**
그 도시는 적의 공격에 2주 동안 저항하였다.

**I couldn't *resist* telling him the secret.**
그에게 비밀을 말해주지 않을 수 없었다.

|관련어| **resistance** 저항, 반대

- There was tremendous resistance to the plan.
  그 계획에 대해 강력한 저항이 있었다.

**resistant** 저항하는, 내성이 있는

- heat-resistant 내열의
- This new type of infection is resistant to autibiotics.
  이 새로운 전염병은 항생제에 내성이 있다.

---

## □ **persist** [pərsíst]  동 일관하다, 고집하다, 계속하다

per-는 「통하여」의 의미이고, sist-가 「서다」의 의미. 「통하여 서다」, 「계속 서있다」가 원래의 뜻.

*persist* in one's belief 자기의 신념대로 밀고 나가다

**He *persisted* in his work until he succeeded.**
그는 성공하기까지 일을 계속했다.

**In spite of many washings the stains *persisted*.**
여러 번 세탁해도 얼룩은 지워지지 않았다.

|관련어| **persistence** 고집, 불굴, 지속

- with persistence 집요하게
- the persistence of the classical tradition
  고전주의 전통의 지속성

**persistent** 끈기 있는, 불굴의, 지속하는

- persistent resistance 완고한 저항
- a persistent drought 오래 계속되는 가뭄
- a persistent headache 만성두통

**persistently** 집요하게

## ☐ **circumstance** [sə́ːrkəmstæns]  명 사정, 상황, 생활 형편

「주위에 서있는 것」→「부수적인 사정」.

He explained the *circumstances* that caused him to be late. 그는 늦게 된 사정을 설명했다.

under any *circumstances* 어떤 상황에서도

He lived in very comfortable *circumstances*.
그의 생활 형편은 매우 좋았다.

---

## ☐ **constant** [kánstənt]  형 불변의, 일정한, 끊임없는, 확고한

con-은 「함께」, sta-는 「서다」의 의미이고, -ant는 형용사어미. 「언제나 함께 있는」이 원래의 뜻.

*constant* temperature 상온

*constant* complaints 끊임없는 불평

There is a *constant* flow of water from the river.
강에서 끊임없이 물이 유입되고 있다.

be *constant* in friendship 우정이 두텁다

He was a *constant* friend. 그는 변함 없는 친구였다.

---

## ☐ **desist** [dizíst]  동 (행위 등을) 그만두다

*desist* from talking 이야기를 중지하다

---

## ☐ **distant** [dístənt]  형 먼, 거리가 ~정도 되는

di-는 「떨어져서」의 의미. 「떨어져 서있는」이 원래의 의미.

a *distant* star 멀리 있는 별

The town is two miles *distant*.
그 마을은 2마일 거리에 있다.

It is a mile *distant* from here.
여기에서 1마일의 거리이다.

The moon is *distant* from the earth.
달은 지구에서 멀리 떨어져 있다.

a *distant* hill 멀리 있는 언덕

## ☐ **distance** [dístəns]  명 거리

The *distance* from my house to yours is two miles.
나의 집에서 너의 집까지는 2마일의 거리이다.

## ☐ **ecstasy** [ékstəsi]  명 무아경, 황홀, 법열, 엑스터시

ec-는 「밖으로」의 의미. 「밖에 서는 것」 → 「밖에 서서 자신을 잊는 것」.

in an *ecstasy* of delight 기쁨에 자신을 잊고
The beautiful music filled them with *ecstasy*.
그들은 아름다운 음악에 도취되었다.

## ☐ **obstacle** [ábstəkl]  명 방해(물), 장애물

ob-는 「~에 대하여」의 의미. 「~에 대항해 서 있는 것」, 「가로막아 서는 것」이 원래의 의미.

an *obstacle* to success 성공의 장애물
An *obstacle* in the road prevented the cars from moving.
도로에 있는 장애물 때문에 차가 움직이지 못했다.

## ☐ **consist** [kənsíst]  동 되다, 성립하다, 구성되다, (~에) 존재하다, (~와) 일치하다

「함께 서다」 → 「구성되다」.

The committee *consists* of five members.
위원회는 5명으로 구성되어 있다.

The beauty of this picture *consists* in its balance of colors.
이 그림의 아름다움은 색깔의 균형에 있다.

The politicians' actions do not *consist* with the promises in his speeches.
정치가들의 행동은 그의 공약과 일치하지 않는다.

---

☐ **consistent** [kənsístənt]  형 일치하는, 조리 있는, 시종일관된, 착실한

opinions *consistent* with each other
서로 일치하는 의견

He was *consistent* in his views.
그의 견해는 시종일관 변함이 없었다.

---

☐ **stanchion** [stǽnʃən]  명 지주, 기둥, 칸막이 나무

PART 01 어근(Root)

# tang · ting · tact · tig

라틴어 어근으로
'닿다(touch)'를 의미

☐ **contact** [kántækt]  명 접촉, 교제, 연고, 연줄
　　　　　　　　　　　　통 접촉시키다, 접촉하다, 연락하다, 교제하다

> con-은 「함께」란 의미의 접두사이고, -tact가 「닿다」의 의미. 「함께 닿는 것」이 원래의 뜻.

The *contact* of the two electric wires caused the fire.
전선의 합선으로 화재가 발생했다.

Are you in *contact* with your brother?
형과 연락하고 있습니까?

I have few *contacts* with him, though we work in the same building.
그와 같은 빌딩에서 일하고 있지만 거의 접촉이 없다.

get (in) *contact* with ~와 접촉하다

I have a *contact* in New York who could help me.
나는 뉴욕에 믿을 만한 연줄이 있다.

a man with many *contacts* 연줄이 많은 사람

You should *contact* a good lawyer.
당신은 유능한 변호사와 만나보시는 게 좋겠습니다.

## □ **intact** [intǽkt]  형 손상되지 않은, 더럽혀지지 않은, 본래대로의, 순결한

in-은 「부정」의 의미를 나타내는 접두사이고, tact-는 「닿다」의 의미. 「손대지 않은」, 「본래대로의」를 의미.

His reputation was *intact*.
그의 평판은 변함이 없었다.

He kept his savings *intact*.
그는 저축에 손대지 않았다.

Her virtue was *intact*.
그녀는 처녀 그대로였다.

The fire destroyed the garage but left the house *intact*.
화재로 차고가 불탔으나 집은 무사했다.

---

## □ **tact** [tækt]  명 재치, 감촉

「닿다」, 「감촉」이 원래의 의미.

Your answer showed *tact*. 너의 대답은 재치가 있었다.
An ambassador must have *tact*. 대사는 임기응변에 강해야 한다.

|관련어|  **tactful** 재치 있는

- a tactful man 재치 있는 남자

**tactless** 재치 없는, 분별 없는

- tactless remarks 분별 없는 발언

---

## □ **tangent** [tǽndʒənt]  형 ~에 접한, 접촉되어 있는
명 접선, (주제에서의) 일탈, 탈선

tang-은 「닿다」의 의미이고, -ent는 형용사·명사어미. 「닿아 있는」이 원래의 뜻.

The line is *tangent* the circle. 그 선은 원에 접해 있다.

He is an interesting speaker but tends to go off on *tangents*.
그의 이야기는 재미있지만, 주제를 벗어나는 경향이 있다.

|관련어| **tangential** 접선의, 잠깐 닿는 것뿐인
- Don't introduce tangential questions into our debate.
  토의와 관계없는 이야기는 꺼내지 마시오.

## tangible [tǽndʒəbl] 형 접촉할 수 있는, 유형의, 현실의

「닿을 수 있는」이 원래의 의미.

A collection of stamps was his only property of any *tangible* value.
우표수집이 그의 유일한 유형재산이었다.

He found *tangible* benefits in their plan.
그는 그들의 계획에서 현실적 이익이 있음을 깨달았다.

|관련어| **intangible** 실체가 없는, 무형의, 확실하지 않은, 막연한
- intangible property 무형자산
- an intangible treasure 무형문화재
- an intangible fear 막연한 공포

## tangle [tǽŋgl] 동 엉키게 하다, 엉키다, 빠뜨리다, 빠지다
명 엉킴, 혼란, 분규, 뒤죽박죽

His fishing line *tangled* in the weeds.
그의 낚싯줄이 잡초에 엉켰다.

The wind *tangled* her hair.
바람 때문에 그녀의 머리카락이 헝클어졌다.

She combed the *tangles* from her hair.
그녀는 엉킨 머리카락을 빗으로 빗었다.

His financial affairs were in a *tangle*.
그의 재정업무는 엉망이었다.

PART **01** 어근(Root)

# tain · ten · tent · tin · tinu

라틴어 어근으로
'붙잡다, 가지다(hold)'를 의미

□ **contain** [kəntéin]  통 ~을 포함하다, 함유하다, 수용하다, 억제하다

> con-은 「함께」란 의미의 접두사이고, tain-은 「가지다」, 「잡다」의 의미.
> 「함께 붙잡다」가 원래의 뜻.

This book *contains* ten short stories.
이 책은 단편소설 10편이 수록되어 있다.

This food *contains* abundant vitamins.
이 식품은 비타민이 풍부하다.

She was so angry that she could hardly *contain* her feelings.
그녀는 분개한 나머지 감정을 거의 억제하기가 힘들었다.

| 관련어 |　container 컨테이너, 용기

　　　　containment 봉쇄, 억제

• The United States had a policy of containment with regard to Iraq.
미국은 이라크에 대해 봉쇄정책을 취했다.

---

□ **continent** [kántənənt]  명 대륙, [the를 붙여 대문자로] 유럽 대륙

> con-은 「함께」란 의미의 접두사, tin-은 「가지다」의 의미이고 -ent는 여기서 명사어미. 「함께 가진 것」, 「함께 포함된 것」이 원래의 뜻.

## North America, South America, Europe, Asia, Africa, and Australia are all *continents*.
북미, 남미, 유럽, 아시아, 아프리카, 오스트레일리아는 모두 대륙이다.

## Englishmen and Americans sometimes refer to Europe as "the *Continent*."
영국인과 미국인들은 때때로 유럽을 "대륙"이라고 말한다.

|관련어| **continental** 대륙의, 본토의
- a continental climate 대륙성 기후
- the continental United States 미국 본토

**Continental** 유럽 대륙의
- He has old-fashioned, Continental manner.
  그에게는, 고풍스러운 (유럽) 대륙풍의 기질이 있다.

---

## ☐ **detain** [ditéin]  동 붙들다, 기다리게 하다, 억류하다

> de-는 「아래에」란 의미의 접두사이고, tain-은 「붙잡다」의 뜻. 「아래에서 붙잡다」, 「붙잡아 두다」가 원래의 뜻.

## The accident *detained* us for an hour.
사고 때문에 1시간이 지체되었다.

## He was *detained* by business.
그는 일 때문에 늦었다.

## I won't *detain* you more than five minutes.
5분 이상 기다리게 하지 않겠다.

## *detain* a suspect for further examination
용의자를 좀더 수사하기 위해 억류하다

|관련어| **detainee** 억류자

**detention** 억류, 구류, 감금
- under detention 억류되어

- unlawful detention 불법 억류
- As a suspect, he was held in detention by the police.
그는 용의자로서 경찰에 억류되었다.

## ☐ **lieutenant** [luːténənt]  명 [육군] 중위, 소위
명 [해군] 대위, 상관대리, 부관 [경찰] 서장 보좌

lieu는 프랑스어로 「장소」를 의미한다. ten-은 「붙잡다」를 의미하고, -ant는 여기서 명사어미. 「누군가의 장소를 붙잡는 것」이 원래의 뜻이고 「상관을 대리하여 권한을 행사하는 사람」을 의미한다. 육군에서는 대위(captain) 이하의 장교이고, 해군에서는 소령(lieutenant commander) 이하의 장교를 가리킨다.

a first *lieutenant* 중위
a second *lieutenant* 소위
*lieutenant* governor 부지사

## ☐ **pertinacious** [pə̀ːrtənéiʃəs]  형 고수하는, 끈기 있는, 집요한

「철저하게」, 「완전하게」란 의미의 접두사 per-와 tenacious가 결합하여 생긴 말. tenacious는 「꽉 잡고 놓지 않는」의 뜻.

a *pertinacious* fever 좀처럼 내리지 않는 열
a *pertinacious* detective 끈기 있고 집요한 형사

## ☐ **retain** [ritéin]  동 보유하다, 유지하다, 계속 사용하다, 기억에 남기다, 변호사를 고용하다

re-는 「뒤로」란 의미의 접두사이고, tain-은 「가지다」의 의미. 「확실하게 가지다」가 원래의 뜻.

**They still *retain* their big house.**
그들은 지금도 큰 집을 보유하고 있다.

**He cannot *retain* all the facts he has learned.**
그는 배운 것을 모두 기억할 수 없다.

**The prisoner *retained* a lawyer to defend him.**
죄수는 변호를 위해 변호사를 고용했다.

|관련어| **retainer** 보유자, 하인, 변호 의뢰비

**retention** 보유, 기억력

**retentive** 유지에 도움되는, 유지력 있는

---

☐ **tenacious** [tənéiʃəs]  형 꽉 잡고 놓지 않는, 고집하는, 집요한

> ten-은 「잡다」, 「보유하다」의 의미이고, -acious는 「~하는 경향이 있는」
> 이란 의미의 형용사어미.

be *tenacious* of memory 추억에 연연하다

**He held on to my arm with *tenacious* grip.**
그는 내 팔을 꼭 붙잡았다.

|관련어| **tenacity** 완고함, 끈기

PART 01 어근(Root)

# tend · tens · tent

라틴어 어근으로
'펴다, 넓히다(stretch),
긴장시키다(strain)'를 의미

## ☐ intend [inténd] 图 (~할) 예정이다, 의도하다, (어떤 목적에) 쓰려고 하다, ~의 뜻으로 말하다

in-은 「~에」란 의미의 접두사이고, tend-는 「펴다」의 의미. 「~쪽으로 펴다」, 「~의 의도를 갖다」의 의미.

I *intend* to buy a new suit today. 오늘 새 옷을 한 벌 사려고 한다.

We *intended* this room for you.
우리는 이 방을 당신이 사용하도록 할 생각이었다.

What do you *intend* by these words?
무슨 뜻으로 이런 말씀을 하십니까?

---

## ☐ intensify [inténsəfài] 图 ~을 강렬하게 하다, 강하게 하다 (강해지다)

「안으로 펴다」가 원래의 의미.

A smell of rain *intensified* the ordor of leaves.
비의 냄새가 나뭇잎의 향을 강렬하게 했다.

It *intensified* his feeling of inferiority.
그로 인해 그의 열등감이 심화되었다.

The President called for *intensified* cooperation between the two countries. 대통령은 양국 간의 협력 강화를 호소했다.

|관련어| **intensity** 강렬, 긴장, 강도
- the intensity of his anger
  그의 노여움의 격렬함

**intensive** 철저한, 집중적인
- intensive questioning 철저한 심문
- intensive instruction 집중 강의

**intensifier** 격렬하게 하는 것, 증강 장치

**intensification** 강화, 증대

**intense** 극도의, 강렬한, 열심인
- The intense heat exhausted him.
  그는 극심한 더위로 인해 기진맥진하게 되었다.
- He is an intense worker.
  그는 열성적인 노동자이다.

---

☐ **tense** [tens]  형 쭉 뻗은, 긴장한
　　　　　　　　 동 강하게 뻗다, 긴장시키다(하다)

a *tense* rope 쭉 뻗은 밧줄
a *tense* situation 긴박한 정세
a face *tense* with excitement 흥분으로 긴장된 얼굴
The runner *tensed* his muscles. 그 주자는 근육을 긴장시켰다.
Every nerve in me *tensed*. 나의 모든 신경이 긴장되었다.

---

☐ **tension** [ténʃən]  명 긴장, 노력

the *tension* of the muscles 근육 긴장
He was under great *tension* during the examination.
그는 시험기간 동안 매우 긴장했다.

Talk relieved the *tension* between the two countries.
대화로 양국 간의 긴장이 완화되었다.

## □ **attention** [əténʃən] 명 주의, 배려, 친절

at-은 「~에」의 의미, tent-가 「펴다」이고, -ion은 추상명사어미. 「~에 펴는 것」→「~에 주의하는 것」.

**pay** *attention* **to the speaker**
발언자에게 주의를 집중하다

**They listened with great of** *attention*.
그들은 주의 깊게 경청하였다.

*Attention*, **please!** 알려 드립니다!

**Your request will receive my personal** *attention*.
당신의 요구를 개인적으로 배려하겠습니다.

**Small of** *attentions* **are appreciated by everyone.**
작은 친절은 누구에게나 감사하는 마음을 갖게 한다.

---

## □ **attentive** [əténtiv] 형 주의 깊은, 동정심이 있는, 아끼는

**He is a very** *attentive* **student.**
그는 매우 세심한 학생이다.

**He is always** *attentive* **toward his wife.**
그는 언제나 아내를 위한다.

---

## □ **inattention** [ìnəténʃən] 명 부주의, 태만, 방심

**through** *inattention* 무심코

---

## □ **distend** [disténd] 동 넓히다(넓어지다), 팽창시키다, 부풀리다

dis-는 「떨어져서」의 의미.

**The sea** *distended* **about them.**
바다가 그들 주위에 펼쳐져 있었다.

**Habitual overeating has** *distended* **his stomach.**
습관적인 과식으로 그의 위가 늘어나 버렸다.

## detente [deitá:nt] 명 긴장 완화, 데탕트

work out a *detente* 긴장 완화를 달성하다

## extend [iksténd] 동 뻗다, 넓히다, 가리키다

「밖으로 뻗다」가 원래의 의미.

*extend* a railroad to the next town
다음 마을까지 철도를 연장하다

The railroad has been *extended* for another 20 miles.
철도는 20마일 더 연장되었다.

They *extended* their visit for two more days.
그들은 체재를 2일 더 연장했다.

*extend* the city boundaries 시의 구역을 넓히다

I would like to *extend* my hearty welcome to Mr. Smith.
스미스 씨를 진심으로 환영합니다.

**PART 01 어근(Root)**

# tract

라틴어 어근으로
'잡아당기다(**drag, draw, pull**)'를 의미

## ☐ **attract** [ətrǽkt]  동 끌어당기다, 매혹하다

at-(=ad-)는 「~에」, 「~로 향해」란 의미의 접두사이고, tract-는 「잡아당기다」의 의미. 「자기 쪽으로 잡아당기다」가 원래의 뜻.

*attract* attention 주의를 끌다

The beautiful girl *attracted* much attention.
그 아름다운 소녀는 주목의 대상이었다.

Honey *attracts* a bear. 꿀은 곰을 유인한다.

|관련어| **attraction** 매혹하는 것, 매력, 인기 끄는 것

- the attraction of the earth's gravity
  지구 중력의 작용

- the attraction of a magnet for iron
  철을 끌어당기는 자력

- She has lots of personal attractions.
  그녀는 매력 있는 여성이다.

- What is the main attraction at this theater?
  이 극장의 주목되는 점은 무엇입니까?

**attractive** 끌어당기는, 매력적인

- an attractive girl 매력 있는 소녀

## ☐ **contract** [kántrækt]

명 계약(서), 청부, 약혼
동 [kəntrǽkt] 계약을 맺다, (근육을) 수축시키다, 수축하다, 좁히다, 줄이다, (중병에) 걸리다

「함께 당기다」가 「계약하다」로 바뀌었다.

**They signed a *contract* to buy the house.**
그들은 그 집의 구입계약서에 사인했다.

**They *contracted* to pay cash for the house.**
그들은 그 집을 현금으로 구입하는 계약을 했다.

**Most metals *contract* when they cool.**
대부분의 금속은 온도가 낮아지면 수축한다.

**He *contracted* a fatal disease.**
그는 불치의 병에 걸렸다.

| 관련어 | contractor 계약인, 청부업자
　　　　　contractual 계약상의, 계약으로 보증된

---

## ☐ **detract** [ditrǽkt]

동 (사람·주의 등을) 떨어뜨리다, 손상시키다, (주의를) 딴 데로 쏠리게 하다, 줄이다, 줄다

de-는 「떨어져서」란 의미의 접두사이고, tract-는 「잡아당기다」의 의미. 「떼어놓다」가 원래의 뜻.

***detract* attention from the real issue**
본질적 문제에서 (사람의) 주의를 돌리다

**The defect *detracts* little from the intrinsic value.**
그 결점이 있다고 해서 본질적인 가치가 거의 손상되지 않는다.

**This may *detract* from his popularity.**
이것으로 그의 인기는 떨어질지도 모른다.

| 관련어 | detractor 비방자, 비난자
　　　　　detraction 비난, 비방, 중상

## distract [distrǽkt] 동 (마음·주의를) 분산시키다, 돌리다, 어쩔 줄 모르게 하다

dis-도 「떨어져서」라는 의미의 접두사. 「떼어놓다」가 원래의 의미.

She was *distracted* from her work by a noise.
그녀는 시끄러워 일에 집중할 수가 없었다.

He went to a movie to *distract* his mind from his worries.
그는 걱정을 떨쳐버리려고 영화를 보러 갔다.

He was *distracted* by the many instructions he received.
그는 너무 많은 지시를 받아 어쩔 줄 몰랐다.

|관련어| **distraction** 방심, 안절부절, 혼란스럽게 하는 것, 기분전환

- drive a person to distraction
  남을 당황하게 하다
- distractions such as telephone calls
  전화 등의 정신을 어수선하게 하는 것
- a welcome distraction for children
  아이들에게 아주 좋은 기분전환

---

## extract [ikstrǽkt] 동 뽑다, 자르다, 꺼내다, 골라내다, 추출하다, 인용하다
명 [ékstrækt] 뽑은 것, 추출물, 발췌, 진액

ex-는 「밖으로」란 의미의 접두사. 「밖으로 잡아당기다」, 「꺼내다」가 원래의 의미.

*extract* tonsils 편도선을 자르다
*extract* juice 주스를 짜내다
*extract* a bad tooth 상한 이를 뽑다

She read an *extract* from my favorite poem.
그녀는 내가 좋아하는 시 한 구절을 읽었다.

She flavored the cake with lemon *extract*.
그녀는 케이크에 레몬시럽을 뿌려 맛을 냈다.

cite *extracts* from Shakespeare
셰익스피어에서 인용하다

|관련어| **extraction** 발췌, 추출, 탄생, 가계
- the extraction of a tooth 이 뽑기
- the extraction of iron from ore
  광석으로부터의 철분 추출
- be of Spanish extraction 스페인계이다

## ☐ **protract** [proutrǽkt]  통 오래 끌게 하다, 늘리다

pro-는 「앞에」란 의미의 접두사. 「앞으로 잡아당기다」란 「시간을 늘리다」라는 뜻.

The meeting should not be *protracted* beyond 5:00 p.m.
회의는 오후 5시까지만 연장해야 한다.

|관련어| **protractive** 지연시키는
- protractive tactics in court 법정에 있어서 지연 전술

## ☐ **retract** [ritrǽkt]  통 철회하다, 수축시키다, 취하하다

re-는 「뒤로」의 의미. 「뒤로 잡아당기다」가 원래의 뜻.

*retract* the accusation 비난을 철회하다
He *retracted* the insult and apologized.
그는 무례한 말을 철회하고 사죄했다.

A lion *retracts* its claws when not excited.
사자는 흥분하지 않았을 때에는 발톱을 움츠리고 있다.

## ☐ **subtract** [səbtrǽkt]  통 ~을 …에서 떼어내다, 빼다, 공제하다, 잡아당기다

sub-는 「아래에」, 「떨어져서」의 의미. 「제거하다」가 원래의 뜻.

*Subtract* 2 from 4, and the remainder is 2.
4-2 = 2.

He *subtracted* the expenses from the profits.
그는 이익에서 경비를 뺐다.

|관련어| **subtraction** 뺄셈

- Addition and subtraction are taught in elementary school.
  덧셈과 뺄셈은 초등학교에서 배운다.

## ☐ **tract** [trækt]  몡 넓이, 지역, 지방

「이끌어 내지는 것」이 「넓이」로 바뀌었다.

During the floods a large *tract* of farmland was under water.
홍수가 난 동안 넓은 농지가 물 속에 잠겼다.

a marshy *tract* 습지
He lives in a public housing *tract*.
그는 공영주택지에 살고 있다.

## ☐ **tractor** [trǽktər]  몡 트랙터, 견인(자동)차

「잡아당기는 것」이 원래의 의미.

a farm *tractor* 경작용 트랙터

PART 01 어근(Root)

# uni

라틴어 어근으로 '하나(one)'를 의미

□ **unify** [júːnəfài]  동 통일하다, 하나로 통합하다

*unify* conflicting theories 상반되는 학설을 통일하다
*unify* a country 나라를 통일하다
Their common language helped to *unify* the settlers.
공통언어 덕분에 이주자들은 하나가 되었다.

□ **unification** [jùːnəfəkéiʃən]  명 통일

the *unification* of East and West Germany
동서 독일의 통일

□ **reunification** [rìːjuːnəfikéiʃən]  명 재통일

the *reunification* of South and North Korea
남북한의 재통일

□ **unifoliate** [jùːnəfóuliit]  형 홑잎의

271

## uniform [júːnəfɔːrm]  형 같은 형태의, 일정한 방식에 따르는, 일정한
형 제복

「하나의 형태」가 원래의 의미.

The room was kept at a *uniform* temperature.
그 방은 일정한 온도로 유지되고 있었다.

The price of this book is not *uniform* in all stores.
이 책은 서점에 따라서 가격이 다르다.

The nurse was proud of her *uniform*.
그 간호사는 자신의 제복에 자부심을 갖고 있었다.

a school *uniform* 교복

---

## unilateral [jùːnəlǽtərəl]  형 측면(한쪽)만의, 단독의, 일방적인

*unilateral* disarmament 일방적 군축

*unilateral* commitment 단독 범행

a *unilateral* decision 일방적 결정

a *unilateral* cease-fire 일방적 휴전

---

## unique [juːníːk]  형 단지 하나밖에 없는, 유일한, 극히 드문, 독특한

a *unique* copy of an ancient manuscript
옛날 원고의 유일한 사본

a ruthlessness probably *unique* in European history
유럽 역사에서 예를 찾아볼 수 없는 잔학 행위

a man *unique* in virture 고결한 품성을 지닌 사람

This ancient jewel is *unique*. 이 고대 보석은 진귀한 것이다.

Language is worth studying because it is *unique* to man.
언어는 인간만이 갖고 있는 것이므로 연구할 가치가 있다.

☐ **union** [júːnjən]  명 결합, 연합, 일치단결, 노동조합

「하나인 것」이 원래의 의미.

in *union* 힘을 합해서
strengthen *union* 결속을 굳히다
He urged a *union* of the two groups opposing the tax.
그는 그 세금을 반대하고 있는 두 단체의 결속을 주장했다.

He is a member of a labor *union*.
그는 노동조합 회원이다.

a trade *union* 노동조합

---

☐ **unison** [júːnisən]  명 일치, 조화, 화합, 제창

march in *unison* 모여서 행진하다
They laughed in *unison*. 그들은 일제히 웃었다.
Her parents nodded in *unison*.
그녀의 양친 모두 동의하였다.

The chorus sang in *unison*.
합창단은 제창으로 노래했다.

---

☐ **unite** [juːnáit]  동 하나로 하다, 합병하다, 단결하다

「하나로 묶어진」이 원래의 의미.

*unite* several neighboring villages
인접한 여러 마을을 병합하다

The two firms *united* to form a conglomerate.
두 회사가 합병하여 복합기업이 되었다.

Workers and students *united* in opposing the project.
노동자와 학생들은 그 계획에 반대하기 위해 단결했다.

☐ **unity** [júːnəti]  명 하나인 것, 단일, 단결, 화합

national *unity* 국민의 단결
family *unity* 가족의 화합

---

☐ **unanimous** [juːnǽnəməs]  형 의견이 일치하여, 만장일치로

un-은 「하나」의 의미이고, anim-은 「마음」을 나타낸다. 「하나의 마음을 가진」이 원래의 뜻.

a *unanimous* vote 만장일치의 표결

Scholars are *unanimous* that the book was written by him.
학자들은 그 책이 그에 의해 쓰여졌다는 것에 대해 의견이 일치하고 있다.

We are *unanimous* in protesting the ratification of the new treaty.
우리들은 만장일치로 새 조약의 비준에 반대한다.

---

☐ **unanimity** [jùːnəníməti]  명 만장일치, 합의

the *unanimity* of opinion 의견 일치
with the *unanimity* of applause 만장의 박수갈채로

## PART 01 어근(Root)

# vac

라틴어 어근으로 '비어있는(empty)'을 의미

---

☐ **evacuate** [ivǽkjuèit] 통 소개시키다, 피난시키다, 퇴거시키다

e-는 「밖으로」란 의미의 접두사. vac-가 「비어있는」의 의미이고, -ate는 동사어미. 「비우다」가 원래의 뜻.

*evacuate* the inhabitants of towns in the path of a flood
홍수가 지나가는 지역의 마을주민을 피난시키다

The children were *evacuated* to the country to avoid bombing. 폭격을 피하게 하기 위해 아이들을 시골로 소개시켰다.

---

☐ **evacuation** [ivæ̀kjuéiʃən] 명 비우는 것, 배출, 피난, 소개

*evacuation* orders 피난 명령

---

☐ **evacuee** [ivæ̀kju(:)íː] 명 피난자, 소개자

---

☐ **vacate** [véikeit] 통 비우다, 제거하다, 비워주다, 퇴거하다

「비우다」가 원래의 의미.

*vacate* one's mind of worries 걱정거리를 없애다
*vacate* an apartment 아파트를 비우다

Many seats are still *vacated*. 빈 자리가 아직 많다.
He *vacated* his chair for her.
그는 그녀에게 의자를 양보했다.

## ☐ **vacant** [véikənt] 형 빈, 비어있는

a *vacant* room 빈 방  a *vacant* lot 공터
No *vacant* seats on this train. 이 열차에는 빈 좌석이 없다.
The house on the corner is *vacant*. 그 모퉁이의 집은 빈 집이다.
She had a few *vacant* hours. 그녀는 한가한 시간이 2~3시간밖에 없었다.

## ☐ **vacancy** [véikənsi] 명 빈 상태, 틈, 빈 방, 결원

the *vacancy* of the room after the children are gone
아이들이 돌아간 뒤의 방이 텅 빈 상태

Every hotel displayed 'No *Vacancy*' signs.
모든 호텔에 「빈 방 없음」의 표시가 게시되어 있었다.

There is a *vacancy* in our office.
우리 사무실에는 결원이 있다.

There are still some *vacancies* in that hotel.
저 호텔에는 아직 빈 방이 있다.

## ☐ **vacuum** [vǽkjuəm] 명 진공(상태), 공허

For that experiment they needed a complete *vacuum*.
그 실험에는 완전한 진공상태가 필요했다.

John's death left a *vacuum* in her life.
존이 죽어서 그녀의 마음 한구석이 공허했다.

The mind abhors a *vacuum*. 마음이 공허하면 싫다.

## ☐ **vacuous** [vǽkjuəs] 형 빈, 진공의

the *vacuous* air 진공  a *vacuous* book 내용이 없는 책

PART 01 어근(Root)

# ver · veri

라틴어 어근으로
'진실한(true), 진짜의(genuine)'를 의미

---

□ **veracious** [vəréiʃəs]  형 항상 진실을 말하는, 정직한, 진실의

a *veracious* witness 정직한 증인

a *veracious* statement 바른 진술

a *veracious* account 정직한 계산

---

□ **verify** [vérəfài]  동 ~이 진실이라는 것을 증명하다, 확인하다

*verify* a theory by experiment
실험으로 이론을 증명하다

*verify* a translation 번역이 올바른지 확인하다

The police *verified* what the suspect had said.
경찰은 용의자의 진술을 입증하였다.

---

□ **verification** [vèrəfəkéiʃən]  명 확인하는 것, 입증, 증명, 증거

*verification* of the dead boy's identity
죽은 소년의 신원 확인

*Verification* of a corpse's identity differs in process according to the perfecture.
사체의 신원확인 검증은 지역에 따라 방법이 다르다.

- **verisimilar** [vèrisímələr] 형 정말 있을 것 같은, 그런 것 같은

    a *verisimilar* tale 정말로 그럴 법한 이야기

---

- **verisimilitude** [vèrisimílitjùːd] 명 정말 같은 것, 정말 같음

    The performance lacked *verisimilitude*.
    연기는 박진감이 결여되어 있었다.

---

- **veridical** [vərídikəl] 형 진실한, 진짜의

    a *veridical* statement 진실한 진술

---

- **verism** [víːərìzəm] 명 진실주의

---

- **verist** [víːərist] 명 진실주의자

---

- **veritable** [véritəbl] 형 진짜의, 진실의

    a *veritable* triumph 참된 승리
    a *veritable* Rembrandt 틀림없는 렘브란트 그림
    This encyclopedia is a *veritable* treasure house of knowledge. 이 백과사전은 지식의 보고이다.

---

- **veritas** [véritæs] 명 진리 *라틴어

**PART 01** 어근(Root)

# vers · vert

라틴어 어근으로
'향하다, 회전하다(**turn**)'를 의미

## avert [əvə́:rt] 동 피하다, 일어나는 것을 막다

a-(=ab-)는 「떨어져서」란 의미의 접두사, vert-는 「향하다」의 의미. 「눈이나 얼굴을 무엇인가에서 돌리다」가 원래의 뜻.

*avert* one's eyes from the sight
그 광경에서 시선을 피하다

She *averted* her glance from the corpse.
그녀는 시체에서 시선을 피했다.

*avert* a tragic end by prompt action
즉시 손을 써서 비극적인 사태를 막다

He *averted* an automobile accident by stopping quickly.
그는 빨리 멈춰 자동차 사고를 막았다.

|관련어| aversion 혐오

• She has a strong aversion to large crowds.
그녀는 사람이 붐비는 것을 매우 싫어한다.

## convert [kənvə́:rt] 동 ~을 …으로 바꾸다, 전향(개종)시키다, 개조(개장)하다, 환산하다

con-은 「완전하게」라는 접두사이고, vert-는 「회전하다」의 의미. 「완전히 회전하다」가 「변하다」의 뜻이 되었다.

*convert* rags into paper 폐지를 종이로 바꾸다

In that factory, iron is *converted* into steel.
그 공장에서 철이 강철로 바뀐다.

He was *converted* to a new educational theory by his teacher.
그는 선생님에 의해 새로운 교육이론으로 사고를 바꾸었다.

They *converted* the hotel into a hospital.
그들은 그 호텔을 병원으로 개조했다.

He *converted* to Catholicism. 그는 카톨릭으로 개종했다.

|관련어| **conversion** 전환, 변환, 개종

- conversion of a solid into a liquid 고체의 액체화
- conversion of won into dollars 원을 달러로 환전
- one's conversion from communism 공산주의에서의 전향
- the conversion of a Buddhist to Christianity
  불교도의 그리스도교로의 개종

---

☐ **divert** [divə́ːrt]   통 (강 등의 진로를) 바꾸다, 돌리다, 기분을 바꾸다, 전용하다, 즐겁게 하다

di-(=dis-)는 「떨어져서」, 「다른 방향으로」란 의미의 접두사이고, vert-는 「회전하다」의 의미. 「다른 방향으로 회전하다」가 원래의 뜻.

The river was *diverted* from its channel by the engineers.
강의 진로는 기술자에 의해 바뀌었다.

The children *diverted* themselves by playing games.
아이들은 게임을 하며 기분을 풀었다.

|관련어| **diverse** 다른, 다양한

- He is of a background diverse from the other students.
  그는 다른 학생과는 다른 소양을 갖고 있다.
- His diverse interests range from baseball to classical music.
  그의 흥미는 야구에서 클래식 음악까지 다양하다.

**diverting** 기분전환이 되는, 즐거운

**diversion** 전환, 기분전환, 오락
- Chess is a favorite diversion of mine.
  체스는 내가 좋아하는 놀이이다.

**diversity** 상위(성), 다양(성)
- a diversity of methods 다양한 방법
- great diversity of opinion 매우 다양한 의견
- There was a diversity of opinions at the political convention.
  그 정치 집회에서는 다양한 의견이 나왔다.
- a diversity of amusements 다양한 오락

---

□ **reverse** [rivə́ːrs]  동 ~을 거꾸로 하다, 무효로 하다
  형 거꾸로의, 반대의, 이면의
  명 역, 역전, 반대

re-는 「뒤에」라는 의미의 접두사이고, vers-는 「회전하다」의 의미. 「뒤로 회전하다」, 「반대로 회전하다」가 원래의 뜻.

*reverse* a glass 컵을 엎다
*reverse* a jacket 상의를 뒤집다
*reverse* a decision 판결을 파기하다
To reach town they had to *reverse* their direction.
마을에 가려면 그들은 반대 방향으로 가야만 했다.

He read the numbers in the *reverse* order.
그는 수를 역순으로 읽었다.

a *reverse* gear 후진 기어
put the car into *reverse* 차를 후진시키다

|관련어| **reversible** 거꾸로 할 수 있는, 양면의
- This raincoat is reversible.
  이 레인코트는 양면으로 입을 수 있다.

reversal 역전, 파기
- a major reversal in one's career
  직업상의 대전환
- a reversal of a decision 판결의 파기

## □ **subversive** [səbvə́ːrsiv]   형 전복시키는, 파괴적인
   명 파괴분자

sub-는 「밑에서」라는 접두사, vers-는 「회전하다」, -ive는 「~의 성질이 있는」이라는 의미의 형용사어미. 「회전하는 성질이 있는」에서 「뒤집다」, 「전복시키다」의 의미로 되었다.

a *subversive* act 파괴적인 행위

changes *subversive* of the entire social and political life of the Korean
한국의 사회 및 정치의 전체를 뒤엎는 대변화

a *subversive* group 파괴그룹

|관련어| subversion 전복, 파괴
- Dictatorship is a subversion of the rights of the people.
  독재는 국민의 권리를 파괴시키는 것이다.

subvert 뒤엎다, 파괴하다
- Discontented people tried to subvert the new government.
  불만 있는 사람들이 새 정부를 전복시키려 했다.

## □ **versatile** [və́ːrsətil]   형 어디로도 향하는, 다재다능한, 다용도의

「구부러진」이 원래의 의미.

a *versatile* artist 재주 많은 예술가
a *versatile* talent 다재다능
a *versatile* new material 용도가 많은 신 재료

- **versatility** [və̀ːrsətíləti]  명 다재, 다예

- **averse** [əvə́ːrs]  형 매우 싫어하는, 반대하는, 질색하는

    a-(=ab-)는 「떨어져서」(away)의 의미. 「(등) 돌리는」(turn away)이 원래의 뜻.

    be *averse* to wasting one's time  시간을 낭비하는 것이 딱 질색이다
    be *averse* to seeing him  그를 만나는 것을 싫어하다

- **aversion** [əvə́ːrʒən]  명 혐오, 반감
    She has a strong *aversion* to eating in public places.
    그녀는 공적인 자리에서 식사하는 것을 몹시 싫어한다.

    one's pet *aversion*  아주 싫은 사람(물건)

- **advertise** [ǽdvərtàiz]  동 광고를 내다, 선전하다

    ad-는 「~에」의 의미이고, vers-는 「향하다」의 의미.

    *advertise* for secretary  비서 구인광고를 내다
    *advertise* their products widely  제품을 널리 선전하다

- **advertisement** [ǽdvərtáizmənt]  명 광고 *약어 : ad.
    an *advertisement* column  광고란
    put an *advertisement* for a new product in
    ~에 신제품 광고를 내다

- **invert** [invə́ːrt]  동 거꾸로 하다, 뒤집다, 전화(轉化)하다

    in-은 「향하여」, vert-는 「향하다」의 의미. 「방향을 바꾸다」가 원래의 뜻.

a sentence in the *inverted* order
어순전도된 문장

In Greek the word order is *inverted* for the sake of emphasis.
그리스어에서는 강조할 때 어순이 거꾸로 된다.

---

□ **conversant** [kənvə́ːrsənt]  형 ~에 정통하고 있는, 관련되어 있는

He is *conversant* with the subject.
그는 그 문제에 정통하고 있다.

Are you *conversant* with the matter?
당신은 그 사건과 관련이 있습니까?

---

□ **extroversion** [èkstrəvə́ːrʒən]  명 외향(성), 외전(外轉)

---

□ **extrovert** [ékstrəvə̀ːrt]  명 외향적인 사람 동 외향적이게 하다

ertro-는 「밖으로」의 의미, 「마음을 밖으로 향하는 사람」이 원래의 뜻.

---

□ **introvert** [íntrəvə̀ːrt]  명 내향적인 사람

intro-는 「안으로」의 의미, 「마음을 안으로 향하는 사람」이 원래의 뜻.

---

□ **vertigo** [və́ːrtəgòu]  명 현기증

feel a *vertigo* 현기증이 나다

---

□ **vertiginous** [vərtídʒənəs]  형 빙빙 도는, 회전하는, 현기증이 나는, 변덕스러운

the *vertiginous* of a top 팽이의 회전운동
*vertiginous* currents of air 회전 기류
a *vertiginous* staircase 눈이 빙빙 도는 듯한 계단
*vertiginous* height 현기증을 일으키는 높이

## PART 01 어근(Root)

# vid · vis

라틴어 어근으로 '보다(see)'를 의미

## □ evident [évidənt] 형 명백한, 분명한

e-(=ex-)는 「밖으로」란 의미의 접두사, vid-는 「보다」의 의미이고, -ent는 여기서 형용사어미. 「밖으로 드러나 알 수 있는」이 원래의 뜻.

It was *evident* they were brothers.
그들이 형제라는 것은 명백하다.

an *evident* proof 명백한 증거

|관련어| **evidently** 명확하게

**evidence** 증거
- From the evidence, the police believe two people committed the crime.
  그 증거로 경찰은 두 사람이 범죄를 저질렀다고 확신하고 있다.

**self-evident** 자명한, 뻔한
- a self-evident truth 자명한 진리
- It is self-evident that he stole the jewel.
  그가 보석을 훔친 것은 자명한 사실이다.

## □ provide [prəváid] 동 공급(제공)하다, 규정하다, 갖추다, 대비하다, 부양하다

pro-는 「앞」이란 의미의 접두사. vid-는 「보다」의 의미. 「미리 보다」는 「예측하다」라는 것이고 여기서 「미리 준비하다」라는 의미로 되었다.

The farm *provided* them all the food they needed.
농장은 그들이 필요한 모든 음식을 제공했다.

*provide* a person with food 사람에게 음식을 주다
We must *provide* for a cold winter by buying coats.
추운 겨울에 대비해 코트를 장만해야 한다.

---

## ☐ **television** [téləvìʒən] 명 텔레비전 방송(프로그램), TV영상, TV수상기

tele-는 「떨어져서」라는 의미의 접두사.

The schools in this city use *television* in teaching.
이 시의 학교들은 교육할 때 TV를 사용한다.

|관련어|  **televise** TV 방송하다
• The political convention was televised.
그 정치토론회는 TV 방송되었다.

---

## ☐ **vision** 명 시력, 통찰력, 환상, 절세의 미인

vis-는 「보다」의 의미이고, -ion은 「행위」, 「상태」, 「결과」의 의미를 나타내는 명사어미.

Glasses will improve her *vision*.
안경을 쓰면 그녀의 시력이 개선될 것입니다.

She had a *vision* of her son returning home.
그녀는 아들이 돌아오는 환상(꿈)을 보았다.

Cities should be planned by men of *vision*.
도시계획은 통찰력이 있는 사람이 관계해야 한다.

She really is a *vision*. 그녀는 정말 절세의 미인이다.

|관련어|  **visual** 눈에 보이는, 시력의(에 관계된)

- visual proof 보고 알 수 있는 증거
- visual training 시각 훈련
- a visual effect 시각 효과
- a visual sign 눈에 보이는 징조

**visible** 눈에 보이는, 명백한

- The house was visible from the road.
  그 집은 도로로부터 가시거리에 있었다.
- He spoke with visible impatience.
  그들은 조급한 기색으로 이야기하고 있었다.

**invisible** 눈에 보이지 않는

- A colorless gas such as oxygen is invisible.
  산소 같은 무색기체는 눈에 보이지 않는다.

**visibility** 눈에 보임, 가시도

- Take-off was delayed because of poor visibility.
  시계 불량으로 인해 이륙이 늦어졌다.

---

## □ **envisage** [invízidʒ]  통 계획하다, 마음에 그리다

en-은 「~의 안에」라는 의미로 「(대상을 어딘가에) 넣다」, 「특정한 상태로 만들다」라는 의미를 만들어 타동사화한다.

*envisage* a plan 계획을 세우다

He *envisages* an era of even greater scientific discovery and advancement than has been seen in the past.
그는 과거에 보았던 것보다도 더 위대한 과학적인 발견 및 진보의 시대를 마음 속에 그리고 있다.

---

## □ **envision** [invíʒən]  통 (장래의 일을) 상상하다, 마음속에 그리다, 계획하다

*envision* a bright future 밝은 미래를 상상하다

The plan *envisioned* conversion of the country into a peaceful agricultural nation.
그 계획으로 평화로운 농업국가로 전환된 나라를 그려볼 수 있었다.

---

☐ **visa** [víːzə]  명 (여권의) 사증, 비자

---

☐ **vista** [vístə]  명 전망, 내다봄

His researches have opened up new *vistas*.
그의 연구로 새로운 전망이 펼쳐졌다.

---

☐ **visage** [vízidʒ]  명 얼굴, 얼굴 모습, 양상

---

☐ **visit** [vízit]  동 방문하다, 체재하다, 엄습하다, 잡담하다  명 방문

「보러 가다」가 원래의 의미.

*visit* one's aunt 숙모를 방문하다
*visit* the dentist 치과의사에게 가다
The doctor *visited* the patient this morning.
의사는 오늘 아침 환자를 왕진했다.

The village was *visited* by the flood.
그 마을은 홍수의 피해를 입었다.

Let's sit here and *visit* for a while.
여기 앉아서 잠시 이야기를 나눕시다.

We look forward to your *visit*.
당신의 방문을 고대하고 있습니다.

an official *visit* 공식 방문

# PART 01 어근(Root)

# viv · vivi · vita

라틴어 어근으로 '생명(life)'을 의미

□ **vital** [váitəl] 형 생명의, 생명에 관한, 불가결한, 없어서는 안 될

*vital* power 생명력

*vital* heat 생명 유지에 필요한 체온

The heart is one of the *vital* organs of the body.
심장은 인체에 없어서는 안 되는 기관 중의 하나이다.

Your help is *vital* to the success of our plan.
우리의 계획이 성공하려면 당신의 도움이 꼭 필요합니다.

The operation of factory is *vital* to the community.
공장의 조업은 그 지역에 없어서는 안 된다.

He is *vital* in this company.
그는 이 회사에서 없어서는 안 될 중요한 인물이다.

|관련어| vitality 활력, 생명력

- a man of great vitality 원기 왕성한 사람

vitally 치명적으로, 절대적으로

vitals (뇌, 심장, 간장 등) 생명 유지에 중요한 기관

vitalize ~에 생명(활력)을 주다

---

□ **survive** [sərváiv] 동 (~보다도) 오래 살다, 장수하다, 살아남다

sur-는 super-의 다른 형으로 「초과」, 「이상」의 의미를 나타낸다.

He *survived* his children. 그는 자식들보다 오래 살았다.
He *survived* the operation. 그는 수술이 성공하여 살아났다.
A few people *survived* the flood. 홍수에서 살아남은 사람이 소수였다.

|관련어| **survivor** 생존자, 유족
- the survivors of the war 전쟁의 생존자들

**survival** 살아남는(장수하는) 것
- have only a small chance of survival 살아남을 가능성이 거의 없다

---

## □ **vitamin** [váitəmin]   명 비타민 : 생물의 정상적인 생리활동에 불가결한 유기화합물

amin-은 「아미노기 화합물」의 의미.

*vitamin* pills 비타민 정제

---

## □ **vivid** [vívid]   형 뚜렷한, 건강한, 생명감 넘치는, 선명한

the *vivid* coloring 선명한 색채
He has a *vivid* personality. 그는 활발한 사람이다.
a *vivid* painting 생동감 넘치는 그림
The accident is still *vivid* in his mind.
그 사고의 기억은 그의 마음에 지금도 선명하게 남아 있다.
a *vivid* impression 강렬한 인상

---

## □ **vivacious** [vivéiʃəs]   형 활발한, 명랑한

a *vivacious* girl 활발한 소녀
a *vivacious* folk dance 경쾌한 민속춤

## □ **vivisect** [vívisèkt] 동 생체 해부하다

sect-는 「자르다」의 의미.

---

## □ **vivisection** [vìvisékʃən] 명 생체 해부
a creature under *vivisection*
생채 해부되어 있는 동물

---

## □ **vivisectionist** [vìvisékʃənist] 명 생체 해부자

---

## □ **revive** [riváiv] 동 소생하게 하다, 되살아나게 하다, 기운이 나다

re-는 「다시」라는 접두사. 「다시 살다」가 원래의 의미.

The quick action of the doctor *revived* the dying man.
의사의 응급처치로 죽어가던 남자가 살아났다.

The wine *revived* the chilled traveler.
꽁꽁 얼었던 여행자가 와인으로 원기를 회복했다.

---

## □ **revival** [riváivəl] 명 회복, 재생, 리바이벌
a *revival* of Charlie Chaplin films
채플린 영화의 리바이벌

**PART 01** 어근(Root)

# voc · vok

라틴어 어근으로 '부르다(call)'를 의미

□ **advocate** [ǽdvəkèit] 통 **옹호하다, 지지하다, 주장하다**
　　　　　　　　　　 명 [ǽdvəkit] **제창자, 지지자**

> ad-는 「~에」란 의미의 접두사, voc-는 「부르다」의 의미이고, -ate는 동사 어미. 「도움을 청해 누군가를 부르다」가 원래의 뜻.

We *advocate* peace. 우리는 평화를 주장하고 있다.

She *advocated* equal rights for women.
그녀는 남녀평등을 주장했다.

He is an *advocate* of reforms in the tax laws.
그는 세제 개혁론자이다.

an *advocate* of disarmament 군축 옹호자

---

□ **evoke** [ivóuk] 통 **(기억 등을) 불러일으키다, 꺼내다**

> e-(=ex-)는 「밖으로」란 의미의 접두사이고, vok-는 「부르다」의 의미. 「밖으로 부르다」, 「불러내다」의 의미.

*evoke* a memory 기억을 불러일으키다
*evoke* laughter 웃음을 자아내다
*evoke* a dead man's spirit 죽은 자의 영혼을 불러내다
*evoke* a violent response from the audience
시청자의 강한 항의를 불러일으키다

293

|관련어| **evocative** 불러일으키는
- The perfume was evocative of spring.
  그 향기는 봄을 생각나게 했다.

---

## □ **invoke** [invóuk] 동 (신에게) 기원하다, (법에) 호소하다, (악마 따위를 주문으로) 불러내다

in-은 「위에」란 의미로 접두사이고, vok-는 「부르다」의 의미. 「위로 부르다」가 「불러내다」로 바뀌어 「(신 등에) 기도하다」라는 의미가 되었다.

*invoke* God's help 신의 도움을 기원하다
*invoke* a person's aid 남에게 원조를 청하다
*invoke* a veto 거부권에 호소하다

|관련어| **invocation** (신·정령 등에 대한) 호소, 기도

---

## □ **provoke** [prəvóuk] 동 화나게 하다, (감정을) 일으키다, 유발시키다, 선동하다

pro-는 「앞에」란 의미의 접두사이고, vok-는 「부르다」의 의미. 「앞서 유발시키다」가 원래의 뜻.

Her refusal *provoked* him. 그녀의 거절은 그를 화나게 했다.
*provoke* his wrath 그의 노여움을 사다
Her question *provoked* an interesting discussion.
그녀의 질문은 흥미진진한 토론의 계기가 되었다.
*provoke* shouts of laughter 웃음이 나오게 하다

|관련어| **provoking** 화가 나는, 울화가 치미는
- How provoking of them to say a thing!
  그런 말을 하다니 정말 울화가 치미는군.

**provocation** 분개, 도발
- He started the fight on the slightest provocation.
  그는 별것도 아닌 일로 싸움을 시작했다.

- under provocation 분개하여, 도발을 받고

**provocative** 도발적인
- provocative **remarks** 도발적인 발언

---

## □ **revoke** [rivóuk] 동 취소하다, 무효로 하다

re-는 「뒤쪽에」란 의미의 접두사이고, vok-가 「부르다」의 의미. 「뒤쪽으로 부르다」가 원래의 뜻.

*revoke* **a license** 면허를 취소하다
*revoke* **a proclamation** 성명을 철회하다

|관련어| **irrevocable** 취소할 수 없는
- The past is irrevocable. 과거는 되돌릴 수 없다.

**revocation** 취소
- Drunken driving will result in the revocation of one's driver's license.
음주운전은 운전면허 취소를 초래한다.

---

## □ **vocation** [voukéiʃən] 명 재능, 성소, 천직, 신의 뜻

voc-는 「부르다」의 의미이고, -tion은 「행위」, 「상태」를 나타내는 명사어미. 「신에게 부름 받는 것」, 「신의 부르심, 신이 정해주신 것」이 원래의 의미.

**He has not yet discovered a** *vocation***.**
그는 아직 천직을 찾지 못했다.

**feel no** *vocation* **for the work**
그 일에 사명감을 느끼지 못하다

|관련어| **vocational** 직업의
- vocational **education** 직업교육
- vocational **training** 직업훈련
- vocational **guidance** 직업지도

**PART 01** 어근(Root)

# volv · volut

라틴어 어근으로
'회전하다, 감다(roll)'를 의미

□ **evolve** [iválv]  동 서서히 발전(전개)시키다, 인도해내다, (진화) 발전시키다

> e-(=ex-)는 「밖으로」란 의미의 접두사이고, volv-는 「회전하다」의 의미. 「밖으로 회전하다」, 「전개하다」가 원래의 뜻.

He *evolved* a plan for increasing sales.
그는 판매증진계획을 개발했다.

Their plan *evolved* by trial and error.
그들의 계획은 시행착오를 거듭하여 발전했다.

Over the years, the small business *evolved* into a large corporation.
오랜 세월을 거쳐 그 작은 회사는 대기업으로 발전했다.

The jet airliner has *evolved* from the Wright brother's small airplane.
제트기는 라이트형제가 만든 작은 비행기에서 진화된 것이다.

|관련어| **evolution** 발전, 진화, 전개
- the evolution of man 인류의 진화
- the evolution of the airplane 비행기의 발달
- the evolution of the novel 소설의 전개
- the theory of evolution 진화론

296

## involve [inv́ʌlv] 동 말려들게 하다, 필연적으로 수반하다, 몰두시키다, 복잡하게 하다, 관련시키다, 관계하다

in-은 「안에」란 의미의 접두사이고, volu-는 「감다」의 의미. 「안으로 말려 들게 하다」가 원래의 뜻.

He got *involved* in the dispute.
그는 그 논쟁에 말려들었다.

Does your job *involve* meeting a lot of people?
일하실 때 많은 사람을 만나게 됩니까?

He was so *involved* in his work that he refused to go home.
그는 일에 몰두하여 집에 가려고 하지 않았다.

I don't want to get *involved* in your argument with him.
나는 너와 그의 논쟁에 휘말리고 싶지 않다.

|관련어| involved 복잡한
- His explanation was too involved for us to understand.
  그의 설명은 너무 난해해서 우리는 이해할 수 없었다.

involvement 말려듦, 관련, 연좌, 포함, 곤란
- The nightclub owner's involvement with gangsters was well known.
  그 나이트클럽 경영자와 폭력단이 연루되어 있다는 사실은 잘 알려져 있었다.

---

## revolve [riv́ʌlv] 동 순환하다, 회전하다, 회전시키다, (마음 속에) 맴돌다, 곰곰이 생각하다

re-는 「다시」란 의미의 접두사이고, volv-는 「회전하다」의 의미. 「빙빙 돌 다」가 원래의 뜻.

The earth *revolves* around the sun. 지구는 태양 주위를 돈다.
Several ideas *revolved* around in my mind.
몇 가지 생각이 머리 속에 맴돌았다.

*revolve* ideas around in one's mind
여러 가지 생각이 떠오르다

**The seasons *revolve* every year.**
해마다 계절은 돌아온다.

| 관련어 | **revolving** 회전하는
- a revolving door 회전문

**revolver** 리볼버 : 회전식 연발권총

**revolution** 혁명, 대개혁, 1회전
- a social revolution brought about by automation
  자동화가 초래한 사회적 대혁명

**revolutionary** 혁명적인, 혁명가
- a revolutionary idea 혁명적 사고
- revolutionary discoveries 혁명적 발견

---

□ **revolt** [rivóult]  동 반란하다, 반발하다, 불쾌하게 하다
　　　　　　　　　　명 반란, 폭동, 반감, 불쾌

re-는 「뒤쪽에」라는 의미의 접두사, volt-는 「회전하다」의 의미. 「뒤쪽으로 돌다」, 「등을 돌리다」가 원래의 뜻.

**They *revolted* against their foreign ruler.**
그들은 외국의 지배자에 대항해서 반란을 일으켰다.

**He was *revolted* by the smell and became sick.**
그 냄새가 역하여 속이 메스꺼워졌다.

**The *revolt* began at dawn.**
그 폭동은 새벽에 시작되었다.

| 관련어 | **revolting** 불쾌감을 일으키는
- the revolting odor of burning rubber
  고무 타는 역한 냄새
- His ideas on marriage were revolting to her.
  그의 결혼관에 그녀는 불쾌했다.

PART **02**

접두사(Prefix)

접사에는 접두사(prefix)와 접미사(suffix)가 있다. 접사는 각각 의미나 기능을 갖고 있으며 어근과 결합해서 그 의미나 품사를 바꾸는 역할을 한다.

접두사는 품사를 변화시키지는 않지만 의미를 변화시킨다. 접미사는 원어의 품사를 변화시키는 것이 특징이며, 의미를 변화시키는 것도 있고 변화시키지 않는 것도 있다.

접사는 모든 단어에 붙지 않는다. 접사를 붙일 수 있는 단어와 붙일 수 없는 단어가 있다는 것을 알고 기본적인 접두사를 배워 보자. Part 2의 단어를 모두 암기할 필요는 없지만(암기한다고 해서 나쁠 리는 없다) 접사의 기능과 의미만은 꼭 이해해 주기 바란다.

## PART 02 접두사(Prefix)

## un

❶ 형용사와 그것에서 파생한 부사 및 명사에 붙어 「부정」의 의미를 나타낸다.
❷ 동사에 붙어, 어떤 행위나 상태의 「반대」를 의미하거나 「제거」, 「박탈」 등의 의미를 나타낸다.

### ❶의 예

- □ **unacceptable** [ʌ̀nəkséptəbl] 혱 받아들이기 어려운
- □ **unadvanced** [ʌ̀nədvǽnst] 혱 발전되지 않은
- □ **unavoidable** [ʌ̀nəvɔ́idəbl] 혱 피할 수 없는
- □ **unbearable** [ʌ̀nbɛ́(:)ərəbl] 혱 견딜 수 없는
- □ **uncertain** [ʌnsə́ːrtən] 혱 불확실한
- □ **uncertainty** [ʌnsə́ːrtənti] 몡 의심, 불확실성
- □ **unchristian** [ʌ̀nkrístʃən] 혱 기독교도가 아닌
- □ **unconscious** [ʌnkánʃəs] 혱 무의식의
- □ **unemployed** [ʌ̀nimplɔ́id] 혱 실직한
- □ **unfair** [ʌ̀nfɛ́ər] 혱 불공평한
- □ **unhappy** [ʌnhǽpi] 혱 불행한
- □ **unhealthy** [ʌnhélθi] 혱 건강하지 못한
- □ **unlucky** [ʌnlʌ́ki] 혱 공교로운, 실패한
- □ **unpaid** [ʌnpéid] 혱 지불되지 않은
- □ **untouchable** [ʌntʌ́tʃəbl] 혱 만질 수 없는

- **unpopular** [ʌnpápjələr] 형 인기가 없는
- **unreasonable** [ʌnríːzənəbl] 형 이치가 통하지 않는
- **unsound** [ʌnsáund] 형 불건전한

### ❷의 예

- **unarm** [ʌnáːrm] 동 ~의 무장을 해제하다
- **unbelt** [ʌ̀nbélt] 동 띠를 끄르다(풀다)
- **unbend** [ʌ̀nbénd] 동 (구부러진 것을) 펴다
- **unbolt** [ʌ̀nbóult] 동 (빗장을 벗기거나 하여) 열다
- **unbutton** [ʌ̀nbʌ́tən] 동 단추를 끄르다
- **uncase** [ʌ̀nkéis] 동 상자에서 꺼내다
- **uncork** [ʌnkɔ́ːrk] 동 (병 등의) 코르크·마개를 뽑다
- **uncover** [ʌnkʌ́vər] 동 뚜껑(덮개)을 벗기다
- **unearth** [ʌnɔ́ːrθ] 동 발굴하다
- **unfold** [ʌnfóuld] 동 (접어 갠 것을) 펴다
- **unfurl** [ʌnfɔ́ːrl] 동 돛·우산 등을 펴다
- **unload** [ʌnlóud] 동 짐을 내리다
- **unlock** [ʌ̀nlák] 동 자물쇠를 열다
- **unpack** [ʌ̀npǽk] 동 (보따리·짐을) 풀다
- **unroot** [ʌnrúːt] 동 근절하다
- **unscrew** [ʌnskrúː] 동 나사를 빼다
- **unship** [ʌnʃíp] 동 배에서 부리다, 하선시키다
- **unwrap** [ʌnrǽp] 동 (꾸러미를) 열다
- **unzip** [ʌnzíp] 동 지퍼를 내리다

## PART 02 접두사(Prefix)

## in

「부정」의 의미를 나타낸다. *l의 앞에서는 il-, r의 앞에서는 ir-, p/b/m의 앞에서는 im-이 된다. un-이 영어에서 온 말에 널리 쓰이는 데 비해 in-은 라틴어에서 온 말에만 쓰인다.

### IN-의 예

- **inaccurate** [inǽkjərit] 형 부정확한
- **inconvenient** [ìnkənvíːnjənt] 형 불편한
- **incorrect** [ìnkərékt] 형 부정확한
- **incredible** [inkrédəbl] 형 믿을 수 없는
- **incredulous** [inkrédʒələs] 형 의심이 많은
- **indirect** [ìndərékt] 형 간접적인
- **indiscriminate** [ìndiskrímənit] 형 무차별의
- **indispensable** [ìndispénsəbl] 형 없어서는 안 되는
- **indisputable** [ìndispjúːtəbl] 형 논쟁의 여지가 없는
- **ineffective** [ìniféktiv] 형 효과 없는
- **inequality** [ìni(ː)kwáləti] 명 불평등
- **infamous** [ínfəməs] 형 불명예스러운 *발음에 주의
- **informal** [infɔ́ːrməl] 형 비공식의

- **inhuman** [inhjúːmən] 형 몰인정한, 냉정한
- **injustice** [indʒʌ́stis] 명 불법, 부정
- **insane** [inséin] 형 제정신이 아닌
- **invincible** [invínsəbl] 형 정복할 수 없는, 무적의
- **invisible** [invízəbl] 형 눈에 보이지 않는

### IM-의 예

- **immature** [imətʃúər] 형 미숙한 *발음에 주의
- **immeasurable** [iméʒərəbl] 형 측정할 수 없는
- **immoral** [imɔ́(ː)rəl] 형 부도덕한
- **immortal** [imɔ́ːrtəl] 형 불사의
- **impatient** [impéiʃənt] 형 성급한
- **imperfect** [impə́ːrfikt] 형 불완전한
- **improper** [imprápər] 형 부적당한, 어울리지 않는
- **impurity** [impjú(ː)ərəti] 명 불결, 불순

### IL-의 예

- **illegal** [ilíːgəl] 형 위법의, 비합법적인
- **illegible** [ilédʒəbl] 형 읽기 어려운
- **illimitable** [ilímitəbl] 형 무한의
- **illicit** [ilísit] 형 불법의, 불의한
- **illiterate** [ilítərit] 형 무식한

- **illiteracy** [ilítərəsi] 명 문맹
- **illusion** [iljúːʒən] 명 환상
- **illogical** [iládʒikəl] 형 비논리적인

### IR-의 예

- **irrational** [irǽʃənəl] 형 불합리한
- **irreclaimable** [ìrikléiməbl] 형 돌이킬 수 없는
- **irrecognizable** [irékəgnàizəbl] 형 분간할 수 없는
- **irregular** [irégjələr] 형 불규칙한
- **irrelevant** [iréləvənt] 형 부적절한, 빗나간
- **irrespective** [ìrispéktiv] 형 ~에 관계없이
- **irresponsible** [ìrispánsəbl] 형 무책임한
- **irrevocable** [irévəkəbl] 형 다시 부를 수 없는

## PART 02 접두사(Prefix)

# non

비(非), 불(不), 무(無) 등의 의미. in-/un-도 「부정」의 의미를 나타내지만 non-은 in-/un-보다 소극적인 부정이다. He is non-American.이라고 하면 「그는 미국인이 아니다.」라는 의미이지만, He is un-American.은 「그는 미국의 생활습관이나 미국 민주주의의 이상에 반하고 있다.」라는 강한 의미가 된다.

- **nonadmission** [nànədmíʃən] 명 입장 사절
- **nonage** [nánidʒ] 명 미성년 *발음에 주의
- **nonaggression** [nànəgréʃən] 명 불가침
- **noncooperation** [nànkouàpəréiʃən] 명 비협력
- **nondelivery** [nàndilívəri] 명 배달 불능
- **nonfiction** [nɑnfíkʃən] 명 (소설, 이야기 이외의) 산문 문학
- **nonmember** [nɑnmémbər] 명 회원 이외의 사람
- **nonmetal** [nɑnmétəl] 명 비금속
- **nonofficial** [nànəfíʃəl] 형 비공식의
- **nonpartisan** [nɑnpá:rtizən] 형 초당파의, 무소속의
- **nonprofessional** [nànprəféʃənəl] 형 직업적이 아닌
- **nonprofit** [nɑnpráfit] 형 비영리적인
- **nonresistance** [nànrizístəns] 명 무저항주의
- **nonsense** [nánsens] 명 무의미한 말, 넌센스
- **nonsmoker** [nɑnsmóukər] 명 금연가
- **nonstop** [nánstáp] 형 직행의 부 직행으로

## PART 02 접두사(Prefix)

# an · am · a

「비(非), 무(無), 결여」 등의 의미

□ **atom** [ǽtəm]　명 원자

tom-은 「나누다」의 의미이고, 「더 이상 나눌 수 없는 것」이 원래의 의미.

□ **abysmal** [əbízməl]　형 바닥을 알 수 없는, 나락의

□ **abyss** [əbís]　명 심해, 깊은 구렁

byss-는 「바다 밑」의 의미, 「바닥을 알 수 없을 정도로 깊은」이 원래의 의미.

□ **ambrosia** [æmbróuʒə]　명 신의 음식, 신찬, 맛있는 음식, 진미

bros-는 「죽어야 할」의 의미.

□ **atheism** [éiθiìzəm]　명 무신론

the-는 「신」의 의미.

□ **atheist** [éiθiist] 몡 무신론자

□ **anonym** [ǽnənim] 몡 가명, 익명, 익명자, 작자 불명의 작품

onym-은 「이름」의 의미.

□ **anonymous** [ənánəməs] 혱 작자 불명의, 익명의

□ **anonymity** [æ̀nəníməti] 몡 익명, 정체 불명의 인물

## PART 02 접두사(Prefix)

# dis · di

❶ 형용사, 명사, 동사에 붙어 「부정」의 의미를 나타낸다.
❷ 동사에 붙어 「반대」의 의미를 나타낸다.
❸ 명사에 붙어 「분리」, 「박탈」의 의미를 나타내는 동사를 만든다.

---

□ **disadvantage** [dìsədvǽntidʒ]　명 불리한 입장, 손실

His poor sight is a great *disadvantage* to him.
시력이 약한 것이 그에게 있어서 커다란 핸디캡이다.

---

□ **disagree** [dìsəgríː]　동 일치하지 않다, 체질에 맞지 않다

He *disagreed* with me on every issue.
그는 모든 문제에서 나와 의견이 맞지 않았다.

Garlic *disagrees* with me.
마늘은 나의 체질에 안 맞는다.

---

□ **disappear** [dìsəpíər]　동 소멸하다, 사라지다

The boy *disappeared* down the road.
그 소년은 길 아래쪽으로 사라졌다.

---

□ **disappoint** [dìsəpɔ́int]　동 실망시키다

His conduct *disappointed* us.
그의 행동에 우리는 실망했다.

- **disapprove** [dìsəprúːv] 동 불가하다고 하다, 안 된다고 하다

  His proposal was *disapproved*. 그의 제안은 부결되었다.

- **disarmament** [disáːrməmənt] 명 무장 해제, 군축

  a *disarmament* conference 군축 회의

- **discord** [dískɔːrd] 명 불일치, 불화, 소음, 불협화음, 내분, 알력

- **discourage** [diskə́ːridʒ] 동 용기를 잃게 하다, 낙담시키다

  Don't be *discouraged*. 기죽지 마세요.

- **discredit** [diskrédit] 동 ~의 신용을 손상시키다

  The scandal *discredited* the politician.
  스캔들로 인해 그 정치가의 평판이 나빠졌다.

- **disgrace** [disgréis] 명 불명예, 면목 없음

  the *disgrace* of being arrested for bribery
  뇌물수수로 체포되는 불명예

- **dishonest** [disánist] 형 정직하지 않은

  a *dishonest* person 정직하지 않은 사람

- **dishonor** [disánər] 명 불명예

  an act of *dishonor* 불명예스런 행위

- **disorder** [disɔ́ːrdər] 명 정돈 안 됨, 혼란

fall into *disorder* 혼란에 빠지다
The kitchen was in *disorder*. 부엌이 어질러져 있었다.

## □ **displease** [displíːz] 동 기분 나쁘게 하다, 불쾌하게 하다
She is *displeased* with me. 그녀는 나를 불쾌하게 생각하고 있다.

## □ **dispose** [dispóuz] 동 정리(배치)하다

pose-는 「두다」의 의미.

*dispose* one's employees to good effect
종업원을 효과적으로 배치하다

## □ **distasteful** [distéistfəl] 형 (맛이) 없는, 싫은

## □ **distrust** [distrʌ́st] 동 신용하지 않다
I *distrust* his words. 나는 그의 말을 신용하지 않는다.

## □ **disarm** [disáːrm] 동 무장 해제하다
*disarm* him of his weapons 그를 무장 해제하다

## □ **disabled** [diséibld] 형 불구가 된

## □ **disbar** [disbáːr] 동 변호사의 자격을 박탈하다

## □ **disinherit** [dìsinhérit] 동 상속권을 박탈하다, 유산을 빼앗다

## PART 02 접두사(Prefix)

## en

「~의 안에」라는 의미를 나타내고 대상을 무엇인가에 「넣다」, 「특정한 상태로 하다」라는 의미를 부여하여 명사나 형용사를 타동사로 만든다.
동사를 타동사로 만드는 기능도 있지만 타동사인 것에 붙는 경우에는 타동사의 성질을 확실히 나타내는 역할을 한다. 또, b/m/p의 앞에서는 em-이 된다.

- **encamp** [inkǽmp] 동 야영하다(시키다)
  The army was *encamped* outside the walls.
  군대는 성벽 밖에서 야영하고 있었다.

- **encircle** [insə́:rkl] 동 포위하다
  a yard *encircled* with flowers
  꽃에 둘러싸인 정원

- **enclose** [inklóuz] 동 포위하다
  *enclose* a garden 정원에 울타리를 치다

- **encourage** [inkə́:ridʒ] 동 기력(용기)을 북돋우다
  be *encouraged* by one's success
  누군가의 성공에 고무되다

- **endanger** [indéindʒər] 동 위험에 빠뜨리다
  *endangered* species 멸종 위기에 있는 품종

- □ **endear** [indíər]  동 애정을 느끼게 하다
  His honesty *endeared* him to his colleagues.
  그는 정직해서 동료들로부터 사랑을 받았다.

- □ **enfold** [infóuld]  동 둘러싸다, 포옹하다
  She was *enfolded* in a blanket.
  그녀는 담요를 뒤집어쓰고 있었다.

- □ **enlarge** [inlá:rdʒ]  동 확대하다
  an *enlarged* edition 증보판
  an *enlarged* photo 확대한 사진

- □ **enlighten** [inláitən]  동 계발하다, 계몽하다
  His lecture *enlightened* the audience.
  그의 강의로 청중은 계몽되었다.

- □ **enrage** [enréidʒ]  동 노하게 하다
  Her impudence *enraged* him.
  그녀의 뻔뻔스러움에 그는 격노했다.

- □ **enrich** [inrítʃ]  동 유복하게 하다
  *enrich* oneself 부자가 되다
  *enrich* a nation by trade 무역으로 나라를 부강하게 하다

- □ **enshrine** [inʃráin]  동 (성당에) 안치하다, 소중히 하다
  *enshrine* the nation's ideals
  국가의 이상을 소중히 하다

- **enslave** [insléiv] 통 노예로 삼다, 포로로 하다
  be *enslaved* by the Romans 로마인의 노예가 되다
  be *enslaved* to superstition 미신의 노예가 되다

- **ensure** [inʃúər] 통 ~을 책임지다, 보증하다, ~을 안전하게 지키다
  This medicine will *ensure* you a good nights sleep.
  이 약을 먹으면 틀림없이 푹 잘 수 있다.

- **entangle** [intǽŋgl] 통 얽히게 하다, 휩쓸려 말려들게 하다
  He got himself *entangled* in some dishonest business dealings. 그는 부정직한 거래에 말려들었다.

- **enthrone** [inθróun] 통 왕위에 앉히다, 즉위시키다, 깊이 존경하다

- **entrap** [intrǽp] 통 (동물을) 올가미에 걸어서 붙잡다, 함정에 빠뜨리다
  *entrap* a person into committing a crime
  사람이 범죄를 일으키도록 함정에 빠뜨리다

- **enwrap** [inrǽp] 통 싸다, 휘감다
  a baby *enwrapped* in blankets 담요에 싸인 아기

- **embrace** [imbréis] 통 껴안다
  *embrace* a child 아이를 껴안다

- **embitter** [imbítər] 동 비참하게 하다, 적의를 품게 하다
  The verdict *embittered* me against the judge.
  그 평결로 인해 나는 판사에 대해 적대감을 갖게 되었다.

- **embody** [imbádi] 동 구체화하다, 실현하다, 담고 있다
  *embody* an ideal 이상을 실현하다

- **embellish** [imbéliʃ] 동 장식하다, 아름답게 하다
  *embellish* an altar with flowers
  제단을 꽃으로 장식하다

## PART 02 접두사(Prefix)

# be

❶ 동사에 붙어 「널리」, 「주위에」, 「완전하게」, 「과도하게」 등의 의미를 나타낸다.
❷ 명사에 붙어 타동사를 만들고 「~로 만들다」, 「~로 덮다」의 뜻을 나타낸다.

- **beset** [bisét] 동 포위하다, 에워싸다, 괴롭히다, 박아 넣다
  He was *beset* by doubts. 그는 의혹에 사로잡혀 있었다.

- **bedaub** [bidɔ́ːb] 동 마구 칠하다, 문질러 바르다

- **besmear** [bismíər] 동 더덕더덕 바르다, 더럽히다

- **berate** [biréit] 동 시끄럽게 꾸짖다, 심하게 꾸짖다

- **befriend** [bifrénd] 동 ~의 편이 되다, ~을 돌보아 주다
  She *befriended* me when I first arrived in New York.
  그녀는 내가 처음 뉴욕에 도착했을 때 여러모로 돌봐주었다.

- **becloud** [bikláud] 동 구름으로 덮다, 혼란시키다

- **befall** [bifɔ́ːl] 동 일어나다, 닥치다
  A misfortune *befell* to his sister. 불행한 일이 그의 누나에게 닥쳤다.

□ **befit** [bifít] 동 어울리다, 적당하다

□ **befog** [bifág] 동 안개로 덮다, (사람을) 혼란시키다

□ **befool** [bifúːl] 동 우롱하다, 속이다

□ **beget** [bigét] 동 (자식을) 얻다, 생기게 하다
Money *begets* money. 돈이 돈을 번다.
Blood *begets* blood. 피는 피를 부른다.

□ **behave** [bihéiv] 동 행동하다, 작용(작동)하다
*Behave* yourself! 점잖게 행동하라.
They *behaved* like animals. 그들은 짐승처럼 행동하였다.

□ **behead** [bihéd] 동 목을 베다, 참수하다

□ **behold** [bihóuld] 동 보다

□ **bemoan** [bimóun] 동 슬퍼하다, 한탄하다
He *bemoaned* his bitter fate.
그는 자신의 비참한 운명을 한탄했다.

□ **beseem** [bisíːm] 동 어울리다

□ **bespeak** [bispíːk] 동 예약하다, 보이다, ~의 징조이다

Every seat is already *bespoken*.
모든 좌석이 이미 다 예약되었다.

---

□ **betray** [bitréi]  동 (적에게) 팔다, 배반하다
He *betrayed* the secret to enemy agents.
그는 적의 첩자들에게 비밀을 누설했다.

---

□ **beware** [biwɛ́ər]  동 조심하다, 경계하다
*Beware* what you say. 말조심하시오.
*Beware* of the dog. 개조심

# inter

「~ 사이의」, 「상호의(에)」의 의미

## □ **interfere** [ìntərfíər] 동 방해하다, 간섭하다

fer-는 「치다」의 의미. 「사이에 들어가 치다」가 원래의 뜻.

Don't *interfere* with me. 방해하지 말아 주십시오.
*interfere* in another person's affairs
남의 일에 간섭하다

## □ **interaction** [ìntərǽkʃən] 명 상호작용

## □ **inter-American** [ìntərəmérikən] 형 미대륙 간의

## □ **interstate** [ìntərstéit] 형 각주 사이의

## □ **intercede** [ìntərsíːd] 동 조정하다, 중재하다

cede-는 「가다」의 의미, 「사이에 들어가 조정하다」가 원래의 뜻.

*intercede* with the President for a pardon
대통령께 사면을 청원하다

- □ **intercontinental** [ìntərkàntənéntəl] 형 대륙간의

- □ **interdependent** [ìntərdipéndənt] 형 상호의존의

- □ **international** [ìntərnǽʃənəl] 형 국제적인, 국제상의
  *international* law 국제법

- □ **interfaith** [ìntərféiθ] 형 종파를 초월한, 종파간의

- □ **intergalactic** [ìntərgəlǽktik] 형 은하계 사이의

- □ **intervene** [ìntərvíːn] 동 사이에 넣다, 조정하다, 개입하다

  ven-은 「오다」의 의미.

  *intervene* in a fight 싸움의 중재를 하다

# circ · circum

「주위」, 「회전」 등의 의미

## circumambulate [sə̀ːrkəmǽmbjəlèit]
동 두루 돌아다니다, 방황하다

ambulate는 「걷다」의 의미.

## circumcise [sə́ːrkəmsàiz] 동 할례를 행하다

cise-는 「자르다」의 의미.

## circumspect [sə́ːrkəmspèkt] 형 신중한, 주의 깊은

spect-는 「보다」의 의미. 「주위를 보다」→「주의 깊은」.

Teachers should be *circumspect* in their behavior.
교사는 신중하게 행동해야 한다.

## circumference [sərkʌ́mfərəns]
명 주변지역, 원주, 영역

fer-는 「나르다」의 의미.

## circumflex [sə́:rkəmflèks] 명형 곡절 악센트기호(를 붙인)

flex-는 「구부리다」의 의미.

## circumfluent [sərkʌ́mfluənt]
형 주위를 흐르는, 환류(還流)하는

## circumnavigate [sə̀:rkəmnǽvəgèit]
동 ~을 주항(周航)하다, 배로 (세계를) 일주하다

Magellan died before he could finish *circumnavigating* the globe.
마젤란은 세계일주 항해를 완수하기 전에 죽었다.

## circumvolve [sə̀:rkəmválv] 동 회전하다(시키다)

## circumstance [sə́:rkəmstæ̀ns]
명 [보통 pl.] 상황, 환경, 사정

「주위에 서 있는 것」이 「부수하는 사정」의 의미로 바뀌었다.

Under what *circumstances* did you leave your last job?
하시던 일은 무슨 사정으로 그만두게 되었습니까?

## circumscribe [sə̀:rkəmskráib]
동 제한하다, ~의 둘레에 선을 긋다, 단락을 짓다, 경계를 정하다

scrib-는 「쓰다」의 의미. 「주위에 선을 긋다」가 원래의 뜻.

## ☐ **circumlocution** [sə̀ːrkəmloukjúːʃən]
명 빗댄 말들, 완곡한 표현

without *circumlocution* 단도직입적으로

---

## ☐ **circumvent** [sə̀ːrkəmvént]  통 선수를 쓰다, 함정에 빠뜨리다, 회피하다, 에워싸다

vent-는 「오다」의 의미. 「주위에 오다」, 「포위된」이 원래의 뜻.

He tried to *circumvent* the law.
그는 법률을 빠져나갈 길을 찾으려 했다.

---

## ☐ **circuit** [sə́ːrkit]  명 순회, 회로, 회전

it-은 「가다」의 의미, 「한 바퀴 회전한」이 원래의 뜻.

make the *circuit* of the town
마을을 한 바퀴 돌다

---

## ☐ **circuitous** [sərkjúːitəs]  형 돌아가는 길(우회)의, 완곡한

He returned by a *circuitous* route.
그는 우회길로 귀가했다.

**PART 02** 접두사(Prefix)

## per

「~을 통하여」, 「~을 빠져나가」, 「잘못하여」, 「완전하게」 등의 의미

☐ **perambulate** [pəræmbjəlèit] 동 배회하다, 답사하다

per-는 「통하여」의 의미이고, ambulate는 「걷다」의 의미.

☐ **perceive** [pərsíːv] 동 눈치채다, 지각(知覺)하다, 이해하다, 알다

ceiv-는 「잡다」, 「붙잡다」의 의미. 「완전히 잡다」가 원래의 뜻.

Although it was dark, I *perceived* someone coming in.
어두웠지만 나는 누군가가 들어오는 것을 알아챘다.

I could not *perceive* what he meant.
그가 무엇을 말하려는 것인지 이해되지 않았다.

☐ **percolate** [pə́ːrkəlèit] 동 여과하다, 거르다, 스며들다

col-은 「거르다」의 의미.

Water *percolated* through the sand.
물이 모래로 스며들었다.

☐ **percolator** [pə́ːrkəlèitər] 명 여과기, (커피용의) 퍼컬레이터

□ **perjure** [pə́:rdʒər] 동 위증하다, 맹세를 저버리게 하다

□ **perplex** [pərpléks] 동 당혹하게 하다, 현혹시키다, 혼란스럽게 하다

per-는 「잘못하여」, plex-는 「구부리다」의 의미.

*perplex* a person with questions 사람을 질문으로 곤란하게 하다
The problem *perplexed* him. 그 문제가 그를 당혹스럽게 했다.

□ **permeate** [pə́:rmièit] 동 스며들다, 투과하다, 침투하다
The air is *permeated* with smoke. 연기가 공중에 퍼졌다.
Advertising *permeates* our lives.
광고가 우리들의 생활에 침투하고 있다.

□ **perpetual** [pərpétʃuəl] 형 영구의, 영속하는, 종신의, 부단한, 끊임없는

*perpetual* snow 만년설
*perpetual* punishment 종신형
her *perpetual* chatter 그녀의 쉴 새 없는 수다

□ **perplexity** [pərpléksəti] 명 당혹, 혼란
in *perplexity* 당혹하여
to one's *perplexity* 난처하게도

□ **persevere** [pə̀:rsəvíər] 동 목적을 관철하다, 참다, 견디다, 해내다

*persevere* in one's efforts 부단히 노력하다
*persevere* in a task 일에 전념하다

325

**PART 02** 접두사(Prefix)

## sub

「밑에」, 「하위」, 「부(副)」 등의 의미. *c / f / g / p / r의 앞에서는 각각 suc-, suf-, sug-, sup-, sur-로 되고, m의 앞에서는 sum- 또는 sub-, s의 앞에서는 sus- 또는 sub-로 된다.

---

☐ **subconscious** [sʌ̀bkánʃəs] 형 잠재의식의, 어렴풋이 기억하고 있는

---

☐ **submarine** [sʌ́bməriːn] 명 잠수함

mari-은 「바다」의 의미.

---

☐ **subcutaneous** [sʌ̀bkjuːtéiniəs] 형 피하의

a *subcutaneous* injection 피하 주사

---

☐ **subdue** [səbdjúː] 동 정복하다, 억제하다, 가라앉히다, (목소리 따위를) 낮추다

She tried to *subdue* her anger. 그녀는 분노를 가라앉히려고 애를 썼다.
Rome *subdued* Gaul. 로마는 갈리아를 정복했다.

---

☐ **subliminal** [sʌblímənəl] 형 의식에 오르지 않는, 잠재의식의

- □ **submerge** [səbmə́ːrdʒ] 동 물 속에 가라앉히다, 담그다, 잠수하다

    The road was *submerged* in mud. 길이 진흙 속에 덮혔다.

- □ **subsidiary** [səbsídièri] 형 보조의, 부차적인
    a *subsidiary* source of income 보충 수입원
    a *subsidiary* issue 부차적 문제
    a *subsidiary* company 자회사
    a *subsidiary* business 부업

- □ **subsidy** [sʌ́bsidi] 명 조성금, 보조금, 교부금

- □ **subsidize** [sʌ́bsidàiz] 동 (정부가) 보조금을 지급하다, 매수하다

## PART 02 접두사(Prefix)

# post

「뒤에」, 「뒤(나중)의」 등의 의미

☐ **postdate** [poustdéit] 동 실제보다 날짜를 늦추다

☐ **posterior** [pɑstí(:)əriər] 형 후반(부)의, 나중의

☐ **postgraduate** [poustgrǽdʒuit] 형명 대학 졸업후의, 대학원의(학생)

the *postgraduate* course 대학원 과정

☐ **posthumous** [pástʃəməs] 형 사후의

a *posthumous* medal 사후에 수여되는 훈장
a *posthumous* work (저자의 사후에 출판된) 유작
a *posthumous* child 유복자
confer *posthumous* honors 추서하다

☐ **post meridian** [pòustmərídiən] 형 오후의, 오후에 일어나는

post meridiem은 라틴어로 「오후」의 의미. *약어 : p.m.

- **postern** [póustəːrn] 명|형 뒷문(의)

- **post-treaty** [pòustríːti] 형 조약 후의

- **postwar** [póustwɔ́ːr] 형 전후(戰後)의

- **postnatal** [pòustnéitəl] 형 출생 후의

    nat-은 「낳다」의 의미.

    *postnatal* care for mother and baby
    산후 산모와 아기의 몸조리

- **postscript** [póustskrìpt] 명 추신

    script-는 「쓰다」의 의미. *약어 : p.s.

**PART 02 접두사(Prefix)**

# sur · super · supr

「위에(의)」, 「이상」, 「과도」, 「극도」 등의 의미

□ **surname** [sə́ːrnèim]　명 성, 성씨

□ **survive** [sərváiv]　동 ~보다 오래 살다, 살아남다

He *survived* his children.
그는 자식들보다 오래 살았다.

Few animals *survived* after the forest fire.
산불 후에 살아남은 동물은 거의 없었다.

□ **surface** [sə́ːrfis]　명 표면, 수면

the choppy *surface* of the lake
잔물결이 이는 호수 표면

□ **surpass** [sərpǽs]　동 보다 낫다, 능가하다, 넘다

She *surpassed* her sister in French.
그녀는 프랑스어 실력이 언니보다 나았다.

a faculty that *surpasses* human capabilities
사람의 능력을 초월하는 재능

□ **survey** [səːrvéi]  동 바라보다, 개관하다, 조사하다, 측량하다
명 [sə́ːrvei] 봄, 개관, 측량, 조사

「위로 보다」가 원래의 의미.

He took a brief *survey* of the garden.
그는 정원을 잠시 둘러보았다.

a *survey* of European history 유럽 역사 개론

□ **superficial** [sjùːpərfíʃəl]  형 면적의, 표면의, 외견상의

fic-는 「표면」의 의미.

*superficial* dimensions 면적
*superficial* wound 외상
a *superficial* interpretation 피상적인 해석

□ **superfine** [sjùːpərfáin]  형 극상의, 최고급의, 지나치게 세밀한

□ **superintendent** [sjùːpərinténdənt]
명 지도감독자, 관리자(인), 지배인, [미국] 건물 관리인

□ **superhuman** [sjùːpərhjúːmən]  형 초인적인

□ **supernatural** [sjùːpərnǽtʃərəl]  형 초자연의, 불가사의한

- **superiority** [sju(:)pìərió(:)rəti]  명 우월, 상위, 우세, 우위

- **supervise** [sjú:pərvàiz]  동 감독(관리)하다, 지휘(지도)하다

- **supersensitive** [sjù:pərsénsətiv]
  형 극히 예민한, 고감도의

- **superstition** [sjù:pərstíʃən]  명 미신
  do away with a *superstition* 미신을 타파하다

## PART 02 접두사(Prefix)

# tra · trans

「넘어서」, 「관통하여」, 「통하여」 등의 의미

---

☐ **transcend** [trænsénd]  图 넘다, 초과하다, 낫다

「넘어 오르다」가 원래의 의미.

*transcend* the limits of human knowledge
인지의 한계를 넘다

☐ **transcribe** [trænskráib]  图 필기하다, 베껴 쓰다, 녹음(녹화)하다, 방영하다

scrib-은 「쓰다」의 의미.

☐ **transcript** [trǽnskript]  图 사본, 번역한 것, (학교의) 성적증명서

☐ **transfix** [trænsfíks]  图 (끝이 뾰족한 것으로) 꿰뚫다, 선 채 꼼짝 못하다

be *transfixed* with terror
공포로 꼼짝하지도 못하다

## □ **transform** [trænsfɔ́ːrm]  동 (형태들을) 바꾸다, 변형하다

The city was *transformed* into a battle field.
그 도시가 전쟁터로 바뀌었다.

Getting the new job has completely *transformed* her.
새 직장에 취직하더니 그녀는 완전히 달라졌다.

## □ **transfuse** [trænsfjúːz]  동 붓다, 불어넣다, 스며들게 하다, 수혈하다

> fuse-는 「붓다」의 의미, 「넘게 붓다」가 원래의 뜻.

clouds *transfused* with gray 회색으로 물든 구름
*transfuse* a love of nature to one's students
학생들에게 자연에 대한 사랑을 심어주다

## □ **transfusion** [trænsfjúːʒən]  명 주입, 수혈

## □ **transmit** [trænsmít]  동 보내다, 나르다, 옮기다

> mit-는 「보내다」의 의미.

*transmit* the money by check 수표로 송금하다
This canal *transmits* water to the fields for irrigation.
이 수로는 관개용수를 논으로 보낸다.
*transmit* a disease to others 다른 사람에게 병을 옮기다

## □ **translate** [trænsléit]  동 번역하다, 바꾸다

> 「넘어 나르다」가 원래의 의미.

*translate* a book into English 책을 영어로 번역하다
This verse can't *translate* into Korean. 이 시는 한글번역이 어렵다.

## □ **transit** [trǽnsit] 명 통과, 횡단, 수송(기관)

it-은 「가다」의 의미. 「넘어서 가다」가 원래의 뜻.

the *transit* system of a city 도시의 교통기관
in *transit* 수송 중
The goods were lost in *transit*. 물품이 운송 중에 분실되었다.

---

## □ **transport** [trænspɔ́ːrt] 동 수송하다
명 [trǽnspɔːrt] 수송, 운송(차, 배, 열차)

port-는 「나르다」의 의미.

I'd like to go there, but I haven't any *transport*.
그곳에 가고 싶으나 타고 갈 것이 없다.

*transport* goods to London by plane
런던으로 화물을 항공운송하다

---

## □ **transplant** [trænsplǽnt] 동 이식하다, (식물을) 옮겨 심다

---

## □ **transpose** [trænspóuz] 동 (문자 등의 위치를) 바꾸어 놓다

pose-는 「놓다」의 의미.

---

## □ **traverse** [trǽvəːrs] 동 가로지르다

Many paths *traverse* the hill.
그 언덕을 가로지르는 샛길이 많다.

# extra · extro

「~외의(에)」, 「~의 범위 외의」 등의 의미

□ **extracorporeal** [èkstrəkɔːrpóuriəl] 형 체외의

corpor-는 「몸」의 의미.

□ **extralegal** [èkstrəlíːɡəl] 형 법의 영역 외의, 법률의 지배를 받지 않는

□ **extralinguistic** [èkstrəlːŋɡwístik] 형 언어 영역 밖의

□ **extraordinary** [ikstrɔ́ːrdənèri] 형 대단한, 비범한, 엄청난

an *extraordinary* talent 비범한 재능
at an *extraordinary* speed 엄청난 속도로
a man of *extraordinary* genius 비범한 천재

□ **extrasensory** [èkstrəsénsəri] 형 초감각적인

*extrasensory* perception 초감각적 지각 *약어 : ESP

## extraterrestrial [èkstrətəréstriəl]
형 지구 밖의, 지구 밖에서 발생하는, 우주의
명 지구 밖 생물 *약어 : ET

*extraterrestrial* life 우주 생활

## extravagant [ikstrǽvəgənt]
형 낭비하는, 터무니없는, 정도를 넘는

an *extravagant* person 돈 씀씀이가 헤픈 사람
be *extravagant* with butter 버터를 낭비하다
an *extravagant* dress 매우 비싼 드레스
*extravagant* behavior 지나친 행동

## extracurricular [èkstrəkəríkjələr] 형 과외의
*extracurricular* activities 과외 활동

## extrovert [ékstrəvə̀ːrt] 명 외향적(사교적)인 사람

vert-는 「향하다」의 의미, 「마음을 밖으로 향하는 사람」이 원래의 뜻.
*extravert도 같은 뜻.

PART 02 접두사(Prefix)

# intra · intro

「안(내부)에」, 「사이의(에)」 등의 의미

- **intracardiac** [ìntrəkáːrdiæk] 형 심장 내의

- **intracollegiate** [ìntrəkálidʒət] 형 대학 내의

- **intramural** [ìntrəmjú(ː)ərəl] 형 학내의, 성벽 내의, 지역 내의

  「벽 안의」가 원래의 의미.

  *intramural* treatment 원내 치료
  *intramural* games 학내 대항시합

- **intrastate** [ìntrəstéit] 형 주내(州內)의

  *intrastate* commerce 주내 통상

- **intrauterine** [ìntrəjúːtərin] 형 자궁 내의

- **intravenous** [ìntrəvíːnəs] 형 정맥 내의, 정맥 주사의

    an *intravenous* injection 정맥 주사

- **intravascular** [ìntrəvǽskjələr] 형 혈관 내의

- **intradistrict** [ìntrədístrikt] 형 지역 내의

- **intragroup** [ìntrəgruːp] 형 그룹 내의

- **intracontinental** [ìntrəkɑ̀ntənéntəl] 형 대륙 내의

- **introduce** [ìntrədjúːs] 동 소개하다

    duc-는 「인도하다」의 의미.

    **Allow me to *introduce* myself.** 제 소개를 하겠습니다.

- **introspect** [ìntrəspékt] 동 내성(내관)하다

    spect-는 「보다」의 의미.

- **introvert** [íntrəvə̀ːrt] 명 내향적인 (사람)

    vert-는 「향하다」의 의미.

**PART 02** 접두사(Prefix)

# re

「다시」, 「뒤쪽에」, 「철저하게」의 의미

---

☐ **rebel** [ribél] 통 반란을 일으키다, 반항하다 명 [rébəl] 반항자

bel-은 「전쟁을 하다」의 의미. 「다시 전쟁을 일으키다」가 원래의 뜻.

*rebel* all authority 모든 권력에 반항하다
a *rebel* against authority 권력에 대한 저항자

---

☐ **rebellion** [ribéljən] 명 반역, 반란

raise a *rebellion* 반란을 일으키다
put down a *rebellion* 반란을 진압하다

---

☐ **recall** [rikɔ́ːl] 통 생각해 내다, 귀환시키다, (결함 상품을) 회수하다
명 [ríːkɔ̀ːl] 되부르는 것, 소환, 리콜, (결함 상품의) 회수

I can *recall* seeing those pictures.
그 그림을 본 기억이 난다.

The makers have *recalled* a lot of cars that were unsafe.
제조회사는 불안전한 많은 차들을 회수 조치하였다.

the *recall* of an ambassador from abroad
외국으로부터의 대사의 소환

## ☐ **refrigerate** [rifrídʒərèit] 동 식히다, 냉각시키다

re-는 「철저하게」의 의미이고, frigerat-는 「식히다」의 의미.

a *refrigerated* van 냉동차

## ☐ **refrigerator** [rifrídʒərèitər] 명 냉장고

## ☐ **reiterate** [ri:ítəreit] 동 반복해서 말하다

iter-는 「되풀이」의 의미.

The doctor *reiterated* his earlier warning to stop smoking.
의사는 금연하라고 한 이전의 경고를 반복해서 말했다.

**PART 02** 접두사(Prefix)

# syn · sym · syl · sys

「함께」, 「동시에」의 의미

---

☐ **synthesis** [sínθisis]  명 종합, 통합, 합성, (변증법의) 합(合)

---

☐ **sympathy** [símpəθi]  명 동정, 헤아림, 공감, [복수형으로] 조의, 문상

> path-는 「감정」의 의미, -y는 「성질」, 「상태」를 나타내는 명사어미.

send one's *sympathies* on the death of his brother
형의 죽음을 애도하여 조문을 보내다

He was in *sympathy* with their aims.
그는 그들의 목적에 찬성했다.

I have no *sympathy* with his foolish idea.
그의 어리석은 견해에 전혀 공감할 수 없다.

---

☐ **syllable** [síləbl]  명 음절

> lab-은 「잡다」의 뜻. 「함께 잡고 있는 것」이 원래의 의미.

---

☐ **system** [sístəm]  명 계통, 체계, 체제, 방법

> 「함께 서 있는 것」 → 「부분이 모여 이루어진 전체」를 의미.

A *system* of railroads joins the country's larger cities.
철도체계는 대도시와 연결되어 있다.

What is their *system* of government?
그들의 정부는 어떤 체제인가?

He has developed a better *system* for doing his work.
그는 일을 하기 위한 보다 나은 방법을 개발했다.

---

## □ **synchronize** [síŋkrənàiz]  동 동시에 일어나다, 동시성을 갖게 하다

chron-은 「때」를 의미.

They *synchronized* their steps.
그들은 보조를 맞추었다.

I'll *synchronize* my watch with yours.
당신의 시계에 시간을 맞추겠다.

---

## □ **syndrome** [síndroum]  명 증후군, 일련의 관련이 있는 물건, (사회상태·행동의) 형태

drom-은 「달리다」의 의미.

---

## □ **synonym** [sínənim]  명 동의어

onym-은 「이름」의 의미.

"Sad" and "unhappy" are *synonyms*.
sad와 unhappy는 동의어이다.

**PART 02** 접두사(Prefix)

## con

「함께」, 「완전하게」 등의 의미.
*l의 앞에서는 col-로, b / m / p의 앞에서는 com-으로, r의 앞에서는 cor-로 된다. 또, 경우에 따라서는 n이 빠져 co-로 된다.

□ **compatriot** [kəmpéitriət] 명 동포, 동국인

□ **concede** [kənsíːd] 동 인정하다, 용인하다

> con-은 「완전히」의 의미이고, ced-는 「항복하다」, 「물러서다」의 의미. 「완전히 물러서다」에서 「양보하다」, 「인정하다」의 의미로 바뀌었다.

*concede* the opponent's victory
상대의 승리를 인정하다

We *conceded* that his opinion was correct.
우리는 그의 의견이 옳다고 인정했다.

The senator *conceded* the election to his opponent.
그 상원의원은 선거에서 상대후보의 승리를 인정했다.

□ **coequal** [kouíːkwəl] 형명 동격(동등)의 (사람)

□ **coerce** [kouə́ːrs] 동 강제(강요)하다, 무리하게 ~시키다

> 「완전히 가두다」에서 「무리하게 시키다」의 의미가 되었다.

Her parents *coerced* her into marrying the man.
그녀의 부모님은 그녀를 억지로 그 남자와 결혼시켰다.

The defendant claimed he had been *coerced* into making a confession.
피고인은 자백을 강요당했다고 주장하였다.

---

☐ **coexist** [kòuigzíst]  동 공존하다

☐ **coexistence** [kòuigzístəns]  명 공존

**peaceful** *coexistence*
평화 공존

---

☐ **cohere** [kouhíər]  동 밀착하다, 결합하다, 응집하다

her-는 「달라붙다」의 의미.

*cohere* as a group
그룹으로 합병하다

---

☐ **collaborate** [kəlǽbərèit]  동 공동으로 행하다, 공동으로 (일 등을) 하다, 협력하다

col- + labor (일) + -ate (동사어미)

John and Paul *collaborated* on writing songs.
존과 폴은 공동으로 노래를 만들었다.

He was accused of *collaborating* with the enemy.
그는 적에게 협력했다는 이유로 비난받았다.

---

☐ **colleague** [káli:g]  명 동료

## ☐ **collide** [kəláid] 동 부딪치다, 충돌하다

「함께 치다」가 원래의 의미.

**The two cars *collided* at the intersection.**
두 대의 차가 교차로에서 충돌했다.

## PART 02 접두사(Prefix)

# pre

「사전에」, 「이전의」, 「전에」 등의 의미

□ **prearrange** [prìːəréindʒ] 동 미리 타협하다

□ **precaution** [prikɔ́ːʃən] 동명 조심(하다), 예방 처치(하다)
*precaution* against infection 감염 예방

□ **predate** [priːdéit] 동 날짜를 앞선 날짜로 하다
명 [príːdèit] 실제 발행일보다 앞선 날짜가 찍힌 신문

□ **predecessor** [prédisèsər] 명 전임자, 선조
Our new doctor is much younger than his *predecessor*.
새로 온 의사가 전임 의사보다 훨씬 더 젊다.

□ **predict** [pridíkt] 동 예언(예보)하다

dict-는 「말하다」의 의미.

It's hard to *predict* when it'll happen.
그것이 언제 일어날지 예단하기 어렵다.

- □ **preface** [préfis] 명 서문

- □ **prehistory** [priːhístəri] 명 유사 이전(의 사건)

- □ **preliminary** [prilímənèri] 형 예비의, 서문의

- □ **prelude** [préljuːd] 명 전주곡

- □ **pre-Olympic** [priː-oulímpik] 명 프레올림픽

- □ **prepaid** [priːpéid] 형 선불의, 지불을 끝낸

- □ **prepossession** [priːpəzéʃən] 명 선입관, 편애

- □ **preview** [príːvjùː] 명 시연, 시사, 예비검사

- □ **precaution** [prikɔ́ːʃən] 명 예방조치, 사전책, 조심, 경계
  take *precautions* against
  ~의 예방책을 강구하다

PART 02 접두사(Prefix)

# pro

「앞에」, 「~의 대신에」 등의 의미

☐ **proceed** [próusiːd]  동 전진하다, 계속하다, 착수하다, 처리하다

ceed-는 「가다」의 의미.

*proceed* on a journey 여행을 계속하다
*proceed* with your story 이야기를 계속하다

☐ **produce** [prədjúːs]  동 산출하다, 생산하다

duc-는 「인도하다」의 의미.

*produce* good results 좋은 결과를 낳다
*produce* steel 강철을 생산하다

☐ **pronoun** [próunàun]  명 대명사

pro-는 「~의 대신에」의 의미. 「명사 대신에 사용되는 말」이 원래의 뜻.

☐ **promulgate** [práməlgèit]  동 공포하다, 반포하다, 보급하다

## ☐ **propaganda** [pràpəgǽndə] 명 선전, 데마

spread *propaganda* for ~의 선전을 하다

---

## ☐ **prolong** [prəlɔ́(ː)ŋ] 동 연장하다

「앞쪽으로 길게 하다」가 원래의 의미.

*prolong* one's stay 체재기간을 연장하다
a means of *prolonging* life 수명을 연장하는 방법

---

## ☐ **proclaim** [proukléim] 동 선언하다, 공포하다

claim-은 「외치다」의 의미. 「사람들 앞에서 외치다」가 원래의 뜻.

Many former colonies have *proclaimed* their independence.
이전에 식민지였던 많은 나라들이 독립을 선언했다.

**PART 02** 접두사(Prefix)

## ad

「~에(로)」 등의 의미. *c / f / g / l / n / s 앞에서는 각각 ac-, af-, ag-, al-, an-, as-로 된다.

---

☐ **adapt** [ədǽpt] 통 적응(순응)시키다, (작품을) 각색하다

apt-는「적합하다」의 의미.「~에 적합하게 하다」가 원래의 뜻.

I *adapted* myself easily to my new job.
나는 곧 새로운 일에 익숙해졌다.

They *adapted* the story for the stage.
그들은 그 이야기를 무대용으로 각색했다.

---

☐ **adopt** [ədápt] 통 채용하다, 받아들이다

opt-는「고르다」의 의미.

*adopt* a new idea 새로운 사고를 채택하다
*adopt* a child 양자를 들이다

---

☐ **admire** [ədmáiər] 통 감탄하다

mir-는「경탄하다」의 의미.「~에 경탄하다」가 원래의 뜻.

*admire* a woman for her beauty 여성의 아름다움에 감탄하다
He *admired* the courage of the mother.
그는 어머니의 용기에 감탄했다.

☐ **addict** [ǽdikt]  명 중독자, 탐닉자 동 [ədíkt] 빠지게 하다

「(어느 습관에) 고정된」이 원래의 의미.

a drug *addict* 마약 중독자
a baseball *addict* 야구광
*addict* oneself to drinking 술에 빠지다

---

☐ **administer** [ədmínistər]  동 관리하다, 다스리다, 베풀다, 복용시키다, ~을 가하다

「~에 봉사하다」가 원래의 의미.

*administer* public affairs 공무를 담당하다
*administer* medicine to him 그에게 약을 복용시키다

---

☐ **adore** [ədɔ́ːr]  동 숭배하다, ~을 매우 좋아하다

「~에게 이야기하다(바라다)」가 원래의 의미.

He *adores* Gandhi. 그는 간디를 숭배하고 있다.

---

☐ **annex** [ənéks]  동 (부록 등을 문서에) 덧붙이다, 병합하다
명 [ǽneks] 부속문서, 부록, 별관

nex-는 「묶다」의 의미. 「~에 묶다」가 원래의 의미.

*annex* notes to a book 책에 주를 달다
Rome *annexed* Britannia in 43 AD.
로마는 서기 43년에 브리타니아를 합병시켰다.
an *annex* to a treaty 조약의 부속문서
an *annex* to a hotel 호텔의 별관

352

## ☐ associate [əsóuʃièit]  동 연상하다, 관련시키다, 제휴하다, 교제하다
### 명 제휴자, 공동경영자

sociat-는 「연결하다」의 의미. 「~에 연결하다」가 원래의 뜻.

### *associate* peace with prosperity
평화를 번영과 관련시키다

### Don't *associate* with bad people.
나쁜 사람과는 사귀지 말아라.

### confer with one's *associates*
동업자와 상담하다

---

## ☐ attend [əténd]  동 출석하다, 간호하다, 정성을 들이다, 경청하다

tend-는 「펴다」의 의미. 「~쪽으로 펴다」에서 「~로 가다」로 바뀌었다.

### *attend* a conference  회의에 출석하다

### The nurse will *attend* the patient.
그 간호사가 그 환자를 돌볼 것이다.

### Are you *attending* to what is being said?
무슨 말을 하고 있는지 듣고 계십니까?

**PART 02** 접두사(Prefix)

# in

「~의 안에」, 「위에」 등의 의미.
*l 앞에서는 il-, r 앞에서는 ir-, p / b / m 앞에서는 im-이 된다.

---

☐ **influx** [ínflʌks]  명 유입, 쇄도

flux-는 「흐르다」, 「흐름」의 의미. 「~의 안으로 흐르는 것」이 원래의 의미.

There was an *influx* of refugees into the country.
그 나라에 난민이 쇄도했다.

---

☐ **inhale** [inhéil]  동 빨아들이다, 숨을 들이마시다

He stood at the open window and *inhaled* deeply.
그는 열려있는 창가에 서서 깊이 숨을 들이마셨다.

These days we can't help *inhaling* car exhaust fumes.
요즈음은 자동차 배기가스 냄새를 맡지 않을 수 없다.

---

☐ **imbue** [imbjú:]  동 스며들게 하다, 불어넣다

*imbue* the skin with moisture  피부를 촉촉하게 하다

---

☐ **immigrant** [íməgrənt]  명 (외국으로부터의) 이민
　　　　　　　　　　　　　　형 이주하는, 이민자의

## impress [imprés]  통 인상을 주다, 감동시키다, 도장을 찍다

「위에 누르다」가 원래의 의미.

**My talk with the President *impressed* me deeply.**
대통령과의 대화를 통해 깊은 감동을 느꼈다.

**The writing paper is *impressed* with the school seal.**
그 서신에는 학교인장이 찍혀 있다.

---

## illuminate [iljúːmənèit]  통 밝게 하다, 대조하다, 해명하다

il-은 「위에」의 의미이고, lumin-는 「빛」의 의미.

**The lamp *illuminated* the room.**
램프의 빛이 방을 밝히고 있었다.

***illuminate* one's thesis with examples**
논문의 주제를 실제의 예로 명확하게 하다

---

## irrigate [írəgèit]  통 관개하다, 물을 끌다

ir-은 「위에」의 의미. 「어느 장소에 물을 인도하다」가 원래의 뜻.

**They have built canals to *irrigate* the desert.**
그들은 사막을 관개시킬 운하를 건설했다.

**PART 02** 접두사(Prefix)

# ex · e · ec · ef

「밖에(으로)」, 「완전히」 등의 의미

---

□ **effervesce** [èfərvés] 동 거품이 일다, 들뜨다, 열광하다

fervesc-는 「비등시키다(하다)」의 의미.

---

□ **evade** [ivéid] 동 달아나다, 피하다, 얼버무리다, 회피하다, 당혹하게 하다

vad-는 「가다」의 의미. 「밖으로 가다」가 원래의 뜻.

*evade* pursuit 추적을 피하다
*evade* (paying) taxes 탈세하다

---

□ **exclude** [iksklú:d] 동 못들어오게 하다, 배제하다
명 배출, 배기

clud-는 「닫다, 닫히다」의 의미.

*exclude* a ship from a port
배를 항구에 못 들어오게 하다

He was *excluded* from the meeting.
그는 모임에 참가하는 것이 허락되지 않았다.

## exhaust [igzɔ́ːst]  동 다 써버리다, 기진맥진하게 하다, 비우다, 배출(배기)하다
### 명 배출, 배기

He *exhausted* his fortune in gambling.
그는 노름으로 재산을 탕진했다.

I have *exhausted* myself walking. 걷다보니 기진맥진하게 되었다.

auto *exhausts* 자동차 배기 가스
*exhaust* valve 배기 밸브

## exit [égzit]  동 퇴장(퇴거)하다 명 출구

it-은 「가다」, 「나가다」의 의미. 「밖으로 나가다」가 원래의 뜻.

an emergency *exit* 비상구
a freeway *exit* 고속도로 출구

## excruciate [ikskrúːʃièit]  동 몹시 고통을 주다, 고문하다, 괴롭히다

ex-는 「완전하게」, cruciat-는 「괴롭히다」의 의미.

be *excruciated* by guilt 죄책감에 몹시 괴로워하다
The toothache *excruciated* me. 이가 몹시 아팠다.

## exhume [igzúːm]  동 파내다, 발굴하다

hum-은 「지면」의 의미.

## excite [iksáit]  동 흥분시키다

cite-는 「부르다」의 의미.

get *excited* at ~에 흥분하다
The news *excited* everybody.
(= Everybody was *excited* by the news.)
그 소식에 모두 흥분했다.

---

## □ **exterminate** [ikstə́ːrmənèit] 통 근절하다, 박멸하다

ex-는 「완전히」의 의미.

*exterminate* pests 페스트를 근절하다

---

## □ **extinguish** [ikstíŋgwiʃ] 통 끄다, 잃게 하다, 절멸시키다, (부채 등을) 상각하다, 무력하게 하다

Please *extinguish* your cigarettes. 담뱃불을 꺼주십시오.
*extinguish* faith 신앙을 잃게 하다
The authority of the government was *extinguished*.
정부의 권위가 실추되었다.

---

## □ **extort** [ikstɔ́ːrt] 통 강요하다, 강탈하다, 무리하게 끌어내다

「밖으로 비틀다」 → 「비틀어 내다」 → 「무리하게 끌어내다」.

*extort* a confession from a person 자백을 강요하다
They accused him of trying to *extort* money with menaces.
그들은 그가 협박으로 돈을 갈취하려 했다고 비난했다.

# ob

「~로」, 「~에 반대해서」, 「완전하게」 등의 뜻을 나타낸다.
*c / f / m / p / t 앞에서는 각기 oc-, of-, o-, op-, obs가 된다.

## obvert [ɑbvə́ːrt] 동 뒤집다, 방향을 돌리다

「반대로 향하다」가 원래의 의미.

## obstacle [ɑ́bstəkl] 명 방해(물), 장애(물)

「~에 반대해서 서 있는 물건」이 원래의 의미.

an *obstacle* to success 성공의 장애
encounter *obstacles* 장애에 마주치다
He's an *obstacle* to my work.
그는 일하는 데 방해가 되는 사람이다.

## obstruct [əbstrʌ́kt] 동 막다, 차단하다, 방해하다

「~에 반대해서 건설하다」가 원래의 의미.

A snowslide *obstructed* the road.
눈사태로 길이 막혔다.

*obstruct* a bill 법안 통과를 방해하다

## object [əbdʒékt] 동 반대하다, 이의를 말하다
명 [ábdʒikt] 대상, 물체

ject-는 「던지다」의 의미. 「~로 던지다」가 원래의 뜻.

He *objected* to the plan. 그는 그 계획에 반대했다.
I don't *object* to waiting for a few hours.
몇 시간 더 기다려도 괜찮습니다.

a tiny *object* 작은 물건
an *object* of scientific research 과학연구 대상

## obtrude [əbtrúːd] 동 강요하다, 강제로 시키다, 억지를 부리다, 주제넘게 나서다

trud-는 「세게 밀다」의 의미. 「~에 반하여 세게 밀다」가 원래의 뜻.

Don't *obtrude* your opinions on others.
당신의 의견을 남에게 강요하지 마십시오.

I don't want you to *obtrude* yourself.
주제넘게 나서지 마세요.

## oppress [əprés] 동 무겁게 덮쳐 누르다, 억압하다

press-는 「누르다」의 의미.

His troubles *oppressed* him.
(= He was *oppressed* with his troubles.)
그는 고민으로 마음이 무거웠다.

Bad governments *oppress* the people.
올바르지 못한 정부는 국민을 억압한다.

PART 02 접두사(Prefix)

## se

「떨어져서」, 「옆에(으로)」, 「~없이(는)」 등의 의미

□ **secede** [sisíːd] 동 탈퇴하다

ced-는 「가다」의 의미.

He *seceded* from the Democratic Party.
그는 민주당을 탈당했다.

□ **secure** [sikjúər] 형 안전한, 안심하는
　　　　　　　　　　　동 안전하게 하다, 확보하다

se-는 「~없는」의 의미이고, cur-는 「걱정」의 의미. 「걱정 없는」이 원래의 뜻.

a *secure* fort 안전한 요새
a *secure* life 안정된 생활
*secure* a village against flood 홍수로부터 마을을 지키다
Please *secure* a seat for me. 자리를 하나 잡아 주십시오.

□ **sedition** [sidíʃən] 명 선동, 난동, 치안방해

sed-(=se-)는 「떨어져」라는 의미를 나타내고, it-은 「가다」의 의미.

stir up *sedition* 반란을 선동하다

## ☐ **seduce** [sidjúːs]   동 부추기다, 유혹하다

duc-는 「인도하다」의 의미. 「딴 데로 데려가다」가 원래의 뜻.

*seduce* a person into crime
남을 범죄에 끌어들이다

*seduce* a woman in some way or other
어찌어찌해서 여자를 유혹하다

---

## ☐ **segregate** [ségrəgèit]   동 격리하다, 차별하다

greg-는 「무리」의 의미. 「무리에서 떼어놓다」가 원래의 뜻.

Cholera patients were *segregated* from the others in the hospital.
콜레라 환자는 병원에서 다른 환자로부터 격리되었다.

The colored races are still *segregated* into certain residential zones.
유색인종은 여전히 일정 거주지역에 격리되어 있다.

**PART 02 접두사(Prefix)**

# ab · abs · a

「떨어져서」 등의 의미

---

☐ **abduct** [æbdʌ́kt] 동 유괴하다

duct-는 「인도하다」의 의미.

---

☐ **abhor** [əbhɔ́ːr] 동 ~를 매우 싫어하다

「떨어져서 떨다」가 원래의 의미.

She *abhors* snakes. 그녀는 뱀이라면 아주 질색이다.

---

☐ **abjure** [æbdʒúər] 동 (신념·주의 등을) 버리다, ~와 맹세하고 포기하다

「떨어져서 서약하다」→「서약하고 버리다」.

---

☐ **abnormal** [æbnɔ́ːrməl] 형 보통과 다른

norm-은 「기준」, 「규칙」의 의미.

an *abnormal* child 비정상적인 아이

## abort [əbɔ́ːrt] 图 유산(조산)하다, 임신 중절하다

ort-는 「낳다」의 의미, 「정상적이 아닌 때에 낳다」가 원래의 뜻.

## absolve [æbzálv] 图 면제하다, 해방하다, 해제하다

「떨어져서 느슨하게 하다」가 원래의 의미.

*absolve* a person from a duty 의무를 면제하다

## abstain [əbstéin] 图 삼가다, 절제하다, 끊다

tain-은 「가지다」, 「잡다」의 의미

*abstain* from drinking 금연하다
*abstain* from voting 투표를 기권하다

## abuse [əbjúːz] 图 악용하다, 이용하다, 기만하다
명 [əbjúːs] 악용, 남용, 매도

words of *abuse* 폭언
He *abused* our trust. 그는 우리의 신뢰를 저버렸다.

**PART 02** 접두사(Prefix)

# de

「분리」·「부정」, 「역전」·「강하」 등의 의미

## ☐ **debark** [dibá:rk]  동 하선하다, 상륙하다

de-는 「분리」의 의미이고, bark는 「배」의 의미.

*debark* at Busan 부산에 하선하다

## ☐ **declare** [diklέər]  동 선언(포고)하다, 분명히 하다

de-는 「완전히」의 의미이고, clar는 「명확하게 하다」의 의미. 「완전히 명확하게 하다」가 원래의 뜻.

*declare* war on ~에 선전포고하다
I *declare* that she is innocent.
그녀는 결백하다고 분명히 말씀드립니다.

## ☐ **dehumidify** [dì:hju:mídəfài]  동 방습하다, 건조시키다

de-는 「어떤 행위의 역전」을 의미한다. humidify는 「축축하게 하다」의 의미이므로 그 반대를 뜻한다.

An air conditioner both cools and *dehumidifies* the air.
에어컨은 공기를 차게 하고 습기를 제거한다.

- **decentralize** [diːséntrəlàiz]  동 지방분권으로 하다, (권한을) 분산시키다

- **deflect** [diflékt]  동 빗나가게 하다, 빗나가다

    flect-는 「구부러지다(구부리다)」의 의미.

    *deflect* a person from the right course of action
    남을 정도에서 벗어나게 하다

- **deform** [difɔ́ːrm]  동 기형으로 하다, 변형시키다, 흉하게 되다

- **demote** [dimóut]  동 (계급·지위 등을) 떨어뜨리다, 격하하다, 강등시키다

- **deplete** [diplíːt]  동 격감시키다, 고갈시키다, 다 써버리다

    *deplete* one's strength 체력을 다 써버리다

- **depopulate** [diːpápjəlèit]  동 인구를 감소시키다

- **descend** [disénd]  동 내리다, 내려가다, 계승하다, (수동태에서 from을 수반하여) ~의 자손이다

    「아래로 오르다」→「내리다」.

    The woman *descended* the stairs. 그 여자는 계단을 내려갔다.
    The business will *descend* to my son.
    사업은 나의 아들이 계승하게 될 것이다.
    He is *descended* from a famous writer.
    그는 유명한 작가의 자손이다.

☐ **detract** [ditrǽkt] 동 줄이다, 떨어뜨리다

tract-는 「잡아당기다」의 의미. 「떼어놓다」가 원래의 뜻.

*detract* attention from the real issue
실제의 문제에서 사람의 주의를 다른 곳으로 쏠리게 하다

☐ **dethrone** [di(:)θróun] 동 (왕을) 폐위시키다, (지위에서) 쫓아내다

☐ **declassify** [di:klǽsəfài] 동 기밀 리스트에서 빼다

a *declassified* document 기밀취급에서 제외된 문서

☐ **denuclearization** [di:n*j*ù:kliərizéi∫ən] 명 비핵화

# PART 02 접두사(Prefix)

# mal · male

「악(惡)」, 「이상(異常)」 등의 의미

☐ **maladaptation** [mæ̀lædəptéiʃən]   명 부적합, 부적응

☐ **maladaptive** [mæ̀lədǽptiv]   형 순응성(적응성)이 없는

☐ **maladroit** [mæ̀lədrɔ́it]   형 서투른, 솜씨가 나쁜, 재치 없는

☐ **malady** [mǽlədi]   명 병, 병폐

「나쁜 조건의」→「병의」.

a lifelong *malady* 불치병

☐ **mala fide** [méilə-fáid:]   형부 불성실한(하게), 악의가 있는 (를 갖고) * 라틴어

☐ **malaria** [məlɛ́(:)əriə]   명 말라리아

「나쁜 공기」→「거기서 생기는 세균」.

- **malediction** [mæ̀lidíkʃən]  명 저주, 중상

    dict-은 「이야기하다」의 의미.

- **malefaction** [mæ̀ləfǽkʃən]  명 나쁜 일, 비행, 범죄

- **malefactor** [mǽləfæ̀ktər]  명 악인, 범인, 해가 되는 인물

- **malcontent** [mǽlkəntènt]
    형 불만이 있는, (사회체제 등에) 비판적인
    명 불만을 갖고 있는 사람, 반항자

- **malice** [mǽlis]  명 악의, 적의, 한

    He has no *malice* toward me.
    그는 나에게 적의를 품고 있지 않다.

- **malicious** [məlíʃəs]  형 악의가 있는, 심술궂은, 부당한

- **malignant** [məlígnənt]  형 악의 있는, 악성의, 유해한
    명 악의를 품은 사람

    a *malignant* tumor 악성 종양

PART 02 접두사(Prefix)

# ant · anti

「반대하여」의 의미

## □ antidote [ǽntidòut]  명 해독제, 방어수단

「반대(대항)하여 주어지는 것」이 원래의 의미.

Is there any *antidote* for laziness?
게으름을 고칠 방법은 없을까요?

## □ antipathy [æntípəθi]  명 반감, 혐오, 싫어하는 것

path-는 「감정」의 의미. 「감정에 반하는 것」이 원래의 뜻.

I have a strong *antipathy* to cats. 고양이는 딱 질색이다.
Snakes are my *antipathy*. 뱀은 생리적으로 질색이다.

## □ antagonism [æntǽgənìzəm]  명 적개심, 적대

religious *antagonism* 종교적 적대감

## □ antarctic [æntá:rktik]  형 남극 (지방)의
  명 [the를 붙이고 대문자로] 남극 지방

an *antarctic* expedition 남극 탐험대

- **anthelmintic** [æ̀nθelmíntik] 형 기생충 구제의 명 구충제

  helmin-은 「벌레」라는 의미.

- **antiadministration** [æ̀ntiədmìnistréiʃən] 형 반정부의

- **antibiotic** [æ̀ntaibaiɑ́tik] 명형 항생물질(의)

  *antibiotic* substance 항생 물질

- **antibomb** [æ̀ntibɑ̀m] 형 방탄의

- **antibody** [ǽntibɑ̀di] 명 항체, 항독소

- **anticlockwise** [æ̀ntaiklɑ́kwàiz] 형부 시계 방향과 반대 방향의, 왼쪽으로 도는

- **anticommunist** [æ̀ntaikɑ́mjunist] 형 반공(주의자)의, 명 반공주의자

- **antiestablishment** [æ̀ntaiistǽbliʃmənt] 형 반체제의

- **antiforeign** [æ̀ntifɔ́:rən] 형 반외국적인

☐ **antifreeze** [ǽntifrìːz] 명형 부동액(의)

☐ **antisepsis** [æ̀ntisépsis] 명 소독, 방부

☐ **antiseptic** [æ̀ntiséptik] 명 방부제, 소독제
형 방부의, 방부제를 사용한, 살균된

☐ **antitrust** [æ̀ntaitrʌ́st] 형 독점 금지의
*antitrust* legislation 독점금지 법률제정

# counter · contra

「~에 반(대)하여」, 「상반하여」 등의 의미

## contraband [kántrəbænd] 명 밀수품, 밀수

band-는 「법률」의 의미.

a *contraband* in arms 무기 밀수
*contraband* goods 밀수품
a *contraband* trader 밀수업자

## counterclockwise [kàuntərklákwàiz]
형부 왼쪽으로 도는, 시계 반대방향으로 도는

## contraceptive [kàntrəséptiv]
형명 피임용의, 피임기구(약)

## counterattack [káuntərətæ̀k] 명 반격
동 반격(역습)하다

☐ **counterfeit** [káuntərfit] 동 위조하다 형 모조의
명 위조물, 위조품

「진품과 상대하여 만들어진」→「가짜의」.

a *counterfeit* note 위조 지폐
*counterfeit* illness 꾀병

☐ **counterblast** [káuntərblæst] 명 맹렬한 반대

☐ **counterblow** [káuntərblòu] 명 카운터블로, 역습

☐ **counterstatement** [káuntərstèitmənt]
명 반대 진술, 반박

## PART 02 접두사(Prefix)

# out

동사, 명사 등의 앞에 붙어 「보다 많이(길게)」, 「보다 뛰어난」의 의미를 나타내는 타동사를 만든다.

- □ **outdistance** [àutdístəns] 동 훨씬 앞서다, ~을 능가하다
- □ **outdo** [àutdú:] 동 물리쳐 이기다, 낫다
- □ **outgo** [àutgóu] 동 보다 멀리(빨리) 가다
- □ **outgrow** [àutgróu] 동 ~보다 커지다
- □ **outlast** [àutlǽst] 동 ~보다 길게 계속하다
- □ **outlive** [àutlív] 동 ~보다 오래 살다, 무사히 헤어나다
- □ **outmatch** [àutmǽtʃ] 동 ~보다 낫다, ~보다 상수이다
- □ **outpoint** [àutpɔ́int] 동 (시합에서) 점수로 이기다, ~보다 점수를 많이 따다
- □ **outride** [àutráid] 동 앞지르다, ~보다 잘 타다
- □ **outrun** [àutrʌ́n] 동 ~보다 멀리 (빨리) 달리다, 추월하다
- □ **outspread** [àutspréd] 동 넓히다, 펴다
- □ **outstep** [àutstép] 동 지나치다, (제한을) 넘다
- □ **outwalk** [àutwɔ́:k] 동 ~보다 빨리(멀리) 걷다

## PART 02 접두사(Prefix)

# fore

「앞에」, 「미리」, 「먼저」 등의 의미

- □ **forebear** [fɔ́ːrbɛ̀ər] 명 [보통 pl.] 선조
- □ **forecabin** [fɔ́ːrkæ̀bin] 명 앞쪽 선실(이등 선실)
- □ **forecast** [fɔ́ːrkæ̀st] 동 예측(예보)하다 명 예측, 예보
  weather *forecast* 일기예보
- □ **forefather** [fɔ́ːrfɑ̀ːðər] 명 [보통 pl.] 선조, 조상
- □ **forefinger** [fɔ́ːrfìŋɡər] 명 집게손가락
- □ **forefoot** [fɔ́ːrfùt] 명 앞다리
- □ **forefront** [fɔ́ːrfrʌ̀nt] 명 최전부, 최전선
- □ **forego** [fɔːrɡóu] 동 먼저 가다, 앞서가다
- □ **foreground** [fɔ́ːrɡràund] 명 전경
- □ **forehand** [fɔ́ːrhæ̀nd] 형 앞(쪽)의 명 [테니스] 포핸드
- □ **forehead** [fɔ́(ː)rid] 명 이마, 물건의 앞부분, 앞쪽
- □ **foremost** [fɔ́ːrmòust] 형 맨 앞의, 제1위의
  first and *foremost* 우선 제일 먼저
- □ **forenoon** [fɔ́ːrnùːn] 명형 오전(의), 오전 중(의)

- **forerunner** [fɔ́:rrʌ̀nər]  명 선구자
- **foresee** [fɔːrsíː]  동 예지하다, 예견하다, 선견지명이 있다
- **foresight** [fɔ́ːrsàit]  명 선견(지명)
- **foretell** [fɔːrtél]  동 예고(예언)하다
- **foretooth** [fɔ́ːrtùːθ]  명 앞니
- **foreword** [fɔ́ːrwə̀ːrd]  명 서문 *특히 필자 이외의 사람에 의한 것

# PART 03 접미사(Suffix)

# PART 03 접미사(Suffix)

## ment

⟨명사어미⟩
「동작」, 「결과」, 「상태」 등의 의미

- [ ] **achievement** [ətʃíːvmənt] 명 업적
- [ ] **acknowledgement** [əknálidʒmənt] 명 승인
- [ ] **development** [divéləpmənt] 명 발전, 발달
- [ ] **disappointment** [dìsəpɔ́intmənt] 명 실망
- [ ] **discouragement** [diskə́ːridʒmənt] 명 낙담
- [ ] **employment** [implɔ́imənt] 명 고용
- [ ] **engagement** [ingéidʒmənt] 명 약속, 혼약
- [ ] **entertainment** [èntərtéinmənt] 명 환대, 오락, 유흥
- [ ] **equipment** [ikwípmənt] 명 준비, [보통 pl.] 장비
- [ ] **establishment** [istǽbliʃmənt] 명 설립

**PART 03** 접미사(Suffix)

# ion · sion · tion

〈명사어미〉

「행동」, 「상태」, 「결과」 등의 의미

- [ ] **audition** [ɔːdíʃən] 명 오디션
- [ ] **creation** [kriéiʃən] 명 창조
- [ ] **animation** [æ̀nəméiʃən] 명 생기, 활기
- [ ] **apprehension** [æ̀prihénʃən] 명 우려, 염려
- [ ] **attraction** [ətrǽkʃən] 명 마음을 끄는 것
- [ ] **compensation** [kàmpənséiʃən] 명 배상
- [ ] **construction** [kənstrʌ́kʃən] 명 건설, 구조
- [ ] **decision** [disíʒən] 명 결심, 결정
- [ ] **definition** [dèfəníʃən] 명 정의
- [ ] **description** [diskrípʃən] 명 기술, 서술
- [ ] **institution** [ìnstitjúːʃən] 명 협회, 설립

**PART 03** 접미사(Suffix)

# th

〈명사어미〉
「상태」, 「성질」, 「동작」 등의 의미

- □ **warmth** [wɔːrmθ] 명 따뜻함
- □ **death** [deθ] 명 죽음
- □ **depth** [depθ] 명 깊이
- □ **growth** [grouθ] 명 성장
- □ **length** [leŋkθ] 명 길이
- □ **truth** [truːθ] 명 진실
- □ **wealth** [welθ] 명 부
- □ **width** [widθ] 명 폭
- □ **youth** [juːθ] 명 젊음

## PART 03 접미사(Suffix)

# ness

(명사어미)

「성질」, 「상태」 등의 의미를 나타내는 추상명사어미.
*종종 구체명사도 만든다.

- **happiness** [hǽpinis]  명 행복
- **preparedness** [pripɛ́(:)əridnis]  명 준비되어 있는 것
- **hopelessness** [hóuplisnis]  명 절망
- **coldness** [kóuldnis]  명 추위, 차가움
- **sleeplessness** [slíːplisnis]  명 불면
- **darkness** [dáːrknis]  명 어둠
- **kindness** [káindnis]  명 친절
- **goodness** [gúdnis]  명 선량함, 미덕

PART 03 접미사(Suffix)

## ship

(명사어미)
「상태」, 「성질」, 「관계」 등의 의미

- **friendship** [fréndʃip] 명 우호, 친선
- **professorship** [prəfésərʃip] 명 교수직(지위)
- **cousinship** [kʌ́zənʃip] 명 사촌관계
- **readership** [ríːdərʃip] 명 독자, 독자수(층)
- **fellowship** [félouʃip] 명 동료 의식
- **hardship** [háːrdʃip] 명 고난
- **scholarship** [skálərʃip] 명 학문, 학식, 장학금
- **championship** [tʃǽmpiənʃip] 명 선수권, 우승(자의 지위 또는 명예)

- **citizenship** [sítizənʃip] 명 시민으로서의 신분, 시민(공민)권
- **craftmanship** 명 (장인의) 솜씨, 기능
- **sportsmanship** [spɔ́ːrtsmənʃip] 명 스포츠맨 정신
- **showmanship** [ʃóumənʃip] 명 연예인으로서의 기량(능력)

## PART 03 접미사(Suffix)

# tude

〈명사어미〉

「상태」 등의 의미를 나타내는 추상명사어미

- □ **attitude** [ǽtitjùːd] 명 태도
- □ **solitude** [sάlitjùːd] 명 고독, 독거
- □ **similitude** [simílitjùːd] 명 유사, 닮은 사람(물건)
- □ **gratitude** [grǽtitjùːd] 명 감사(의 뜻)
- □ **multitude** [mʌ́ltitjùːd] 명 다수(의), 수가 많음
- □ **aptitude** [ǽptitjùːd] 명 재능, 소질

## PART 03 접미사(Suffix)

## ure

〈명사어미〉

「동작」, 「결과」, 「상태」 등의 의미를 나타내는 추상명사어미

- □ **departure** [dipáːrtʃər] 명 출발
- □ **pressure** [préʃər] 명 압력
- □ **seizure** [síːʒər] 명 잡는(붙잡는) 것
- □ **creature** [kríːtʃər] 명 창조물, 생물
- □ **censure** [sénʃər] 명 심한 비난, 책망
- □ **exposure** [ikspóuʒər] 명 폭로, 드러내는(드러나는) 것
- □ **immature** [imətʃúər] 명 미숙자, 미성년 (*형용사로 「미숙한」의 뜻도 있다.)

- □ **posture** [pástʃər] 명 자세, 태세
- □ **procedure** [prəsíːdʒər] 명 순서, 절차, 방법
- □ **temperature** [témpərətʃər] 명 온도, 기온

## PART 03 접미사(Suffix)

# ance · ancy

(명사어미)

「행동」, 「상태」, 「성질」 등의 의미
*동사와 -ant 어미로 끝나는 형용사에 붙는다.

- **assistance** [əsístəns] 명 원조
- **avoidance** [əvɔ́idəns] 명 회피
- **alliance** [əláiəns] 명 동맹
- **brilliancy** [bríljənsi] 명 빛남, 탁월
- **militancy** [mílitənsi] 명 교전상태, 투지
- **resistance** [rizístəns] 명 저항, 반항
- **reluctance** [rilʌ́ktəns] 명 마지못해 함, 본의 아님
- **vigilance** [vídʒələns] 명 경계, 조심
- **allowance** [əláuəns] 명 허가, 지급량
- **importance** [impɔ́ːrtəns] 명 중요성

**PART 03** 접미사(Suffix)

# ence · ency

(명사어미)

형용사 어미 −ent에 대응하는 명사어미

- **dependence** [dipéndəns] 명 의존
- **difference** [dífərəns] 명 다름
- **existence** [igzístəns] 명 존재
- **influence** [ínfluəns] 명 영향
- **obedience** [oubíːdiəns] 명 복종
- **patience** [péiʃəns] 명 인내
- **deficiency** [difíʃənsi] 명 부족, 결핍
- **proficiency** [prəfíʃənsi] 명 숙련
- **efficiency** [ifíʃənsi] 명 능률
- **fluency** [flúː(ː)ənsi] 명 유창한
- **urgency** [ə́ːrdʒənsi] 명 긴급, 절박
- **belligerence** [bəlídʒərəns] 명 호전성
- **belligerency** [bəlídʒərənsi] 명 교전 상태

**PART 03** 접미사(Suffix)

# ity · ty

(명사어미)
「성질」, 「상태」 등의 의미

- **enmity** [énməti] 명 증오
- **safety** [séifti] 명 안전(성)
- **acuity** [əkjúːəti] 명 예민
- **ambiguity** [æ̀mbəgjúːəti] 명 애매함
- **charity** [tʃǽrəti] 명 자선
- **clarity** [klǽrəti] 명 투명, 명료
- **dignity** [dígnəti] 명 위엄
- **security** [sikjú(ː)ərəti] 명 안전
- **superiority** [sju(ː)pìərió(ː)rəti] 명 우위 · 우월성
- **novelty** [návəlti] 명 신기함, 진기함
- **notoriety** [nòutəráiəti] 명 악평, 악명

## PART 03 접미사(Suffix)

## age

〈명사어미〉
「상태」, 「행위」, 「지위」 등의 의미

- [ ] **bondage** [bándidʒ] 명 노예의 신분, 속박
- [ ] **portage** [pɔ́ːrtidʒ] 명 운반
- [ ] **passage** [pǽsidʒ] 명 통과, 경과
- [ ] **leakage** [líːkidʒ] 명 샘, 누설
- [ ] **postage** [póustidʒ] 명 송료
- [ ] **cartage** [káːrtidʒ] 명 트럭 운송(료)
- [ ] **fruitage** [frúːtidʒ] 명 결실, 과일

# logy · ology

〈명사어미〉

「학문」, 「학설」, 「교리」 등의 의미

- □ **zoology** [zouálədʒi] 명 동물학 [zoo-는 「동물」의 의미]
- □ **embryology** [èmbriálədʒi] 명 발생학
- □ **bacteriology** [bæktìəriálədʒi] 명 세균학
- □ **biology** [baiálədʒi] 명 생물학
- □ **anthropology** [ænθrəpálədʒi] 명 인류학
- □ **climatology** [klàimətálədʒi] 명 기후학
- □ **criminology** [krìmənálədʒi] 명 범죄학
- □ **demonology** [dìːmənálədʒi] 명 악마연구, 귀신학
- □ **ethnology** [eθnálədʒi] 명 민족학 [ethno-는 「민족」, 「인종」의 의미]
- □ **geology** [dʒiálədʒi] 명 지질학 [geo-는 「지표」의 의미]
- □ **gynecology** [gàinəkálədʒi] 명 부인과 의학 [gyneco-는 「여성」의 의미]
- □ **mineralogy** [mìnərálədʒi] 명 광물학

- **neurology** [njuərálədʒi] 명 신경학 [neuro-는 「신경」의 의미]
- **ontology** [antálədʒi] 명 존재론, 본체론
- **paleontology** [pèiliəntálədʒi] 명 고생물학 [pale-는 「옛날」의 의미]
- **pathology** [pəθálədʒi] 명 병리학 [patho-는 「병」의 의미]
- **pharmacology** [fà:rməkálədʒi] 명 약(리)학
- **philology** [filálədʒi] 명 문헌학, 언어학
- **psychology** 명 심리학
- **theology** [θiálədʒi] 명 신학 [the(o)-는 「신」의 의미]

**PART 03** 접미사(Suffix)

## ics · tics

〈명사어미〉
「~학」, 「~술」 등의 의미

- **dramatics** [drəmǽtiks] 명 연출법, 연기법
- **linguistics** [liŋgwístiks] 명 언어학
- **ethics** [éθiks] 명 윤리(학)
- **physics** [fíziks] 명 물리학
- **politics** [pálitiks] 명 정치학
- **economics** [ìːkənámiks] 명 경제학
- **tactics** [tǽktiks] 명 전술
- **graphics** [grǽfiks] 명 제도법(학)
- **poetics** [pouétiks] 명 시학, 시론

# PART 03 접미사(Suffix)

## ism

(명사어미)

「교의」, 「학설」, 「주의」 등의 의미를 나타내는 추상명사어미

- □ **criticism** [krítisìzəm] 명 비평, 비판
- □ **Darwinism** [dá:rwənìzəm] 명 다윈주의
- □ **alcoholism** [ǽlkəhɔ(:)lìzəm] 명 알코올 중독
- □ **Americanism** [əmérikənìzəm] 명 친미주의
- □ **baptism** [bǽptizəm] 명 세례(식)
- □ **barbarism** [bá:rbərìzəm] 명 야만, 미개(상태)
- □ **colloquialism** [kəlóukwiəlìzəm] 명 구어적 표현, 구어체
- □ **despotism** [déspətìzəm] 명 전제(정치), 독재(정치)
- □ **exorcism** [éksɔ:rsìzəm] 명 악마 쫓기, 액막이
- □ **heroism** [hérouìzəm] 명 영웅적 자질, 영웅적 행위
- □ **Nazism** [ná:tsizəm] 명 나치즘, 독일국가 사회주의
- □ **nihilism** [náiəlìzəm] 명 허무주의, 니힐리즘
- □ **plagiarism** [pléidʒiərìzəm] 명 표절
- □ **romanticism** [roumǽntisìzəm] 명 낭만주의, 로맨티시즘

- **Marxism** [máːrksizəm] 명 마르크스주의
- **realism** [ríː(ː)əlìzəm] 명 현실주의, 리얼리즘
- **terrorism** [térərìzəm] 명 테러리즘, 태러행위
- **totalitarianism** [toutæ̀litɛ́(ː)əriənìzəm] 명 전체주의
- **skepticism** [sképtisìzəm] 명 회의적인 태도, 회의론

**PART 03** 접미사(Suffix)

# ar · er · or

〈명사어미〉

「~하는 사람(물건)」, 「기구」 등의 의미

- □ **liar** [láiər] 명 거짓말쟁이
- □ **beggar** [bégər] 명 거지
- □ **scholar** [skálər] 명 학자
- □ **baker** [béikər] 명 빵집
- □ **deodorizer** [di:óudəràizər] 명 방부제
- □ **bulldozer** [búldòuzər] 명 불도저
- □ **toaster** [tóustər] 명 토스터
- □ **refrigerator** [rifrídʒərèitər] 명 냉장고
- □ **traveler** [trǽvələr] 명 여행자
- □ **employer** [implóiər] 명 고용주 [employee는 종업원]
- □ **barber** [bá:rbər] 명 이발사
- □ **painter** [péintər] 명 화가
- □ **dancer** [dǽnsər] 명 댄서
- □ **NewYorker** [njùːjɔ́ːrkər] 명 뉴욕사람

- **Londoner** [lʌ́ndənər]  명 런던시민
- **sailor** [séilər]  명 선원
- **actor** [ǽktər]  명 배우
- **ancestor** [ǽnsestər]  명 선조
- **benefactor** [bénəfæ̀ktər]  명 은인
- **successor** [səksésər]  명 후임자, 후계자
- **survivor** [sərváivər]  명 생존자
- **traitor** [tréitər]  명 반역자
- **agitator** [ǽdʒitèitər]  명 선동자
- **competitor** [kəmpétitər]  명 경쟁 상대
- **donor** [dóunər]  명 제공자

## PART 03 접미사(Suffix)

# ist

〈명사어미〉

「~하는 사람」, 「~에 재주 있는 사람」, 「~주의자」 등 사람을 나타낸다.

- □ **tourist** [tú(:)ərist] 명 관광객
- □ **typist** [táipist] 명 타이피스트
- □ **biologist** [baiálədʒist] 명 생물학자
- □ **economist** [ikánəmist] 명 경제학자
- □ **linguist** [líŋgwist] 명 언어학자
- □ **botanist** [bátənist] 명 식물학자
- □ **physicist** [fízisist] 명 물리학자
- □ **ecologist** [ikálədʒist] 명 생태학자
- □ **anthropologist** [æ̀nθrəpálədʒist] 명 인류학자
- □ **archaeologist** [à:rkiálədʒist] 명 고고학자
- □ **zoologist** [zouálədʒist] 명 동물학자
- □ **physiologist** [fìziálədʒist] 명 생리학자
- □ **scientist** [sáiəntist] 명 과학자
- □ **chemist** [kémist] 명 화학자

- [ ] **druggist** [drʌ́gist] 명 약제사
- [ ] **genealogist** [dʒìːniǽlədʒist] 명 계보학자
- [ ] **motorist** [móutərist] 명 자동차 운전자
- [ ] **humanist** [hjúːmənist] 명 인문(인도)주의자
- [ ] **racist** [réisist] 명 인종차별주의자
- [ ] **terrorist** [térərist] 명 테러리스트
- [ ] **atheist** [éiθiist] 명 **무신론자** [a-는 「부정」, the-는 「신」의 의미를 나타냄]

**PART 03 접미사(Suffix)**

# cian · ician

⟨명사어미⟩

「어떤 종류의 기술을 가진 사람」을 의미

- **technician** [tekníʃən] 명 전문가, 기술자
- **logician** [loudʒíʃən] 명 논리학자, 논리가 교묘한 사람
- **beautician** [bjuːtíʃən] 명 미용사, 미용실의 경영자
- **electrician** [ilektríʃən] 명 전기 기술자
- **musician** [mjuː(ː)zíʃən] 명 음악가
- **magician** [mədʒíʃən] 명 마술(기술·요술)사
- **pediatrician** [piːdiətríʃən] 명 소아과의
- **politician** [pàlitíʃən] 명 정치가
- **physician** [fizíʃən] 명 의사
- **mathematician** [mæ̀θəmətíʃən] 명 수학자
- **pyrotechnician** [pàiərətékniʃən] 명 폭죽제조가(발사자)

## PART 03 접미사(Suffix)

## ee

(명사어미)

「행동을 받는 사람」, 「특정한 행위를 하는 사람」, 「특정한 상태에 있는 사람」을 의미

- □ **examinee** [igzæməníː] 명 시험 보는 사람, 수험자
- □ **employee** [implɔiíː] 명 종업원
- □ **refugee** [rèfjudʒíː] 명 난민, 피난자
- □ **absentee** [æ̀bsəntíː] 명 결석자, 불참자
- □ **donee** [dounníː] 명 기증받는 사람, 지정권자
- □ **appellee** [æ̀pəlíː] 명 피상소인
- □ **nominee** [nɑ̀məníː] 명 지명된 사람
- □ **expellee** [èkspelíː] 명 추방되는 사람
- □ **trustee** [trʌstíː] 명 피신탁인, 수탁자, 임원, 이사
- □ **referee** [rèfəríː] 명 심판원
- □ **lessee** [lesíː] 명 세든 사람, 임차인
- □ **biographee** [baiɑ̀grəfíː] 명 전기의 주인공

**PART 03** 접미사(Suffix)

# ess · ine

〈명사어미〉
여성명사를 의미

- **stewardess** [stjú(ː)ərdis] 명 스튜어디스
- **mistress** [místris] 명 주부, 여주인
- **lioness** [láiənis] 명 암사자
- **actress** [æktris] 명 여배우
- **aviatress** [èiviéitris] 명 여비행가
- **countess** [káuntis] 명 백작부인
- **hostess** [hóustis] 명 여주인
- **goddess** [gádis] 명 여신
- **murderess** [mə́ːrdəris] 명 여자 살인자
- **tigress** [táigris] 명 암컷 호랑이
- **waitress** [wéitris] 명 웨이트리스
- **heroine** [hérouin] 명 여주인공, 히로인

## PART 03 접미사(Suffix)

## ant · ent

〈명사·형용사어미〉
「~성의」, 「~하는 사람(물건)」을 의미

- [ ] **different** [dífərənt] 형 다른, 상이한
- [ ] **pleasant** [plézənt] 형 유쾌한, 즐거운
- [ ] **stringent** [stríndʒənt] 형 엄격한
- [ ] **dormant** [dɔ́ːrmənt] 형 자고 있는(듯한), 활발하지 않은
- [ ] **assistant** [əsístənt] 명 보좌, 어시스턴트 형 보좌의, 부의
- [ ] **resident** [rézidənt] 명 형 거주자, 거주하는
- [ ] **incumbent** [inkʌ́mbənt] 형 현직의 명 현직 (의원)
- [ ] **inhabitant** [inhǽbitənt] 명 거주자
- [ ] **servant** [sə́ːrvənt] 명 하인, 고용인
- [ ] **accident** [ǽksidənt] 명 사고

## PART 03 접미사(Suffix)

# ary · ery · ory · ry

〈명사 · 형용사어미〉

❶ 「~의」, 「~에 관한」의 의미를 나타내는 형용사어미.
❷ 「~하는 사람(장소)」, 「행위」, 「상태」, 「일」, 「기술」을 의미하는 명사어미

- □ **elementary** [èləméntəri] 형 초보의
- □ **compulsory** [kəmpʌ́lsəri] 형 강제적인, 의무적인
- □ **functionary** [fʌ́ŋkʃənèri] 명 직원, 임원
- □ **tenantry** [ténəntri] 명 차가인, 차지인
- □ **stationery** [stéiʃənèri] 명 편지지, 문방구
- □ **dictionary** [díkʃənèri] 명 사전, 사서
- □ **library** [láibrèri] 명 도서관
- □ **grocery** [gróusəri] 명 식료품점, 식료잡화점
- □ **factory** [fǽktəri] 명 공장 [「만드는 장소」가 원래의 의미]
- □ **dormitory** [dɔ́ːrmitɔ̀ːri] 명 기숙사 [「자는 곳」이 원래의 의미]
- □ **bravery** [bréivəri] 명 용기
- □ **fishery** [fíʃəri] 명 어업, 수산업
- □ **robbery** [rʌ́bəri] 명 강탈, 강도
- □ **carpentry** [káːrpəntri] 명 목수일

- **flattery** [flǽtəri] 몡 아첨
- **embroidery** [imbrɔ́idəri] 몡 자수(법), 자수품
- **tracery** [tréisəri] 몡 격자 장식, 트레이서리 모양
- **prudery** [prú:dəri] 몡 고상한 척 하는 것
- **quixotry** [kwíksətri] 몡 무대포 [돈키호테 Quixote에서 온 말]

PART 03 접미사(Suffix)

# cule · cle · icle · ling

(명사・형용사어미)

「(매우) 작은 (것)」을 의미

- [ ] **cubicle** [kjúːbikl] 명 침실, 칸막이한 작은 방
- [ ] **minuscule** [mínəskjùːl] 형 소문자(의), 매우 작은
- [ ] **animalcule** [æ̀nəmǽlkjuːl] 명 [美] 매우 작은 동물
- [ ] **ridicule** [rídəkjùːl] 명 비웃음, 조소
- [ ] **darling** [dáːrliŋ] 명형 가장 사랑하는 사람, 귀여운 사람, 가장 사랑하는, (부를 때) 당신, 너

- [ ] **duckling** [dʌ́kliŋ] 명 오리(집오리) 새끼
- [ ] **fledgling** [flédʒliŋ] 명 금방 보금자리를 떠난 병아리, 풋내기
- [ ] **gosling** [gázliŋ] 명 거위 새끼, 풋내기
- [ ] **nestling** [néstliŋ] 명 (보금자리를 떠나기 전의) 병아리, 유아
- [ ] **princeling** [prínsliŋ] 명 어린 임금, 소공자, 소군주
- [ ] **sapling** [sǽpliŋ] 명 묘목, 젊은이

## PART 03 접미사(Suffix)

# able · ible

(형용사어미)
「~할 수 있는」 등의 의미

- **admirable** [ǽdmərəbl] 형 칭찬할 만한
- **acceptable** [əkséptəbl] 형 받아들일 수 있는
- **enjoyable** [indʒɔ́iəbl] 형 즐길 수 있는
- **lovable** [lʌ́vəbl] 형 사랑스러운
- **movable** [múːvəbl] 형 움직일 수 있는
- **understandable** [ʌ̀ndərstǽndəbl] 형 이해할 수 있는
- **unforgettable** [ʌ̀nfərgétəbl] 형 잊을 수 없는
- **visible** [vízəbl] 형 보이는

# PART 03 접미사(Suffix)

## less

**(형용사어미)**
「~이 없는」의 의미

- **careless** [kɛ́ərlis] 형 부주의한
- **childless** [tʃáildlis] 형 아이가 없는
- **homeless** [hóumlis] 형 집이 없는
- **hopeless** [hóuplis] 형 희망이 없는
- **tireless** [táiərlis] 형 피로를 모르는
- **useless** [júːslis] 형 무익한
- **noiseless** [nɔ́izlis] 형 소리가 나지 않는
- **fearless** [fíərlis] 형 무서워하지 않는
- **helpless** [hélplis] 형 무력한, 어떻게 할 수도 없는

**PART 03** 접미사(Suffix)

## al · ial

〈형용사어미〉
「~의」, 「~와 같은」, 「~한 성질의」 등의 의미

- [ ] **natural** [nǽtʃərəl] 형 자연의
- [ ] **intellectual** [ìntəléktʃuəl] 형 지적인
- [ ] **spiritual** [spíritʃuəl] 형 정신의, 영적인
- [ ] **technical** [téknikəl] 형 기술상의, 전문적인
- [ ] **internal** [intə́ːrnəl] 형 내부의
- [ ] **mental** [méntəl] 형 마음의, 정신의
- [ ] **equal** [íːkwəl] 형 동등한, 동일한

## PART 03 접미사(Suffix)

## ful

〈형용사어미〉

「~로 가득 찬」, 「~한 성질을 가진」, 「~많은」을 의미.
*명사, 동사, 형용사에 붙는다.

- **frightful** [fráitfəl] 형 무서운, 굉장한
- **careful** [kɛ́ərfəl] 형 주의 깊은, 신중한
- **doubtful** [dáutfəl] 형 의심스러운
- **beautiful** [bjúːtəfəl] 형 아름다운
- **helpful** [hélpfəl] 형 도움이 되는
- **shameful** [ʃéimfəl] 형 창피한, 부끄럽게 여겨야 하는
- **fearful** [fíərfəl] 형 무서운
- **hopeful** [hóupfəl] 형 희망에 찬
- **joyful** [dʒɔ́ifəl] 형 기쁜, 기쁨에 넘친

# PART 03 접미사(Suffix)

## ic

〈형용사어미〉
「~와 같은」, 「~한 성질의」, 「~적인」 등의 의미

- **poetic** [pouétik] 형 시의, 시적인
- **metallic** [mətǽlik] 형 금속(제)의
- **heroic** [hiróuik] 형 영웅의, 영웅적인
- **barbaric** [bɑːrbǽrik] 형 미개의, 야만적인
- **academic** [æ̀kədémik] 형 학원의, 학구적인
- **despotic** [dispátik] 형 전제(독재)적인
- **majestic** [mədʒéstik] 형 위엄 있는, 당당한
- **patriotic** [pèitriátic] 형 애국적인
- **realistic** [rì(ː)əlístik] 형 현실적인, 현실주의의

# PART 03 접미사(Suffix)

## ical

(형용사어미)

「~의」, 「~에 관한」 등의 의미를 나타낸다.
또한 -ic로 끝나는 형용사의 동의어를 만든다.

- □ **classical** [klǽsikəl] 형 고대 그리스·로마의, 고전의, 클래식 음악의
- □ **magical** [mǽdʒikəl] 형 마법 같은, 이상한
- □ **rhetorical** [ritɔ́(ː)rikəl] 형 수사학의, 수사학적인, 언어 상에서의
- □ **political** [pəlítikəl] 형 정치의, 정치적인
- □ **poetical** [pouétikəl] 형 시의, 시적인 [poetic과 똑같은 의미]
- □ **physical** [fízikəl] 형 육체의, 물질적인

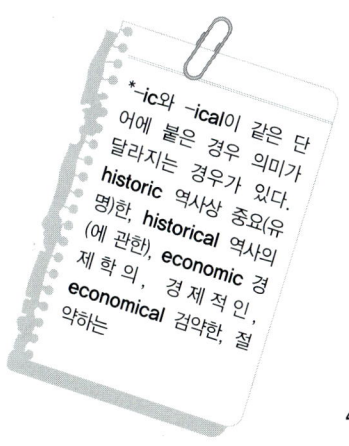

*-ic와 -ical이 같은 단어에 붙은 경우 의미가 달라지는 경우가 있다. **historic** 역사상 중요(유명)한, **historical** 역사의(에 관한), **economic** 경제학의, 경제적인, **economical** 검약한, 절약하는

PART **03** 접미사(Suffix)

# ous · acious

(형용사어미)

「~가 풍부한」, 「~한 특징을 가진」 등의 의미

- **gracious** [gréiʃəs] 형 친절한, 고상한
- **homogeneous** [hòumədʒíːniəs] 형 같은 종류의
- **mysterious** [mistí(ː)əriəs] 형 신비의, 신비에 가득 찬
- **nervous** [nə́ːrvəs] 형 신경질적인, 초조해지기 쉬운
- **obvious** [ábviəs] 형 명백한
- **serious** [sí(ː)əriəs] 형 심각한, 진지한
- **tremendous** [triméndəs] 형 무서운, 굉장한
- **malicious** [məlíʃəs] 형 악의(적의)가 있는
- **spacious** [spéiʃəs] 형 넓직한, 광범한
- **glorious** [glɔ́ːriəs] 형 멋진, 영광스런
- **populous** [pápjələs] 형 인구가 많은
- **credulous** [krédʒələs] 형 믿기 쉬운, 속기 쉬운
- **fallacious** [fəléiʃəs] 형 사람을 매혹시키는, 허위의

**PART 03** 접미사(Suffix)

# en

〈형용사어미〉
「~의」, 「~으로 된」 등의 의미

- **golden** [góuldən] 형 금의, 금색의
- **earthen** [ə́ːrθən] 형 흙으로 만들어진, 도자기 제품의
- **silken** [sílkən] 형 비단(제품)의
- **brazen** [bréizən] 형 놋쇠로 만든
- **frozen** [fróuzən] 형 추위로 언, 동상에 걸린
- **hempen** [hémpən] 형 대마(제)의, 대마와 비슷한
- **molten** [móultən] 형 용해된
- **woolen** [wúlən] 형 모직물의, 양털의
- **wooden** [wúdən] 형 목재의

**PART 03** 접미사(Suffix)

# ive

〈형용사어미〉
「경향」, 「성질」 등의 의미

- **positive** [pázitiv] 형 확실한, 긍정적인
- **sensitive** [sénsitiv] 형 민감한, 섬세한
- **affirmative** [əfə́ːrmətiv] 형 긍정적인, 찬성의
- **aggressive** [əgrésiv] 형 침략적인, 적극적인
- **cooperative** [kouápərèitiv] 형 협동의, 협력적인
- **attractive** [ətrǽktiv] 형 매력 있는, 매혹하는
- **secretive** [síːkrətiv] 형 숨기는, 털어놓지 않는
- **massive** [mǽsiv] 형 크고 무거운, 단단한

**PART 03** 접미사(Suffix)

# ile · il

〈형용사어미〉

「~할 수 있는」, 「~에 관한」, 「~에 적합한」 등의 의미

- □ **docile** [dásəl] 형 솔직한, 가르치기 쉬운
- □ **fertile** [fə́ːrtəl] 형 비옥한
- □ **fragile** [frǽdʒəl] 형 깨지기 쉬운, 여린, 허약한
- □ **mobile** [móubəl] 형 움직이기 쉬운, 기동성의
- □ **versatile** [vɚ́ːrsətil] 형 다재다능한
- □ **sterile** [stéril] 형 무균의, 살균한, 불모의
- □ **imbecile** [ímbisi(ː)l] 형 정신박약의, 저능의, 어리석은

## PART 03 접미사(Suffix)

## ish

〈형용사어미〉

「~와 같은」, 「~한 경향이 있는」, 「~스름한」 등의 의미

- □ **childish** [tʃáildiʃ] 형 아이 같은 [-ish는 -like에 비해 바람직하지 못한 뉘앙스가 있다.]
- □ **boyish** [bóiiʃ] 형 소년의(같은), 소년다운
- □ **greenish** [gríːniʃ] 형 푸르스름한, 녹색을 띤
- □ **boorish** [bú(ː)əriʃ] 형 촌스러운, 야비한
- □ **brutish** [brúːtiʃ] 형 들짐승 같은, 흉폭한
- □ **foolish** [fúːliʃ] 형 바보 같은
- □ **waspish** [wáspiʃ] 형 말벌 같은, 화를 잘 내는, 심술궂은
- □ **womanish** [wúməniʃ] 형 여자 같은, 여자다운
- □ **amateurish** [æmətə́ːriʃ] 형 서투른
- □ **bookish** [búkiʃ] 형 독서를 좋아하는, 탁상의
- □ **tallish** [tɔ́ːliʃ] 형 키가 큰 편인, 약간 과장된
- □ **oldish** [óuldiʃ] 형 어느 정도 나이가 든, 더 이상 젊지 않은

# PART 03 접미사(Suffix)

## y

「~로 가득 찬」, 「~스름한」, 「~와 비슷한」 등의 의미 〈형용사어미〉

- □ **cloudy** [kláudi] 형 흐린
- □ **yellowy** [jéloui] 형 누르스름한, 노란색을 띤
- □ **sugary** [ʃúgəri] 형 설탕의(같은), 달콤한
- □ **catty** [kǽti] 형 고양이 같은, 민첩한, 심술궂은
- □ **furry** [fə́:ri] 형 부드러운 털의, 모피로 안을 댄
- □ **faulty** [fɔ́:lti] 형 결점이 있는, 잘못된
- □ **foxy** [fáksi] 형 여우같은, 교활한, 빤들거리는
- □ **hairy** [hɛ́(:)əri] 형 털 많은, 털로 되어 있는, 털 같은
- □ **pretty** [príti] 형 귀여운
- □ **rosy** [róuzi] 형 장미 같은, 혈색이 좋은, (장래가) 밝은
- □ **salty** [sɔ́:lti] 형 소금기가 있는, 짠, 신랄한
- □ **sleepy** [slí:pi] 형 졸린, 졸린 듯한
- □ **risky** [ríski] 형 위험한
- □ **feathery** [féðəri] 형 깃으로 덮인, 깃털 같은, 가벼운

## PART 03 접미사(Suffix)

# ly

〈형용사어미〉

❶「~와 같은(이)」, 「~에 어울리는」, 「~다운」의 의미를 나타내는 형용사·부사어미. ❷「마다의」의 의미를 나타내는 형용사·부사어미. ❸대부분의 형용사에 붙는 부사어미

### ❶의 예

- □ **orderly** [ɔ́:rdərli] 형 정돈된
- □ **manly** [mǽnli] 형 남자다운
- □ **motherly** [mʌ́ðərli] 형 어머니다운
- □ **queenly** [kwíːnli] 형 여왕(으로서)의, 여왕다운
- □ **fatherly** [fɑ́:ðərli] 형 아버지(로서 당연)의, 아버지같이 다정한
- □ **beastly** [bíːstli] 형 들짐승 같은
- □ **friendly** [fréndli] 형 친한, 친구 같은
- □ **gentlemanly** [dʒéntlmənli] 형 신사다운
- □ **kingly** [kíŋli] 형 국왕다운, 국왕에 어울리는

### ❷의 예

- □ **hourly** [áuərli] 형 한 시간마다의
- □ **yearly** [jíərli] 형 매년의, 년 간의

420

- □ **daily** [déili] 형 날마다의, 매일의, 일간의
- □ **weekly** [wíːkli] 형 매주의, 습관의
- □ **monthly** [mʌ́nθli] 형 달마다의, 월간의
- □ **quarterly** [kwɔ́ːrtərli] 형 년 4회의, 계간의

### ❸의 예

- □ **nobly** [nóubli] 부 당당하게, 귀족으로서
- □ **financially** [finǽnʃəli] 부 재정적으로
- □ **southwardly** [sáuθwərdli] 부 남쪽을 향해
- □ **recently** [ríːsəntli] 부 최근
- □ **hastily** [héistəli] 부 서둘러, 급하게
- □ **quickly** [kwíkli] 부 빨리, 서둘러, 재빨리
- □ **suddenly** [sʌ́dnli] 부 갑자기
- □ **perfectly** [pə́ːrfiktli] 부 완전히, 면목 없이
- □ **physically** [fízikəli] 부 물리적으로, 육체적으로
- □ **mentally** [méntəli] 부 정신적으로, 마음 속으로

**PART 03** 접미사(Suffix)

## fy

〈동사어미〉
「~게 하다」, 「~화하다」를 의미

- **simplify** [símpləfài] 동 단순하게 하다, 간소화하다
- **beautify** [bjú:təfài] 동 아름답게 하다
- **diversify** [divə́:rsəfài] 동 다양화하다
- **fortify** [fɔ́:rtəfài] 동 요새화하다
- **unify** [jú:nəfài] 동 하나로 하다, 통일하다
- **amplify** [ǽmpləfài] 동 확대하다, 부연하다
- **zincify** [zíŋkəfài] 동 아연도금하다
- **electrify** [iléktrəfài] 동 전기를 통하다, 전기를 띠게 하다

## PART 03 접미사(Suffix)

# ish

〈동사어미〉
「~로 하다」, 「~시키다」를 의미

- [ ] **admonish** [ædmániʃ] 동 충고하다
- [ ] **demolish** [dimáliʃ] 동 파괴하다
- [ ] **extinguish** [ikstíŋgwiʃ] 동 끄다, 소멸시키다
- [ ] **ravish** [rǽviʃ] 동 황홀하게 하다
- [ ] **establish** [istǽbliʃ] 동 설립(창립)하다
- [ ] **embellish** [imbéliʃ] 동 아름답게 하다, 꾸미다

**PART 03** 접미사(Suffix)

## ize

〈동사어미〉

「~와 같이 되다」, 「~로 되게 하다」, 「~화하다」를 의미

- **Americanize** [əmérikənàiz] 동 미국화하다
- **Christianize** [krístʃənàiz] 동 기독교화하다
- **characterize** [kǽriktəràiz] 동 간주하다, 특징지우다
- **civilize** [sívəlàiz] 동 문명화하다(야만상태에서 빠져나오게 하다)
- **colonize** [kálənàiz] 동 식민지화하다
- **generalize** [dʒénərəlàiz] 동 일반화하다
- **visualize** [víʒuəlàiz] 동 시각화하다
- **liberalize** [líbərəlàiz] 동 자유(주의)화하다
- **fertilize** [fə́ːrtəlàiz] 동 살찌게 하다
- **memorize** [méməràiz] 동 기억하다, 암기하다

## PART 03 접미사(Suffix)

# en

〈동사어미〉

「~로 하다」, 「~로 되다」를 의미

- **broaden** [brɔ́ːdən] 동 넓히다(넓어지다)
- **brighten** [bráitən] 동 밝게 하다(밝아지다)
- **harden** [háːrdən] 동 굳히다(굳어지다)
- **darken** [dáːrkən] 동 어둡게 하다(어두워지다)
- **deepen** [díːpən] 동 깊게 하다(깊어지다)
- **hasten** [héisən] 동 서두르게 하다, 서두르다
- **fasten** [fǽsən] 동 묶다, 닫다
- **heighten** [háitən] 동 높게 하다, 높이다
- **loosen** [lúːsən] 동 풀다, 늦추다
- **moisten** [mɔ́isən] 동 축축하게 하다, 적시다
- **sharpen** [ʃáːrpən] 동 예리하게 하다, 날카롭게 하다
- **soften** [sɔ́(ː)fən] 동 부드럽게 하다(되다)
- **widen** [wáidən] 동 넓게 하다(되다)

# PART 03 접미사(Suffix)

## ate

〈동사어미〉
「~시키다」, 「~하다」를 의미

- □ **evaporate** [ivǽpərèit] 동 증발하다, 증발시키다
- □ **duplicate** [djú:pləkèit] 동 복사하다, 반복하다
- □ **infiltrate** [infíltreit] 동 스며들다, 침입하다, 침투시키다
- □ **segregate** [ségrəgèit] 동 격리(분리)하다, 차별하다
- □ **liquidate** [líkwidèit] 동 (부채, 배상 등을) 지불하다, 일소하다
- □ **nominate** [nάmənèit] 동 추천(지명·임명)하다
- □ **terminate** [tə́:rmənèit] 동 끝내다, 종결시키다
- □ **separate** [sépərèit] 동 나누다, 분리하다

# INDEX

## A

| | | |
|---|---|---|
| abduct | 동 유괴하다 | 95, 363 |
| abhor | 동 ~를 매우 싫어하다 | 363 |
| abject | 형 절망적인, 비참한, 야비한 | 142 |
| abjure | 동 (신념·주의 등을) 버리다, ~와 맹세하고 포기하다 | 363 |
| abnormal | 형 보통과 다른 | 363 |
| abort | 동 유산(조산)하다, 임신 중절하다 | 364 |
| absentee | 명 결석자, 불참자 | 402 |
| absolve | 동 면제하다, 해방하다, 해제하다 | 364 |
| abstain | 동 삼가다, 절제하다, 끊다 | 364 |
| abuse | 동 악용하다, 이용하다, 기만하다 / 명 악용, 남용, 매도 | 364 |
| abysmal | 형 바닥을 알 수 없는, 나락의 | 307 |
| abyss | 명 심해, 깊은 구렁 | 307 |
| academic | 형 학원의, 학구적인 | 412 |
| accede | 동 응하다, 동의하다, 취임하다 | 58 |
| accept | 동 받아들이다, 수납하다, 감수하다, 수락하다, 믿다 | 51 |
| acceptable | 형 받아들일 수 있는 | 408 |
| access | 명 접근, 이용할 수 있는 상태, ~로 접근하는 방법, 출입 | 58 |
| accident | 명 사고 | 404 |
| acclaim | 동 갈채를 보내다, 환호로 맞이하다 | 65 |
| accord | 동 일치하다, 조화하다 / 명 일치, 합의, 협정 | 70 |
| accredit | 동 간주하다, 신임장을 주어 파견하다 | 75 |
| achievement | 명 업적 | 381 |
| acid | 명 산, 신 것 / 형 맛이 신, 산성의 | 12 |
| acknowledgement | 명 승인 | 381 |
| acquire | 동 획득하다, 손에 넣다, 습득하다 | 228 |
| acrid | 형 매운, 쓰디 쓴, 얼얼한, 사나운, 혹독한 | 11 |
| acrimony | 명 표독스러움, 신랄함, 통렬함 | 11 |
| activate | 동 활동(작동)시키다, 활성화하다 | 14 |
| actor | 명 배우, 남자배우, 행위자 | 14, 398 |
| actress | 명 여배우 | 403 |
| acuity | 명 예민, 예리함, 예민함 | 11, 390 |

| | | | |
|---|---|---|---|
| ☐ acumen | 명 예민, 총명, 통찰력 | | 12 |
| ☐ acute | 형 날카로운, 뾰족한, 격심한, 예각의 | | 12 |
| ☐ adapt | 동 적응(순응)시키다, (작품을) 각색하다 | | 351 |
| ☐ addict | 명 중독자, 탐닉자 / 동 빠지게 하다 | | 352 |
| ☐ adequate | 형 적절한, 적합한, 상응하는 | | 97 |
| ☐ adhere | 동 달라붙다, 부착하다, 신봉하다, 고집하다 | | 138 |
| ☐ adjacent | 형 부근의, 인접한, 직전(직후)의 | | 141 |
| ☐ adjoin | 동 인접하다 | | 144 |
| ☐ administer | 동 관리하다, 다스리다, 베풀다, 복용시키다, ~을 가하다 | | 352 |
| ☐ admirable | 형 칭찬할 만한 | | 408 |
| ☐ admire | 동 감탄하다 | | 351 |
| ☐ admit | 동 들어가는 것을 허락하다, 인정하다, 수용하다 | | 162 |
| ☐ admonish | 동 충고(권고·경고)하다 | | 167, 423 |
| ☐ adopt | 동 채용하다, 받아들이다 | | 351 |
| ☐ adore | 동 숭배하다, ~을 매우 좋아하다 | | 352 |
| ☐ advertise | 동 광고를 내다, 선전하다 | | 283 |
| ☐ advertisement | 명 광고 *약어 : ad. | | 283 |
| ☐ advocate | 동 옹호하다, 지지하다, 주장하다 / 명 제창자, 지지자 | | 293 |
| ☐ affect | 동 ~에 영향을 미치다 | | 102 |
| ☐ affirmative | 형 긍정적인, 찬성의 | | 416 |
| ☐ affluent | 형 유복한, 풍부한 | | 111 |
| ☐ agent | 명 대리인, 정부 직원, 첩보원 | | 13 |
| ☐ aggression | 명 침략, 공격 | | 129 |
| ☐ aggressive | 형 침략적인, 적극적인 | | 416 |
| ☐ agile | 형 민첩한, 몸이 재빠른 | | 13 |
| ☐ agitate | 동 심하게 흔들다, 선동하다, (관심·여론)을 환기시키다 | | 14 |
| ☐ agitator | 명 선동자 | | 398 |
| ☐ alcoholism | 명 알코올 중독 | | 395 |
| ☐ alias | 명 별명, 통칭, 일명 / 부 별명으로 | | 16 |
| ☐ alibi | 명 알리바이, 현장 부재증명, 변명 | | 16 |
| ☐ alien | 형 외국인의 / 명 외국인, 따돌림받는 사람 | | 16 |
| ☐ alienate | 동 멀리하다, 소외하다, 따돌리다, 양도하다 | | 17 |
| ☐ alliance | 명 동맹 | | 388 |

| | | |
|---|---|---:|
| allogamy | 명 타가생식, 타화 수분 | 17 |
| allograph | 명 대필, 대리서명 | 17 |
| allonym | 명 필명(저자의 가명) | 17 |
| allowance | 명 허가, 지급량 | 388 |
| alter | 동 변하다, 바꾸다 | 17 |
| alternate | 동 교체하다, 번갈아 일어나다, 교대로 바꾸다 / 형 번갈아하는, 교체의, 서로 엇갈리는 | 18 |
| amalgamate | 동 합동하다, 합병하다 | 120 |
| amateur | 명 아마추어, 직업적이 아닌 사람, 초보자, 애호가 | 19 |
| amateurish | 형 서투른 | 418 |
| ambiguity | 명 애매함 | 390 |
| ambrosia | 명 신의 음식, 신찬, 맛있는 음식, 진미 | 307 |
| Americanism | 명 친미주의 | 395 |
| Americanize | 동 미국화하다 | 424 |
| amiable | 형 호감을 주는, 붙임성이 있는 | 19 |
| amicable | 형 우호적인, 친화적인, 평화적인 | 20 |
| amorous | 형 호색의, 요염한 | 20 |
| amplify | 동 확대하다, 부연하다 | 422 |
| anarchy | 명 무정부상태 | 30 |
| ancestor | 명 선조, 조상 | 57, 398 |
| ancestry | 명 (집합적) 선조, 가계 | 57 |
| Anglophile | 명 형 친영(의), 친영파(의) | 204 |
| animalcule | 명 [美] 매우 작은 동물 | 407 |
| animate | 동 살리다, 생기를 불어넣다 / 형 살아있는, 생기가 있는 | 22 |
| animated | 형 싱싱한, 생동하는 | 22 |
| animation | 명 생기, 활기, 활발, 애니메이션, 만화 영화 | 23, 382 |
| animosity | 명 악의, 적의, 증오 | 23 |
| annals | 명 [pl.] 연대기, 연대표, 연보 | 25 |
| annex | 동 (부록 등을 문서에) 덧붙이다, 병합하다 / 명 부속문서, 부록, 별관 | 352 |
| anniversary | 명 기념일, 기념제 | 26 |
| announce | 동 공시(발표)하다, (손님·교통수단의) 도착을 알리다, ~임을 나타내다 | 179 |
| annual | 형 1년의, 1년에 걸친, 1년 1회의 / 명 연감, 연보, 졸업 앨범(美) | 25 |
| annuity | 명 연금, 연간 배당금 | 26 |

| | | |
|---|---|---|
| □ anonym | 명 가명, 익명, 익명자, 작자 불명의 작품 | 308 |
| □ anonymity | 명 익명, 정체 불명의 인물 | 308 |
| □ anonymous | 형 작자 불명의, 익명의 | 308 |
| □ antagonism | 명 적개심, 적대 | 370 |
| □ antagonist | 명 적수, 적대자, 경쟁 상대 | 15 |
| □ antarctic | 형 남극 (지방)의 / 명 [the를 붙이고 대문자로] 남극 지방 | 370 |
| □ antecedent | 형 앞서는, 선행하는 / 명 선행자, 전례 | 53 |
| □ anthelmintic | 형 기생충 구제의 / 명 구충제 | 371 |
| □ anthropocentric | 형 인간 중심의 | 29 |
| □ anthropogenesis | 명 인류발생 기원론 | 29 |
| □ anthropogeography | 명 인문지리학 | 29 |
| □ anthropography | 명 인류지(誌) | 29 |
| □ anthropoid | 형 인간과 비슷한 | 29 |
| □ anthropologist | 명 인류학자 | 399 |
| □ anthropology | 명 인류학, 인간학 | 28, 392 |
| □ anthropometry | 명 인체측정학 | 29 |
| □ antiadministration | 형 반정부의 | 371 |
| □ antibiotic | 명 형 항생물질(의) | 371 |
| □ antibody | 명 항체, 항독소 | 371 |
| □ antibomb | 형 방탄의 | 371 |
| □ anticlockwise | 형 부 시계 방향과 반대 방향의, 왼쪽으로 도는 | 371 |
| □ anticommunist | 형 반공(주의자)의 / 명 반공주의자 | 371 |
| □ antidote | 명 해독제, 방어수단 | 370 |
| □ antiestablishment | 형 반체제의 | 371 |
| □ antiforeign | 형 반외국적인 | 371 |
| □ antifreeze | 명 형 부동액(의) | 372 |
| □ antipathetic | 형 반감을 가진, 성격이 맞지 않는 | 188 |
| □ antipathy | 명 반감, 혐오, 싫어하는 것, 공연히 싫은 것 | 187, 370 |
| □ antisepsis | 명 소독, 방부 | 372 |
| □ antiseptic | 명 방부제, 소독제 / 형 방부의, 방부제를 사용한, 살균된 | 372 |
| □ antitrust | 형 독점 금지의 | 372 |
| □ apathetic | 형 무감정의, 냉담한 | 187 |
| □ apathy | 명 무관심, 무감정, 무감동, 냉담 | 187 |

| | | | |
|---|---|---|---|
| ☐ appellee | 명 피상소인 | | 402 |
| ☐ append | 동 (부록으로) 덧붙이다, 첨부하다, 동봉하다, 부록을 달다 | | 199 |
| ☐ appendage | 명 첨가물, 부속물 | | 199 |
| ☐ appendix | 명 부록 [복수형은 appendices] | | 199 |
| ☐ apprehension | 명 우려, 염려 | | 382 |
| ☐ aptitude | 명 재능, 소질 | | 386 |
| ☐ archaeologist | 명 고고학자 | | 399 |
| ☐ archeology | 명 고고학 (또는 archaeology) | | 31 |
| ☐ ascribe | 동 ~에 돌리다, ~에 기인하는 것으로 하다, ~에 속한다고 생각하다 | | 238 |
| ☐ aspire | 동 열망하다, 갈망하다, 대망을 품다 | | 247 |
| ☐ assist | 동 거들다, 도와주다, 원조하다 | | 250 |
| ☐ assistance | 명 원조 | | 388 |
| ☐ assistant | 명 보좌, 어시스턴트 형 보좌의, 부의 | | 404 |
| ☐ associate | 동 연상하다, 관련시키다, 제휴하다, 교제하다 / 명 제휴자, 공동경영자 | | 353 |
| ☐ asterisk | 명 별표(*) / 동 별표를 붙이다 | | 32 |
| ☐ asteroid | 명 소혹성, 불가사리 | | 33 |
| ☐ astrology | 명 점성술, 원시천문학 | | 32 |
| ☐ astrometeorology | 명 천체기상학 | | 33 |
| ☐ astrometry | 명 천체측정학, 위치천문학 | | 33 |
| ☐ astronomy | 명 천문학 | | 32 |
| ☐ astrophysics | 명 천체물리학, 우주물리학 | | 33 |
| ☐ atheism | 명 무신론 | | 307 |
| ☐ atheist | 명 무신론자 | | 308, 400 |
| ☐ atom | 명 원자 | | 307 |
| ☐ attend | 동 출석하다, 간호하다, 정성을 들이다, 경청하다 | | 353 |
| ☐ attention | 명 주의, 배려, 친절 | | 264 |
| ☐ attentive | 형 주의 깊은, 동정심이 있는, 아끼는 | | 264 |
| ☐ attitude | 명 태도 | | 386 |
| ☐ attract | 동 끌어당기다, 매혹하다 | | 266 |
| ☐ attraction | 명 마음을 끄는 것 | | 382 |
| ☐ attractive | 형 매력 있는, 매혹하는 | | 416 |
| ☐ audible | 형 들리는, 들을 수 있는 | | 34 |
| ☐ audience | 명 청중, 알현, 청취 | | 35 |

| | | | |
|---|---|---|---|
| □ audiology | 명 청각학 | | 36 |
| □ audiometer | 명 청력측정기, 음파계 | | 35 |
| □ audio-visual | 형 시청각의 | | 36 |
| □ audition | 명 (가수, 배우 등의 계약시에 하는) 오디션, 청력, 청취 | | 35, 382 |
| □ auditor | 명 방청인, 감사, 청강생 | | 34 |
| □ auditorium | 명 강당, 청중석 | | 35 |
| □ auditory | 형 청각의, 귀의 | | 36 |
| □ autocide | 명 (충돌 따위의 방법에 의한) 자동차 자살 | | 62 |
| □ autocrat | 명 독재자, 군주 | | 37 |
| □ autogenesis | 명 자연 발생 | | 38 |
| □ autograph | 명 자필 서명, 사인 | | 37 |
| □ automatic | 형 자동의, 자동적인 | | 38 |
| □ automobile | 명 자동차 | | 38 |
| □ autonomy | 명 자치, 자치권 | | 39 |
| □ averse | 형 매우 싫어하는, 반대하는, 질색하는 | | 283 |
| □ aversion | 명 혐오, 반감 | | 283 |
| □ avert | 동 피하다, 일어나는 것을 막다 | | 279 |
| □ aviatress | 명 여비행가 | | 403 |
| □ avoidance | 명 회피 | | 388 |

# B

| | | |
|---|---|---|
| □ bacteriology | 명 세균학 | 392 |
| □ baker | 명 빵집 | 397 |
| □ baptism | 명 세례(식) | 395 |
| □ barbaric | 형 미개의, 야만적인 | 412 |
| □ barbarism | 명 야만, 미개(상태) | 395 |
| □ barber | 명 이발사 | 397 |
| □ beastly | 형 들짐승 같은 | 420 |
| □ beautician | 명 미용사, 미용실의 경영자 | 401 |
| □ beautiful | 형 아름다운 | 411 |
| □ beautify | 동 아름답게 하다 | 422 |
| □ becloud | 동 구름으로 덮다, 혼란시키다 | 316 |
| □ bedaub | 동 마구 칠하다, 문질러 바르다 | 316 |

| | | |
|---|---|---|
| □ befall | 동 일어나다, 닥치다 | 316 |
| □ befit | 동 어울리다, 적당하다 | 317 |
| □ befog | 동 안개로 덮다, (사람을) 혼란시키다 | 317 |
| □ befool | 동 우롱하다, 속이다 | 317 |
| □ befriend | 동 ~의 편이 되다, ~을 돌보아 주다 | 316 |
| □ beget | 동 (자식을) 얻다, 생기게 하다 | 317 |
| □ beggar | 명 거지 | 397 |
| □ behave | 동 행동하다, 작용(작동)하다 | 317 |
| □ behead | 동 목을 베다, 참수하다 | 317 |
| □ behold | 동 보다 | 317 |
| □ belligerence | 명 호전성 | 389 |
| □ belligerency | 명 교전 상태 | 389 |
| □ belligerent | 형 호전적인, 전쟁중의 / 명 교전국(의 병사) | 126 |
| □ bemoan | 동 슬퍼하다, 한탄하다 | 317 |
| □ benediction | 명 (교회용어) 축복의 기도, 강복 | 42 |
| □ benefactor | 명 은인, 후원자 | 41, 398 |
| □ beneficial | 형 유익한 | 40 |
| □ beneficiary | 명 수익자, 수령인 | 42 |
| □ benefit | 명 이익, 특전, 은혜 / 동 ~의 이익이 되다, ~에게 이롭다 | 40 |
| □ benevolent | 형 인자한, 자선적인, 인정이 많은 | 41 |
| □ benign | 형 친절한, 상냥한 | 43 |
| □ berate | 동 시끄럽게 꾸짖다, 심하게 꾸짖다 | 316 |
| □ beseem | 동 어울리다 | 317 |
| □ beset | 동 포위하다, 에워싸다, 괴롭히다, 박아 넣다 | 316 |
| □ besmear | 동 더덕더덕 바르다, 더럽히다 | 316 |
| □ bespeak | 동 예약하다, 보이다, ~의 징조이다 | 317 |
| □ betray | 동 (적에게) 팔다, 배반하다 | 318 |
| □ beware | 동 조심하다, 경계하다 | 318 |
| □ bibliophile | 명 애서가 | 205 |
| □ biennial | 형 2년에 한 번의, 2년간 계속되는 | 26 |
| □ bigamy | 명 중혼(죄) | 119 |
| □ biochemistry | 명 생화학 | 44 |
| □ biogenesis | 명 생물 발생설 | 45 |

| | | |
|---|---|---|
| ☐ biogeography | 명 생물지리학 | 45 |
| ☐ biographee | 명 전기의 주인공 | 402 |
| ☐ biography | 명 전기, 일대기, 전기문학 | 44, 135 |
| ☐ biologist | 명 생물학자 | 399 |
| ☐ biology | 명 생물학 | 45, 392 |
| ☐ biophysics | 명 생물물리학 | 45 |
| ☐ bioplasm | 명 원형질, 바이오 플라즈마 | 45 |
| ☐ biotechnology | 명 생물 공학 | 45 |
| ☐ biotic | 형 생물의 | 45 |
| ☐ bondage | 명 노예의 신분, 속박 | 391 |
| ☐ bonus | 명 특별상여금, 보너스 | 42 |
| ☐ bookish | 형 독서를 좋아하는, 탁상의 | 418 |
| ☐ boorish | 형 촌스러운, 야비한 | 418 |
| ☐ botanist | 명 식물학자 | 399 |
| ☐ boyish | 형 소년의(같은), 소년다운 | 418 |
| ☐ bravery | 명 용기 | 405 |
| ☐ brazen | 형 놋쇠로 만든 | 415 |
| ☐ brighten | 동 밝게 하다(밝아지다) | 425 |
| ☐ brilliancy | 명 빛남, 탁월 | 388 |
| ☐ broaden | 동 넓히다(넓어지다) | 425 |
| ☐ brutish | 형 들짐승 같은, 흉폭한 | 418 |
| ☐ bulldozer | 명 불도저 | 397 |

## c

| | | |
|---|---|---|
| ☐ calligraphy | 명 달필, 서예 | 135 |
| ☐ capture | 동 붙잡다, 생포하다, 획득하다 / 명 포획, 생포 | 49 |
| ☐ careful | 형 주의 깊은, 신중한 | 411 |
| ☐ careless | 형 부주의한 | 409 |
| ☐ carpentry | 명 목수일 | 405 |
| ☐ cartage | 명 트럭 운송(료) | 391 |
| ☐ casual | 형 우연의, 무심결의 | 46 |
| ☐ catty | 형 고양이 같은, 민첩한, 심술궂은 | 419 |
| ☐ censure | 명 심한 비난, 책망 | 387 |

| | | |
|---|---|---|
| ☐ centenarian | 형 100세의, 100년의 / 명 100세 (이상)의 사람 | 60 |
| ☐ centenary | 형 100(년)의, 100년마다의 / 명 백년간(제) | 59 |
| ☐ centennial | 형 백년마다의, 백년의 | 27 |
| ☐ centigrade | 형 100분도의, 섭씨의 | 59 |
| ☐ centimeter | 명 센티미터(1/100m) | 60 |
| ☐ centipede | 명 지네 | 60, 192 |
| ☐ centuple | 형 백배의 / 동 100배하다 | 60 |
| ☐ centuplicate | 동 100배로 하다 / 형 100배의 | 60 |
| ☐ century | 명 1세기(100년), 백 개 | 60 |
| ☐ championship | 명 선수권, 우승(자의 지위 또는 명예) | 385 |
| ☐ characterize | 동 간주하다, 특징지우다 | 424 |
| ☐ charity | 명 자선 | 390 |
| ☐ chemist | 명 화학자 | 399 |
| ☐ childish | 형 아이 같은 | 418 |
| ☐ childless | 형 아이가 없는 | 409 |
| ☐ Christianize | 동 기독교화하다 | 424 |
| ☐ circuit | 명 순회, 회로, 회전 | 323 |
| ☐ circuitous | 형 돌아가는 길(우회)의, 완곡한 | 323 |
| ☐ circumambulate | 동 두루 돌아다니다, 방황하다 | 321 |
| ☐ circumcise | 동 할례를 행하다 | 321 |
| ☐ circumference | 명 주변지역, 원주, 영역 | 321 |
| ☐ circumflex | 명 형 곡절 악센트기호(를 붙인) | 322 |
| ☐ circumfluent | 형 주위를 흐르는, 환류(還流)하는 | 322 |
| ☐ circumlocution | 명 빗대어 말하는 법, 빙 돌려서 하는 표현, 빗댄 말들, 완곡한 표현 | 151, 323 |
| ☐ circumnavigate | 동 ~을 주항(周航)하다, 배로 (세계를) 일주하다 | 322 |
| ☐ circumscribe | 동 ~을 제한하다, 주위에 선을 긋다, ~의 둘레에 선을 긋다, 단락을 짓다, ~의 경계를 정하다 | 239, 322 |
| ☐ circumspect | 형 신중한, 주의 깊은 | 321 |
| ☐ circumstance | 명 [보통 pl.] 상황, 환경, 사정, 생활 형편 | 252, 322 |
| ☐ circumvent | 동 선수를 쓰다, 함정에 빠뜨리다, 회피하다, 에워싸다 | 323 |
| ☐ circumvolve | 동 회전하다(시키다) | 322 |
| ☐ citizenship | 명 시민으로서의 신분, 시민(공민)권 | 385 |
| ☐ civilize | 동 문명화하다(야만상태에서 빠져나오게 하다) | 424 |

| | | | |
|---|---|---|---|
| ☐ clamor | 명 외침, 소란 / 동 성가시게 요구하다 | | 66 |
| ☐ clamorous | 형 시끄러운, 떠들썩한, 불만이 많은 | | 66 |
| ☐ clarity | 명 투명, 명료 | | 390 |
| ☐ classical | 형 고대 그리스·로마의, 고전의, 클래식 음악의 | | 413 |
| ☐ climatology | 명 기후학 | | 392 |
| ☐ cloudy | 형 흐린 | | 419 |
| ☐ coequal | 형 명 동격(동등)의 (사람) | | 344 |
| ☐ coerce | 동 강제(강요)하다, 무리하게 ~시키다 | | 344 |
| ☐ coexist | 동 공존하다 | | 345 |
| ☐ coexistence | 명 공존 | | 345 |
| ☐ cohere | 동 밀착하다, 결합하다, 시종일관하다, 응집하다 | | 139, 345 |
| ☐ coldness | 명 추위, 차가움 | | 384 |
| ☐ collaborate | 동 공동으로 행하다, 공동으로 (일 등을) 하다, 협력하다 | | 345 |
| ☐ colleague | 명 동료 | | 345 |
| ☐ collide | 동 부딪치다, 충돌하다 | | 346 |
| ☐ colloquial | 형 구어체의, 스스럼없는, 회화체의 | | 150 |
| ☐ colloquialism | 명 구어적 표현, 구어체 | | 395 |
| ☐ colonize | 동 식민지화하다 | | 424 |
| ☐ compatriot | 명 동포, 동국인 | | 344 |
| ☐ compel | 동 (사람을) 억지로 ~시키다, 강제하다, 강요하다 | | 193 |
| ☐ compensation | 명 배상 | | 382 |
| ☐ compete | 동 경쟁하다, 다투다, 겨루다, 필적하다 | | 201 |
| ☐ competent | 형 유능한, 적임의, 자격 있는 | | 202 |
| ☐ competitor | 명 경쟁 상대 | | 398 |
| ☐ complete | 형 모든 요소(부분)를 포함하는, 완비한, 완성한, 끝난, 완전한<br>동 ~을 전부 갖추다, 완전하게 하다, 완성하다 | | 206 |
| ☐ complex | 형 (서로 관련된) 몇 개의 부분으로 된, 복합의, 복잡한, 잡입한<br>명 복합체, 종합빌딩, 단지 | | 209 |
| ☐ complicate | 동 복잡하게 하다, 얽히게 하다 | | 210 |
| ☐ compose | 동 ~을 구성하다, (~로) 되어 있다, 가라앉다, 작곡하다 | | 213 |
| ☐ compound | 명 화합물, 혼합물 / 형 합성의, 혼합의, 복합의<br>동 혼합하다, 조제하다, 화해하다 | | 214 |
| ☐ compulsory | 형 강제적인, 의무적인 | | 405 |
| ☐ compute | 동 계산하다, 어림잡다, 산정하다, ~을 컴퓨터로 계산하다 | | 225 |

| | | |
|---|---|---|
| □ concede | 통 (진실, 정당)을 인정하다, 양보하다, 시인하다, 용인하다 | 53, 344 |
| □ conceive | 통 (감정·의견 등을) 마음에 품다, 상상하다 | 51 |
| □ concept | 명 개념 | 52 |
| □ concise | 형 간결한, 간단한 | 61 |
| □ concur | 통 의견이 일치하다, 동시에 일어나다 | 80 |
| □ confer | 통 수여하다, 전수하다, 협의하다, 상담하다 | 104 |
| □ confuse | 통 애매하게 하다, 혼란시키다, 혼동하다 | 116 |
| □ congest | 통 ~을 충만시키다 | 128 |
| □ congested | 형 밀집한, 혼잡한, 충혈된 | 128 |
| □ congestion | 명 밀집, 충만 | 128 |
| □ congestive | 형 울혈의, 충혈의 | 128 |
| □ congratulate | 통 축하하다, 운 좋게 된 것을 기뻐하다 | 132 |
| □ conjunction | 명 결합, 공동, 관련, 동시발생, 접속사 | 144 |
| □ conquest | 명 정복, 획득 | 231 |
| □ consist | 통 되다, 성립하다, 구성되다, (~에) 존재하다, (~와) 일치하다 | 253 |
| □ consistent | 형 일치하는, 조리 있는, 시종일관된, 착실한 | 254 |
| □ conspicuous | 형 똑똑히 보이는, 눈에 띄는 | 243 |
| □ conspire | 통 음모를 세우다, 공모하다, 서로 겹치다 | 247 |
| □ constant | 형 불변의, 일정한, 끊임없는, 확고한 | 252 |
| □ construction | 명 건설, 구조 | 382 |
| □ contact | 명 접촉, 교제, 연고, 연줄<br>통 접촉시키다, 접촉하다, 연락하다, 교제하다 | 255 |
| □ contain | 통 ~을 포함하다, 함유하다, 수용하다, 억제하다 | 258 |
| □ continent | 명 대륙, [the를 붙여 대문자로] 유럽 대륙 | 258 |
| □ contraband | 명 밀수품, 밀수 | 373 |
| □ contraceptive | 형 피임용의, 피임기구(약) | 373 |
| □ contract | 명 계약(서), 청부, 약혼 / 통 계약을 맺다, (근육을) 수축시키다, 수축하다, 좁히다, 줄이다, (중병에) 걸리다 | 267 |
| □ contradict | 통 부정하다, 모순되다 | 88 |
| □ conversant | 형 ~에 정통하고 있는, 관련되어 있는 | 284 |
| □ convert | 통 ~을 …으로 바꾸다, 전향(개종)시키다, 개조(개장)하다, 환산하다 | 279 |
| □ cooperative | 형 협동의, 협력적인 | 416 |
| □ cordial | 형 마음에서의, 성심성의의, 기운을 돋우는 | 70 |
| □ core | 명 핵심, 속, 중심부 | 72 |

| | | | |
|---|---|---|---|
| ☐ corrupt | 형 부정한, 타락한, 뇌물이 통하는 | | |
| | 동 타락하다(시키다), 매수하다(당하다), (원문이) 개악되다 | | 232 |
| ☐ counterattack | 명 반격 / 동 반격(역습)하다 | | 373 |
| ☐ counterblast | 명 맹렬한 반대 | | 374 |
| ☐ counterblow | 명 카운터블로, 역습 | | 374 |
| ☐ counterclockwise | 형 부 왼쪽으로 도는, 시계 반대방향으로 도는 | | 373 |
| ☐ counterfeit | 동 위조하다 / 형 모조의 / 명 위조물, 위조품 | | 374 |
| ☐ counterstatement | 명 반대 진술, 반박 | | 374 |
| ☐ countess | 명 백작부인 | | 403 |
| ☐ courage | 명 용기 | | 72 |
| ☐ courageous | 형 용감한 | | 72 |
| ☐ cousinship | 명 사촌관계 | | 385 |
| ☐ craftmanship | 명 (장인의) 솜씨, 기능 | | 385 |
| ☐ creation | 명 창조 | | 382 |
| ☐ creature | 명 창조물, 생물 | | 387 |
| ☐ credence | 명 신용, 신뢰 | | 76 |
| ☐ credential | 명 [보통 pl.] (신용) 증명서, 신임장 | | 75 |
| ☐ credit | 명 신용, 신뢰, 명성, 영예 | | 74 |
| ☐ credo | 명 신조 | | 76 |
| ☐ credulous | 형 믿기 쉬운, 속기 쉬운 | | 76, 414 |
| ☐ criminology | 명 범죄학 | | 392 |
| ☐ criticism | 명 비평, 비판 | | 395 |
| ☐ cubicle | 명 침실, 개인용 방, 칸막이한 작은 방 | | 77, 407 |

# D

| | | |
|---|---|---|
| ☐ daily | 형 날마다의, 매일의, 일간의 | 421 |
| ☐ dancer | 명 댄서 | 397 |
| ☐ darken | 동 어둡게 하다(어두워지다) | 425 |
| ☐ darkness | 명 어둠 | 384 |
| ☐ darling | 명 형 가장 사랑하는 사람, 귀여운 사람, 가장 사랑하는, | |
| | (부를 때) 당신, 너 | 407 |
| ☐ Darwinism | 명 다윈주의 | 395 |
| ☐ death | 명 죽음 | 383 |
| ☐ debark | 동 하선하다, 상륙하다 | 365 |

| | | | |
|---|---|---|---|
| ☐ decadent | 형 | 쇠퇴기에 접어든, 퇴폐적인 | 46 |
| ☐ deceive | 동 | 속이다, 기만하다, 현혹시키다 | 50 |
| ☐ decentralize | 동 | 지방분권으로 하다, (권한을) 분산시키다 | 366 |
| ☐ decision | 명 | 결심, 결정 | 382 |
| ☐ declaim | 동 | 열변을 토하다, 심하게 비난하다, 연설하다 | 64 |
| ☐ declare | 동 | 선언(포고)하다, 분명히 하다 | 365 |
| ☐ declassify | 동 | 기밀 리스트에서 빼다 | 367 |
| ☐ deduct | 동 | 빼다, 공제하다 | 95 |
| ☐ deepen | 동 | 깊게 하다(깊어지다) | 425 |
| ☐ deficiency | 명 | 부족, 결핍 | 389 |
| ☐ definition | 명 | 정의 | 382 |
| ☐ deflect | 동 | 빗나가게 하다, 빗나가다, 편향시키다, 비뚤어지게 하다 | 108, 366 |
| ☐ deform | 동 | 기형으로 하다, 변형시키다, 흉하게 되다 | 366 |
| ☐ dehumidify | 동 | 방습하다, 건조시키다 | 365 |
| ☐ demagogue | 명 | 선동가, 선동정치가, 민중지도자 | 84 |
| ☐ democracy | 명 | 민주주의, 민주정치, 민주국가 | 84 |
| ☐ demography | 명 | 인구의 통계적 연구, 인구통계학 | 85 |
| ☐ demolish | 동 | 파괴하다 | 423 |
| ☐ demonology | 명 | 악마연구, 귀신학 | 392 |
| ☐ demote | 동 | (계급·지위 등을) 떨어뜨리다, 격하하다, 강등시키다 | 366 |
| ☐ denounce | 동 | (공공연히) 비난하다, 고소하다, (경찰에) 호소하다 | 179 |
| ☐ dental | 형 | 치아의, 치과의사의 | 86 |
| ☐ denticle | 명 | 작은 이, 이 모양의 돌기 | 87 |
| ☐ dentiform | 형 | 치아의 모양을 한, 치상의 | 86 |
| ☐ dentifrice | 명 | 치약(가루) | 86 |
| ☐ dentilingual | 형 | 치설음의 | 86 |
| ☐ dentin | 명 | (치아의) 상아질 | 86 |
| ☐ dentiphone | 명 | 덴티폰, 치음기 | 86 |
| ☐ dentist | 명 | 치과의사 | 86 |
| ☐ dentistry | 명 | 치과의술, 치과(의학) | 87 |
| ☐ dentition | 명 | 치아의 상태 | 87 |
| ☐ dentoid | 형 | 치아와 같은, 치아와 닮은 | 87 |
| ☐ denture | 명 | 틀니, 부분 의치 | 87 |

| | | |
|---|---|---|
| ☐ denuclearization | 명 비핵화 | 367 |
| ☐ deodorizer | 명 방부제 | 397 |
| ☐ departure | 명 출발 | 387 |
| ☐ dependence | 명 의존 | 389 |
| ☐ deplete | 동 격감시키다, 고갈시키다, 다 써버리다 | 207, 366 |
| ☐ depopulate | 동 인구를 감소시키다 | 366 |
| ☐ deport | 동 추방하다, (강제적으로) 이송하다 | 221 |
| ☐ depose | 동 물리치다, 퇴임시키다, (문서로) 선서하다, 증언하다 | 214 |
| ☐ deposit | 동 두다, 내리다, 쌓이게 하다, 예금하다, 계약금으로 지불하다<br>명 퇴적물, 침전, 광상 | 215 |
| ☐ depth | 명 깊이 | 383 |
| ☐ descend | 동 내리다, 내려가다, 계승하다,<br>(수동태에서 from을 수반하여) ~의 자손이다 | 366 |
| ☐ describe | 동 ~을 (문자·말로) 서술하다, 묘사하다, 기술하다,<br>(인물을) 평하다, 그리다, 나타내다 | 235 |
| ☐ description | 명 기술, 서술 | 382 |
| ☐ desist | 동 (행위 등을) 그만두다 | 252 |
| ☐ despotic | 형 전제(독재)적인 | 412 |
| ☐ despotism | 명 전제(정치), 독재(정치) | 395 |
| ☐ detain | 동 붙들다, 기다리게 하다, 억류하다 | 259 |
| ☐ detente | 명 긴장 완화, 데탕트 | 265 |
| ☐ dethrone | 동 (왕을) 폐위시키다, (지위에서) 쫓아내다 | 367 |
| ☐ detract | 동 (사람·주의 등을) 떨어뜨리다, 손상시키다,<br>(주의를) 딴 데로 쏠리게 하다, 줄이다, 줄다 | 267 |
| ☐ detract | 동 줄이다, 떨어뜨리다 | 367 |
| ☐ deuterogamy | 명 재혼 | 120 |
| ☐ development | 명 발전, 발달 | 381 |
| ☐ diction | 명 말씨, 말 | 89 |
| ☐ dictionary | 명 사전, 사서 | 405 |
| ☐ differ | 동 다르다, 틀리다 | 104 |
| ☐ difference | 명 다름 | 389 |
| ☐ different | 형 다른, 상이한 | 404 |
| ☐ diffuse | 동 퍼뜨리다, 보급시키다, 확산하다, 보급하다 | 117 |

| | | |
|---|---|---|
| ☐ digest | 동 소화하다, 터득하다, 요약하다 / 명 요약 | 126 |
| ☐ dignity | 명 위엄 | 390 |
| ☐ disabled | 명 불구자 | 311 |
| ☐ disadvantage | 명 불리한 입장, 손실 | 309 |
| ☐ disagree | 동 일치하지 않다, 체질에 맞지 않다 | 309 |
| ☐ disappear | 동 소멸하다, 사라지다 | 309 |
| ☐ disappoint | 동 실망시키다 | 309 |
| ☐ disappointment | 명 실망 | 381 |
| ☐ disapprove | 동 불가하다고 하다, 안 된다고 하다 | 310 |
| ☐ disarm | 동 무장 해제하다 | 311 |
| ☐ disarmament | 명 무장 해제, 군축 | 310 |
| ☐ disbar | 동 변호사의 자격을 박탈하다 | 311 |
| ☐ disclaim | 동 포기하다, 기권하다, 부인하다 | 66 |
| ☐ disclose | 동 덮개를 치우다, 폭로하다 | 68 |
| ☐ discord | 동 일치하지 않다, 사이가 나쁘다<br>명 불일치, 불화, 소음, 불협화음, 내분, 알력 | 72, 310 |
| ☐ discourage | 동 용기를 잃게 하다, 낙담시키다, 실망시키다, 단념시키다 | 73, 310 |
| ☐ discouragement | 명 낙담 | 381 |
| ☐ discredit | 동 ~의 신용을 손상시키다, 신용을 해치다, 신용하지 않다<br>명 불신, 불명예 | 75, 310 |
| ☐ disgrace | 명 불명예, 면목 없음 | 310 |
| ☐ dishonest | 형 정직하지 않은 | 310 |
| ☐ dishonor | 명 불명예 | 310 |
| ☐ disinherit | 동 상속권을 박탈하다, 유산을 빼앗다 | 311 |
| ☐ dismiss | 동 해임(해고)하다, 해산시키다, 보내다, 물러나게 하다, 잊어버리다 | 163 |
| ☐ disorder | 명 정돈 안 됨, 혼란 | 310 |
| ☐ dispel | 동 쫓아버리다, 없애다 | 196 |
| ☐ dispense | 동 나눠주다, 집행하다, (약을) 조제하다, 면제하다,<br>(with를 동반하여) ~없이 때우다, 생략하다 | 197 |
| ☐ displease | 동 기분 나쁘게 하다, 불쾌하게 하다 | 311 |
| ☐ dispose | 동 (적절하게) 배치하다, 정리(배치)하다, [of를 수반하여] 처리하다,<br>처분하다, ~할 마음이 내키게 하다 | 215, 311 |
| ☐ dispute | 동 논쟁하다, 의논하다, 의심을 품다, 경쟁하다<br>명 논쟁, 의논, 쟁의 | 225 |

| 단어 | 뜻 | 페이지 |
|---|---|---|
| disrupt | 동 ~을 혼란시키다, 붕괴시키다, 찢어버리다, 일시 불통케 하다<br>형 혼란한, 분열한 | 232 |
| dissident | 형 달리하는, 다른 의견을 가진 / 명 의견을 달리하는 사람, 반대자 | 242 |
| distance | 명 거리 | 253 |
| distant | 형 먼, 거리가 ~정도 되는 | 252 |
| distasteful | 형 (맛이) 없는, 싫은 | 311 |
| distend | 동 넓히다(넓어지다), 팽창시키다, 부풀다 | 264 |
| distract | 동 (마음·주의를) 분산시키다, 돌리다, 어쩔 줄 모르게 하다 | 268 |
| distrust | 동 신용하지 않다 | 311 |
| diversify | 동 다양화하다 | 422 |
| divert | 동 (강 등의 진로를) 바꾸다, 돌리다, 기분을 바꾸다, 전용하다, 즐겁게 하다 | 280 |
| docile | 형 가르치기 쉬운, 솔직한, 다루기 쉬운 | 90, 417 |
| doctor | 명 의사, 박사 | 90 |
| doctrine | 명 교의, 주의, 가르침 | 91 |
| document | 명 문서, 기록 | 91 |
| donee | 명 기증받는 사람, 지정권자 | 402 |
| donor | 명 제공자 | 398 |
| dormant | 형 자고 있는(듯한), 활발하지 않은 | 404 |
| dormitory | 명 기숙사 | 405 |
| doubtful | 형 의심스러운 | 411 |
| dramatics | 명 연출법, 연기법 | 394 |
| druggist | 명 약제사 | 400 |
| duckling | 명 오리(집오리) 새끼 | 407 |
| duplicat | 동 복사하다, 반복하다 | 426 |

# E

| 단어 | 뜻 | 페이지 |
|---|---|---|
| earthen | 형 흙으로 만들어진, 도자기 제품의 | 415 |
| ecologist | 명 생태학자 | 399 |
| economics | 명 경제학 | 394 |
| economist | 명 경제학자 | 399 |
| ecstasy | 명 무아경, 황홀, 법열, 엑스터시 | 253 |
| educate | 동 교육하다 | 96 |
| effect | 명 결과, 영향, 효과 | 102 |

| | | | |
|---|---|---|---|
| ☐ effective | 형 효과적인, 실제의 | | 102 |
| ☐ effervesce | 동 거품이 일다, 들뜨다, 열광하다 | | 356 |
| ☐ efficiency | 명 능률 | | 389 |
| ☐ efficient | 형 유능한, 능률적인 | | 101 |
| ☐ effusion | 명 유출, 용솟음, 감정을 그대로 드러낸 표현 | | 118 |
| ☐ eject | 동 쫓아내다, 분출하다, 배설하다 | | 143 |
| ☐ elect | 동 선거하다, 고르다 | | 146 |
| ☐ electrician | 명 전기 기술자 | | 401 |
| ☐ electrify | 동 전기를 통하다, 전기를 띠게 하다 | | 422 |
| ☐ elementary | 형 초보의 | | 405 |
| ☐ elocution | 명 연설의 방식, 연설법, 웅변술 | | 151 |
| ☐ eloquent | 형 웅변의 | | 150 |
| ☐ emancipate | 동 해방하다, 이탈시키다 | | 157 |
| ☐ embellish | 동 장식하다, 아름답게 하다, 꾸미다 | | 315, 423 |
| ☐ embitter | 동 비참하게 하다, 적의를 품게 하다 | | 315 |
| ☐ embody | 동 구체화하다, 실현하다, 담고 있다 | | 315 |
| ☐ embrace | 동 껴안다 | | 314 |
| ☐ embroidery | 명 자수(법), 자수품 | | 406 |
| ☐ embryology | 명 발생학 | | 392 |
| ☐ emissary | 명 사자, 밀사 / 형 밀사의 | | 165 |
| ☐ emit | 동 내다, 방출하다 | | 164 |
| ☐ emotion | 명 감정, 감동, 감격 | | 172 |
| ☐ employee | 명 종업원 | | 402 |
| ☐ employer | 명 고용주 | | 397 |
| ☐ employment | 명 고용 | | 381 |
| ☐ enact | 동 (법률을) 제정하다, (법률로) 규정하다 | | 15 |
| ☐ enamor | 동 ~에 반하게 하다, 호리다, 매혹하다 | | 21 |
| ☐ encamp | 동 야영하다(시키다) | | 312 |
| ☐ encircle | 동 포위하다 | | 312 |
| ☐ enclose | 동 둘러싸다, 넣다, 동봉하다, 포위하다 | | 68, 312 |
| ☐ encourage | 동 기력(용기)을 북돋우다 | | 73, 312 |
| ☐ encumber | 동 방해하다, 귀찮게 굴다, 가득하게 하다 | | 78 |
| ☐ endanger | 동 위험에 빠뜨리다 | | 312 |

| | | |
|---|---|---|
| □ endear | 동 애정을 느끼게 하다 | 313 |
| □ endogamy | 명 동족 결혼 | 120 |
| □ enfold | 동 둘러싸다, 포옹하다 | 313 |
| □ engagement | 명 약속, 혼약 | 381 |
| □ enjoyable | 형 즐길 수 있는 | 408 |
| □ enlarge | 동 확대하다 | 313 |
| □ enlighten | 동 계발하다, 계몽하다 | 313 |
| □ enmity | 명 증오 | 390 |
| □ enrage | 동 노하게 하다 | 313 |
| □ enrich | 동 유복하게 하다 | 313 |
| □ enshrine | 동 (성당에) 안치하다, 소중히 하다 | 313 |
| □ enslave | 동 노예로 삼다, 포로로 하다 | 314 |
| □ ensure | 동 ~을 책임지다, 보증하다, ~을 안전하게 지키다 | 314 |
| □ entangle | 동 얽히게 하다, 휩쓸려 말려들게 하다 | 314 |
| □ entertainment | 명 환대, 오락, 유흥 | 381 |
| □ enthrone | 동 왕위에 앉히다, 즉위시키다, 깊이 존경하다 | 314 |
| □ entrap | 동 (동물을) 올가미에 걸어서 붙잡다, 함정에 빠뜨리다 | 314 |
| □ envisage | 동 계획하다, 마음에 그리다 | 288 |
| □ envision | 동 (장래의 일을) 상상하다, 마음속에 그리다, 계획하다 | 288 |
| □ enwrap | 동 싸다, 휘감다 | 314 |
| □ epidemic | 형 유행성의 / 명 유행(병) | 85 |
| □ equable | 형 안정된, 한결같은, 고른 | 98 |
| □ equal | 형 동등한, 동일한 | 410 |
| □ equate | 동 같은 것을 표시하다, 동일시하다 | 99 |
| □ equation | 명 평균화, 동일화, 방정식 | 99 |
| □ equator | 명 적도 | 98 |
| □ equidistant | 형 같은 거리의 | 99 |
| □ equilibrist | 명 (서커스의) 줄타기곡예사 | 99 |
| □ equilibrium | 명 조화, 평형, 균형, (마음의) 평정 | 97 |
| □ equinox | 명 주야 평분시, 추분, 춘분 | 99 |
| □ equipment | 명 준비, [보통 pl.] 장비 | 381 |
| □ equipoise | 명 조화, 평형 | 98 |
| □ equivalent | 형 동등한, 같은, 상당하는 / 명 동의어 | 99 |

| | | | |
|---|---|---|---|
| ☐ equivocal | 형 | 확실하지 않은, 의심스러운, 모호한 | 98 |
| ☐ erupt | 동 | 분출·분화하다, 발진하다, 발발하다 | 233 |
| ☐ establish | 동 | 설립(창립)하다 | 423 |
| ☐ establishment | 명 | 설립 | 381 |
| ☐ ethics | 명 | 윤리(학) | 394 |
| ☐ ethnology | 명 | 민족학 | 392 |
| ☐ evacuate | 동 | 소개시키다, 피난시키다, 퇴거시키다 | 275 |
| ☐ evacuation | 명 | 비우는 것, 배출, 피난, 소개 | 275 |
| ☐ evacuee | 명 | 피난자, 소개자 | 275 |
| ☐ evade | 동 | 달아나다, 피하다, 얼버무리다, 회피하다, 당혹하게 하다 | 356 |
| ☐ evaporate | 동 | 증발하다, 증발시키다 | 426 |
| ☐ evident | 형 | 명백한, 분명한 | 286 |
| ☐ evoke | 동 | (기억 등을) 불러일으키다, 꺼내다 | 293 |
| ☐ evolve | 동 | 서서히 발전(전개)시키다, 인도해내다, (진화)발전시키다 | 296 |
| ☐ examinee | 명 | 시험 보는 사람, 수험자 | 402 |
| ☐ exceed | 동 | 초과하다, ~을 넘다, 도를 넘다 | 54 |
| ☐ excision | 명 | 삭제, 제거, 적출 | 62 |
| ☐ excite | 동 | 흥분시키다 | 357 |
| ☐ exclaim | 동 | 외치다, 고함을 지르다 | 64 |
| ☐ exclude | 동 | 차단하다, 못들어오게 하다, 배제하다, 추방하다 | |
| | 명 | 배출, 배기 | 69, 356 |
| ☐ excruciate | 동 | 몹시 고통을 주다, 고문하다, 괴롭히다 | 357 |
| ☐ excursion | 명 | 소풍, 탈선 | 82 |
| ☐ excursive | 형 | 탈선하는, 산만한, 두서 없는, 지엽적인 | 82 |
| ☐ exhaust | 동 | 다 써버리다, 기진맥진하게 하다, 비우다, 배출(배기)하다 | |
| | 명 | 배출, 배기 | 357 |
| ☐ exhume | 동 | 파내다, 발굴하다 | 357 |
| ☐ existence | 명 | 존재 | 389 |
| ☐ exit | 동 | 퇴장(퇴거)하다 / 명 출구 | 357 |
| ☐ exogamy | 명 | 족 외 (다른 족) 결혼 | 120 |
| ☐ exorcism | 명 | 악마 쫓기, 액막이 | 395 |
| ☐ expatriate | 명 | 국외로 추방된 사람 | 186 |
| ☐ expel | 동 | 쫓아내다, 내뱉다 | 196 |
| ☐ expellee | 명 | 추방되는 사람 | 402 |

| | | | |
|---|---|---|---|
| □ expiration | 명 숨을 쉼, 만기 | | 249 |
| □ expire | 동 숨을 내쉬다(내뱉다), 숨을 거두다, 기한이 끝나다 | | 249 |
| □ explicit | 형 명쾌한, 솔직한 | | 210 |
| □ export | 동 수출하다 / 형 수출의 / 명 수출, 수출품, 수출액 | | 221 |
| □ expose | 동 노출시키다, 스치게 하다, 폭로하다, 발표하다 | | 216 |
| □ exposition | 명 전시, 진열, 박람회, 상세한 해설 | | 217 |
| □ exposure | 명 폭로, 드러내는(드러나는) 것 | | 387 |
| □ exquisite | 형 매우 아름다운, 멋진, 절묘한, 세련된, 격렬한 | | 231 |
| □ extend | 동 뻗다, 넓히다, 가리키다 | | 265 |
| □ exterminate | 동 근절하다, 박멸하다 | | 358 |
| □ extinguish | 동 끄다, 소멸시키다, 잃게 하다, 절멸시키다, (부채 등을) 상각하다, 무력하게 하다 | | 358, 423 |
| □ extort | 동 강요하다, 강탈하다, 무리하게 끌어내다 | | 358 |
| □ extracorporeal | 형 체외의 | | 336 |
| □ extract | 동 뽑다, 자르다, 꺼내다, 골라내다, 추출하다, 인용하다<br>명 뽑은 것, 추출물, 발췌, 진액 | | 268 |
| □ extracurricular | 형 과외의 | | 337 |
| □ extralegal | 형 법의 영역 외의, 법률의 지배를 받지 않는 | | 336 |
| □ extralinguistic | 형 언어 영역 밖의 | | 336 |
| □ extraordinary | 형 대단한, 비범한, 엄청난 | | 336 |
| □ extrasensory | 형 초감각적인 | | 336 |
| □ extraterrestrial | 형 지구 밖의, 지구 밖에서 발생하는, 우주의<br>명 지구 밖 생물 *약어 : ET | | 337 |
| □ extravagant | 형 낭비하는, 터무니없는, 정도를 넘는 | | 337 |
| □ extroversion | 명 외향(성), 외전(外轉) | | 284 |
| □ extrovert | 명 외향적(사교적)인 사람 / 동 외향적이게 하다 | | 284, 337 |

# F

| | | |
|---|---|---|
| □ facile | 형 경쾌한, 유창한, 다루기 쉬운 | 100 |
| □ facsimile | 명 복사, 팩시밀리 / 동 복사하다 | 103 |
| □ factitious | 형 부자연한, 만들어진, 인위적인 | 103 |
| □ factor | 명 요인, 요소 | 102 |
| □ factory | 명 공장 | 103, 405 |
| □ fallacious | 형 사람을 매혹시키는, 허위의 | 414 |

| | | | |
|---|---|---|---|
| ☐ fasten | 동 묶다, 닫다 | | 425 |
| ☐ fatherly | 형 아버지(로서 당연)의, 아버지같이 다정한 | | 420 |
| ☐ faulty | 형 결점이 있는, 잘못된 | | 419 |
| ☐ fearful | 형 무서운 | | 411 |
| ☐ fearless | 형 무서워하지 않는 | | 409 |
| ☐ feathery | 형 깃으로 덮인, 깃털 같은, 가벼운 | | 419 |
| ☐ fellowship | 명 동료 의식 | | 385 |
| ☐ ferry | 동 (배로) 건네주다, 항공기로 현지까지 수송하다 | | |
| | 명 나루터, 연락선, 페리 | | 106 |
| ☐ fertile | 형 비옥한 | | 417 |
| ☐ fertilize | 동 살찌게 하다 | | 424 |
| ☐ fiction | 명 소설(문학), 꾸며낸 이야기 | | 100 |
| ☐ financially | 부 재정적으로 | | 421 |
| ☐ fishery | 명 어업, 수산업 | | 405 |
| ☐ flattery | 명 아첨 | | 406 |
| ☐ fledgling | 명 금방 보금자리를 떠난 병아리, 풋내기 | | 407 |
| ☐ flex | 동 (관절 등을) 구부리다, 구부러지다 / 명 굴곡 | | 110 |
| ☐ flexible | 형 구부리기 쉬운, 유연한, 유순한 | | 108 |
| ☐ flexor | 명 굴근(屈筋) | | 110 |
| ☐ flexuous | 형 구불구불한, 굴곡이 많은 | | 110 |
| ☐ fluctuate | 동 동요하다(시키다), 끊임없이 변화하다 | | 112 |
| ☐ fluctuation | 명 동요, 변동 | | 112 |
| ☐ fluency | 명 유창, 거침없음 / 형 유창한 | | 111, 389 |
| ☐ fluid | 명 유동체, 액체 / 형 유동체의, 유동적인 | | 112 |
| ☐ foolish | 형 바보 같은 | | 418 |
| ☐ forebear | 명 [보통 pl.] 선조 | | 376 |
| ☐ forecabin | 명 앞쪽 선실(이등 선실) | | 376 |
| ☐ forecast | 동 예측(예보)하다 / 명 예측, 예보 | | 376 |
| ☐ forefather | 명 [보통 pl.] 선조, 조상 | | 376 |
| ☐ forefinger | 명 집게손가락 | | 376 |
| ☐ forefoot | 명 앞다리 | | 376 |
| ☐ forefront | 명 최전부, 최전선 | | 376 |
| ☐ forego | 동 먼저 가다, 앞서가다 | | 376 |
| ☐ foreground | 명 전경 | | 376 |

| | | | |
|---|---|---|---|
| ☐ forehand | 형 앞(쪽)의 / 명 [테니스] 포핸드 | | 376 |
| ☐ forehead | 명 이마, 물건의 앞부분, 앞쪽 | | 376 |
| ☐ foremost | 형 맨 앞의, 제1위의 | | 376 |
| ☐ forenoon | 명 형 오전(의), 오전 중(의) | | 376 |
| ☐ forerunner | 명 선구자 | | 377 |
| ☐ foresee | 동 예지하다, 예견하다, 선견지명이 있다 | | 377 |
| ☐ foresight | 명 선견(지명) | | 377 |
| ☐ foretell | 동 예고(예언)하다 | | 377 |
| ☐ foretooth | 명 앞니 | | 377 |
| ☐ foreword | 명 서문 *특히 필자 이외의 사람에 의한 것 | | 377 |
| ☐ fortify | 동 요새화하다 | | 422 |
| ☐ foundry | 명 주조장, 주물공장 | | 116 |
| ☐ foxy | 형 여우같은, 교활한, 뺀들거리는 | | 419 |
| ☐ fraction | 명 단편, 일부, 소량, 분수 | | 113 |
| ☐ fracture | 명 골절 | | 114 |
| ☐ fragile | 형 깨지기 쉬운, 부서지기 쉬운, 약한, 여린, 허약한 | | 113, 417 |
| ☐ fragment | 명 파편, 조각 | | 114 |
| ☐ frangible | 형 부서지기 쉬운, 무른 | | 115 |
| ☐ fratricide | 명 형제(자매) 살해 | | 63 |
| ☐ friendly | 형 친한, 친구 같은 | | 420 |
| ☐ friendship | 명 우호, 친선 | | 385 |
| ☐ frightful | 형 무서운, 굉장한 | | 411 |
| ☐ frozen | 형 추위로 언, 동상에 걸린 | | 415 |
| ☐ fruitage | 명 결실, 과일 | | 391 |
| ☐ functionary | 명 직원, 임원 | | 405 |
| ☐ furry | 형 부드러운 털의, 모피로 안을 댄 | | 419 |
| ☐ fusion | 명 융해, 용해, 융합, 연합 | | 117 |

# G

| | | |
|---|---|---|
| ☐ genealogist | 명 계보학자 | 400 |
| ☐ generalize | 동 일반화하다 | 424 |
| ☐ genesis | 명 기원, 발생, (대문자로) 창세기 | 121 |
| ☐ genial | 형 친절한, 상냥한, 쾌적한 | 122 |
| ☐ genital | 형 생식기의 | 122 |

| | | | |
|---|---|---|---|
| ☐ genius | 명 천재, 비범한 재능 | | 121 |
| ☐ genocide | 명 대량살육, 집단학살, 인종말살 | | 63 |
| ☐ gentlemanly | 형 신사다운 | | 420 |
| ☐ genuflection | 명 무릎 꿇음 | | 110 |
| ☐ genuine | 형 순종의, 진짜의 | | 122 |
| ☐ geobotany | 명 지구식물학 | | 125 |
| ☐ geocentric | 형 지구를 중심으로 한 | | 125 |
| ☐ geochemistry | 명 지구화학 | | 125 |
| ☐ geochronology | 명 지구연대학 | | 125 |
| ☐ geography | 명 지리(학), 지형의 구도, 위치 | | 124 |
| ☐ geology | 명 지리학, 지질, 지질학 | | 124, 392 |
| ☐ geometry | 명 기하학 | | 125 |
| ☐ geophysics | 명 지구물리학 | | 125 |
| ☐ geopolitics | 명 지정학 | | 125 |
| ☐ gestate | 동 잉태하다, 임신하다 | | 127 |
| ☐ glorious | 형 멋진, 영광스런 | | 414 |
| ☐ goddess | 명 여신 | | 403 |
| ☐ golden | 형 금의, 금색의 | | 415 |
| ☐ goodness | 명 선량함, 미덕 | | 384 |
| ☐ gosling | 명 거위 새끼, 풋내기 | | 407 |
| ☐ gracious | 형 친절한, 고상한 | | 414 |
| ☐ gradual | 형 점진적인, 단계적인, 약간씩의, 완만한 | | 130 |
| ☐ graduate | 동 졸업하다, 학위를 받다, 배출하다, 점차로 변하다, 누진적으로 변하다 / 명 졸업생, 대학원생 | | 130 |
| ☐ graph | 명 그래프, 도표 | | 136 |
| ☐ graphic | 형 도화의, 도해의 | | 136 |
| ☐ graphics | 명 제도법(학) | | 394 |
| ☐ graphite | 명 그래파이트, 흑연(연필의 원료) | | 136 |
| ☐ graphology | 명 필적학 | | 137 |
| ☐ grateful | 형 감사하고 있는, 고마워하는 | | 133 |
| ☐ gratify | 동 기쁘게 하다, 만족시키다 | | 133 |
| ☐ gratitude | 명 감사(의 뜻) | | 134, 386 |
| ☐ greenish | 형 푸르스름한, 녹색을 띤 | | 418 |
| ☐ grocery | 명 식료품점, 식료잡화점 | | 405 |

| | | | |
|---|---|---|---|
| ☐ growth | 명 성장 | | 383 |
| ☐ gynecology | 명 부인과 의학 | | 392 |

## H

| | | | |
|---|---|---|---|
| ☐ hairy | 형 털 많은, 털로 되어 있는, 털 같은 | | 419 |
| ☐ happiness | 명 행복 | | 384 |
| ☐ harden | 동 굳히다(굳어지다) | | 425 |
| ☐ hardship | 명 고난 | | 385 |
| ☐ hasten | 동 서두르게 하다, 서두르다 | | 425 |
| ☐ hastily | 부 서둘러, 급하게 | | 421 |
| ☐ heighten | 동 높게 하다, 높이다 | | 425 |
| ☐ helpful | 형 도움이 되는 | | 411 |
| ☐ helpless | 형 무력한, 어떻게 할 수도 없는 | | 409 |
| ☐ hempen | 형 대마(제)의, 대마와 비슷한 | | 415 |
| ☐ heroic | 형 영웅의, 영웅적인 | | 412 |
| ☐ heroine | 명 여주인공, 히로인 | | 403 |
| ☐ heroism | 명 영웅적 자질, 영웅적 행위 | | 395 |
| ☐ holograph | 형 자필의 / 명 자필 문서 | | 135 |
| ☐ homeless | 형 집이 없는 | | 409 |
| ☐ homicide | 명 살인(죄), 살인범 | | 63 |
| ☐ homogeneous | 형 같은 종류의 | | 414 |
| ☐ homograph | 명 동형이의어(同形異義語) | | 135 |
| ☐ hopeful | 형 희망에 찬 | | 411 |
| ☐ hopeless | 형 희망이 없는 | | 409 |
| ☐ hopelessness | 명 절망 | | 384 |
| ☐ hostess | 명 여주인 | | 403 |
| ☐ hourly | 형 한 시간마다의 | | 420 |
| ☐ humanist | 명 인문(인도)주의자 | | 400 |
| ☐ hydrograph | 명 수위도(水位圖) | | 136 |

## I

| | | | |
|---|---|---|---|
| ☐ illegal | 형 위법의, 비합법적인 | | 304 |
| ☐ illegible | 형 읽기 어려운 | | 304 |

| | | | |
|---|---|---|---|
| ☐ illicit | 형 불법의, 불의한 | | 304 |
| ☐ illimitable | 형 무한의 | | 304 |
| ☐ illiteracy | 명 문맹 | | 305 |
| ☐ illiterate | 형 무식한 | | 304 |
| ☐ illogical | 형 비논리적인 | | 305 |
| ☐ illuminate | 동 밝게 하다, 대조하다, 해명하다, 비추다, 확실하게 하다, 설명하다 | | 153, 355 |
| ☐ illusion | 명 환상 | | 305 |
| ☐ imbecile | 형 정신박약의, 저능의, 어리석은 | | 417 |
| ☐ imbue | 동 스며들게 하다, 불어넣다 | | 354 |
| ☐ immature | 명 미숙자, 미성년 / 형 미숙한 *발음에 주의 | | 304, 387 |
| ☐ immeasurable | 형 측정할 수 없는 | | 304 |
| ☐ immigrant | 명 (외국으로부터의) 이민 / 형 이주하는, 이민자의 | | 354 |
| ☐ immoral | 형 부도덕한 | | 304 |
| ☐ immortal | 형 불사의, 불멸의, 불후의 / 명 불후의 명성을 가진 사람 | | 171, 304 |
| ☐ impatient | 형 성급한 | | 304 |
| ☐ impel | 동 (사람을) 재촉해서 ~시키다, 몰아내다, 추진시키다 | | 194 |
| ☐ imperfect | 형 불완전한 | | 304 |
| ☐ implement | 동 이행하다, 실행하다, 충족시키다 / 명 도구, 용구 | | 207 |
| ☐ implicate | 동 끌어넣다, 관련(관계)시키다, 함축하다, 뒤얽히게 하다 | | 211 |
| ☐ implicit | 형 절대의, 암암리에 | | 211 |
| ☐ imply | 동 ~을 포함하다, 암시하다 | | 212 |
| ☐ import | 동 수입하다, (감정 등을) 개입시키다, ~의 뜻을 나타내다 명 수입, 수입품, 수입액, 의미, 취지 | | 222 |
| ☐ importance | 명 중요성 | | 388 |
| ☐ impose | 동 부과하다, 강요하다, 강압하다, [on을 수반하여] 편승하다, 이용하다 | | 217 |
| ☐ impound | 동 (가축 등을) 우리 속에 넣다, 압수하다 | | 220 |
| ☐ impress | 동 인상을 주다, 감동시키다, 도장을 찍다 | | 355 |
| ☐ improper | 형 부적당한, 어울리지 않는 | | 304 |
| ☐ impurity | 명 불결, 불순 | | 304 |
| ☐ inaccurate | 형 부정확한 | | 303 |
| ☐ inanimate | 형 생기가 없는, 생명이 없는 | | 23 |
| ☐ inattention | 명 부주의, 태만, 방심 | | 264 |

| | | | |
|---|---|---|---|
| □ incident | 명 사건, 생긴 일, 분쟁 | | 47 |
| □ incipient | 형 시초의, 발단의 | | 50 |
| □ incise | 동 절개하다, 칼자국을 내다 | | 61 |
| □ incoherent | 형 이치에 맞지 않는, 앞뒤가 안 맞는, 자제력을 잃은 | | 139 |
| □ inconvenient | 형 불편한 | | 303 |
| □ incorrect | 형 부정확한 | | 303 |
| □ incredible | 형 믿을 수 없는 | | 303 |
| □ incredulous | 형 의심이 많은, 쉽사리 믿지 않는 | | 76, 303 |
| □ incubate | 동 부화하다, 획책하다 | | 77 |
| □ incumbent | 형 의무인, 현직의 / 명 현재 재직중인 사람, 현직 (의원) | | 78, 404 |
| □ incur | 동 (좋지 않은 결과에) 빠지다, (손해 등을) 초래하다 | | 82 |
| □ incursion | 명 침입, 유입 | | 82 |
| □ independence | 명 독립, 자주, 자립 | | 200 |
| □ independent | 형 독립(자주·자립)의 | | 200 |
| □ indirect | 형 간접적인 | | 303 |
| □ indiscriminate | 형 무차별의 | | 303 |
| □ indispensable | 형 없어서는 안 되는 | | 303 |
| □ indisputable | 형 논쟁의 여지가 없는 | | 303 |
| □ indoctrinate | 동 가르치다, 이식하다, (사상·지식을) 주입하다 | | 92 |
| □ induce | 동 유발하다, 권유하다, 유도하다 | | 96 |
| □ ineffective | 형 효과 없는 | | 303 |
| □ inequality | 명 불평등 | | 303 |
| □ infamous | 형 불명예스러운 *발음에 주의 | | 303 |
| □ infanticide | 명 유아살해 | | 63 |
| □ infect | 동 감염하다(시키다), (병을) 전염시키다, 감화하다, 물들게 하다 | | 101 |
| □ infer | 동 추론하다, 결론하다 | | 106 |
| □ inference | 명 추론 | | 107 |
| □ infiltrate | 동 스며들다, 침입하다, 침투시키다 | | 426 |
| □ inflect | 동 (안으로) 구부리다, 굴절시키다, 억양을 붙이다 | | 110 |
| □ influence | 명 영향(력), 유력자 | | 112, 389 |
| □ influx | 명 유입, 도래, 쇄도 | | 112, 354 |
| □ informal | 형 비공식의 | | 303 |
| □ infraction | 명 위반, 불완전 골절 | | 115 |
| □ infringe | 동 어기다, 위반하다, 침해하다 | | 114 |

| | | | |
|---|---|---|---|
| ☐ inhabitant | 명 거주자 | | 404 |
| ☐ inhale | 동 빨아들이다, 숨을 들이마시다 | | 354 |
| ☐ inhere | 동 본래부터 갖고 있다, 내재하다 | | 140 |
| ☐ inherence | 명 본래부터 갖고 있는 것, 고유, 내재 | | 140 |
| ☐ inherent | 형 타고난, 고유의 | | 140 |
| ☐ inhuman | 형 몰인정한, 냉정한 | | 304 |
| ☐ inject | 동 주입하다, 주사하다, 삽입하다 | | 141 |
| ☐ injunction | 명 명령, 금지명령, 권고 | | 145 |
| ☐ injustice | 명 불법, 부정 | | 304 |
| ☐ inquire | 동 문의하다, 조사하다 | | 229 |
| ☐ insane | 형 제정신이 아닌 | | 304 |
| ☐ inscribe | 동 (책·비석 등에) 쓰다, 표시하다, 새기다, 새겨 넣다, (증정의 말·이름 등을 써서) 보내다, (공식명부 등에) 명기하다 | | 236 |
| ☐ inspect | 동 시찰하다, 사찰하다, 점검하다 | | 243 |
| ☐ inspire | 동 고무하다, 할 마음이 들게 하다, 생기를 주다 | | 248 |
| ☐ institution | 명 협회, 설립 | | 382 |
| ☐ intact | 형 손상되지 않은, 더럽혀지지 않은, 본래대로의, 순결한 | | 256 |
| ☐ intellectual | 형 지적인 | | 410 |
| ☐ intend | 동 (~할) 예정이다, 의도하다, (어떤 목적에) 쓰려고 하다, ~의 뜻으로 말하다 | | 262 |
| ☐ intensify | 동 ~을 강렬하게 하다, 강하게 하다(강해지다) | | 262 |
| ☐ interaction | 명 상호작용 | | 319 |
| ☐ inter-American | 형 미대륙 간의 | | 319 |
| ☐ intercede | 동 조정하다, 중재하다, 탄원하다 | | 57, 319 |
| ☐ intercontinental | 형 대륙간의 | | 320 |
| ☐ interdependent | 형 상호의존의, 서로 돕는 | | 200, 320 |
| ☐ interfaith | 형 종파를 초월한, 종파간의 | | 320 |
| ☐ interfere | 동 방해하다, 간섭하다 | | 107, 319 |
| ☐ intergalactic | 형 은하계 사이의 | | 320 |
| ☐ interject | 동 쳐넣다, 불쑥 끼워 넣다 | | 143 |
| ☐ internal | 형 내부의 | | 410 |
| ☐ international | 형 국제적인, 국제상의 | | 320 |
| ☐ interpose | 동 ~의 사이에 두다, 개입시키다, 끼워 넣다 | | 220 |
| ☐ interrupt | 동 가로막다, 방해하다, 중단하다 | | 233 |

| | | | |
|---|---|---|---|
| ☐ interstate | 형 | 각주 사이의 | 319 |
| ☐ intervene | 동 | 사이에 넣다, 조정하다, 개입하다 | 320 |
| ☐ intracardiac | 형 | 심장 내의 | 338 |
| ☐ intracollegiate | 형 | 대학 내의 | 338 |
| ☐ intracontinental | 형 | 대륙 내의 | 339 |
| ☐ intradistrict | 형 | 지역 내의 | 339 |
| ☐ intragroup | 형 | 그룹 내의 | 339 |
| ☐ intramural | 형 | 학내의, 성벽 내의, 지역 내의 | 338 |
| ☐ intrastate | 형 | 주내(州內)의 | 338 |
| ☐ intrauterine | 형 | 자궁 내의 | 338 |
| ☐ intravascular | 형 | 혈관 내의 | 339 |
| ☐ intravenous | 형 | 정맥 내의, 정맥 주사의 | 339 |
| ☐ introduce | 동 | 소개하다, (법안을) 제출하다, 들여오다, 전래하다 | 93, 339 |
| ☐ introspect | 동 | 내성(내관)하다 | 339 |
| ☐ introvert | 명 | 내향적인 사람 / 형 내향적인 | 284, 339 |
| ☐ invert | 동 | 거꾸로 하다, 뒤집다, 전화(轉化)하다 | 283 |
| ☐ invincible | 형 | 정복할 수 없는, 무적의 | 304 |
| ☐ invisible | 형 | 눈에 보이지 않는 | 304 |
| ☐ invoke | 동 | (신에게) 기원하다, (법에) 호소하다, (악마 따위를 주문으로) 불러내다 | 294 |
| ☐ involve | 동 | 말려들게 하다, 필연적으로 수반하다, 몰두시키다, 복잡하게 하다, 관련시키다, 관계하다 | 297 |
| ☐ irrational | 형 | 불합리한 | 305 |
| ☐ irreclaimable | 형 | 돌이킬 수 없는 | 305 |
| ☐ irrecognizable | 형 | 분간할 수 없는 | 305 |
| ☐ irregular | 형 | 불규칙한 | 305 |
| ☐ irrelevant | 형 | 부적절한, 빗나간 | 305 |
| ☐ irrespective | 형 | ~에 관계없이 | 305 |
| ☐ irresponsible | 형 | 무책임한 | 305 |
| ☐ irrevocable | 형 | 다시 부를 수 없는 | 305 |
| ☐ irrigate | 동 | 관개하다, 물을 끌다 | 355 |

## J

| | | | |
|---|---|---|---|
| ☐ joyful | 형 | 기쁜, 기쁨에 넘친 | 411 |

| | | | |
|---|---|---|---|
| ☐ junction | 명 연결, 연락점, 접합점 | | 145 |

## K

| | | | |
|---|---|---|---|
| ☐ kindness | 명 친절 | | 384 |
| ☐ kingly | 형 국왕다운, 국왕에 어울리는 | | 420 |

## L

| | | | |
|---|---|---|---|
| ☐ leakage | 명 샘, 누설 | | 391 |
| ☐ lecture | 명 강의, 강화, 선교, 훈계, 잔소리 / 동 강의하다 | | 147 |
| ☐ legible | 형 읽기 쉬운, 판독할 수 있는, 식별 가능한 | | 147 |
| ☐ length | 명 길이 | | 383 |
| ☐ lessee | 명 세든 사람, 임차인 | | 402 |
| ☐ liar | 명 거짓말쟁이 | | 397 |
| ☐ liberalize | 동 자유(주의)화하다 | | 424 |
| ☐ library | 명 도서관 | | 405 |
| ☐ lieutenant | 명 [육군] 중위, 소위 / 명 [해군] 대위, 상관대리, 부관 [경찰] 서장 보좌 | | 260 |
| ☐ linguist | 명 언어학자 | | 399 |
| ☐ linguistics | 명 언어학 | | 394 |
| ☐ lioness | 명 암사자 | | 403 |
| ☐ liquidate | 동 (부채, 배상 등을) 지불하다, 일소하다 | | 426 |
| ☐ locution | 명 말투, 말씨, 어법 | | 151 |
| ☐ logician | 명 논리학자, 논리가 교묘한 사람 | | 401 |
| ☐ Londoner | 명 런던시민 | | 398 |
| ☐ loosen | 동 풀다, 늦추다 | | 425 |
| ☐ loquacious | 형 말 많은, 수다스러운 | | 151 |
| ☐ loquacity | 명 요설, 다변, 수다 | | 151 |
| ☐ lovable | 형 사랑스러운 | | 408 |
| ☐ lucid | 형 빛나는, 반짝이는, 투명한, 명쾌한 | | 152 |
| ☐ luminance | 명 발광성 | | 152 |
| ☐ luminary | 명 (태양·달 등의) 천체, 발광체, 선각자 | | 152 |
| ☐ luminous | 형 빛을 발하는, 밝은 | | 152 |
| ☐ Luna | 명 달, 달의 여신 | | 152 |
| ☐ luster | 명 광택, 윤기, 반짝임, 영광 | | 153 |

| | | | |
|---|---|---|---|
| ☐ lustrous | 형 광택이 있는, 빛나는, 매력 있는 | | 153 |

# M

| | | | |
|---|---|---|---|
| ☐ magical | 형 마법 같은, 이상한 | | 413 |
| ☐ magician | 명 마술(기술·요술)사 | | 401 |
| ☐ magnanimous | 형 관대한, 아량이 넓은, 배포가 큰, 도량이 넓은 | | 23, 155 |
| ☐ magnate | 명 (기업·업계 등의) 유력자, ~왕 | | 154 |
| ☐ magnific | 형 당당한, 과장된 *고어 | | 154 |
| ☐ magnificent | 형 장대한, 훌륭한 | | 155 |
| ☐ magnifier | 명 확대하는 사람(사물), 확대렌즈 | | 154 |
| ☐ magnify | 동 크게 보이게 하다, 확대하다 | | 154 |
| ☐ magniloquent | 형 (말·문체 등이) 호언장담하는, 과장된 | | 155 |
| ☐ magnitude | 명 크기, 규모, 중요성, 진도(震度) | | 154 |
| ☐ magnum | 명 큰 술병(약 1.5리터), 매그넘 화약총(화기), 손목뼈 | | 155 |
| ☐ majestic | 형 위엄 있는, 당당한 | | 412 |
| ☐ mala fide | 형 부 불성실한(하게), 악의가 있는(를 갖고) *라틴어 | | 368 |
| ☐ maladaptation | 명 부적합, 부적응 | | 368 |
| ☐ maladaptive | 형 순응성(적응성)이 없는 | | 368 |
| ☐ maladroit | 형 서투른, 솜씨가 나쁜, 재치 없는 | | 368 |
| ☐ malady | 명 병, 병폐 | | 368 |
| ☐ malaria | 명 말라리아 | | 368 |
| ☐ malcontent | 형 불만이 있는, (사회체제 등에) 비판적인<br>명 불만을 갖고 있는 사람, 반항자 | | 369 |
| ☐ malediction | 명 저주, 중상 | | 369 |
| ☐ malefaction | 명 나쁜 일, 비행, 범죄 | | 369 |
| ☐ malefactor | 명 악인, 범인, 해가 되는 인물 | | 369 |
| ☐ malice | 명 악의, 적의, 한 | | 369 |
| ☐ malicious | 형 악의(적의)가 있는, 심술궂은, 부당한 | | 369, 414 |
| ☐ malignant | 형 악의 있는, 악성의, 유해한 / 명 악의를 품은 사람 | | 369 |
| ☐ manacle | 명 [보통 pl.] 수갑, 속박 | | 156 |
| ☐ manicure | 명 매니큐어 / 동 매니큐어를 칠하다, (손·손톱 등의) 손질을 하다 | | 156 |
| ☐ manipulate | 동 능숙하게 다루다, (정부·숫자·자료 등을) 속이다, 조작하다 | | 157 |
| ☐ manly | 형 남자다운 | | 420 |
| ☐ manual | 형 손의, 손으로 하는 / 명 소책자, 편람, 입문서 | | 156 |

| | | | |
|---|---|---|---|
| ☐ manufacture | 명 제조업, 제품 / 통 ~을 만들다, 제조하다 | | 156 |
| ☐ manufacturer | 명 제조업자 | | 157 |
| ☐ manuscript | 명 사본, 원고 | | 157, 239 |
| ☐ Marxism | 명 마르크스주의 | | 396 |
| ☐ massive | 형 크고 무거운, 단단한 | | 416 |
| ☐ maternal | 형 어머니의, 어머니 같은 | | 159 |
| ☐ maternity | 명 모성, 어머니다움 | | 159 |
| ☐ mathematician | 명 수학자 | | 401 |
| ☐ matriarch | 명 리더격의 여성, 여가장, 여자 가장, 여족장 | | 31, 158 |
| ☐ matriarchate | 명 모계제 | | 159 |
| ☐ matriarchy | 명 모계 가족제 | | 158 |
| ☐ matricide | 명 모친살해, 어머니 살해 | | 63, 159 |
| ☐ matrilateral | 형 어머니 쪽의 | | 158 |
| ☐ matrilineal | 형 모계의 | | 158 |
| ☐ matripotestal | 형 모권제의 | | 158 |
| ☐ matrix | 명 모체, 기반 | | 158 |
| ☐ matronymic | 형 어머니의 이름에서 딴 | | 159 |
| ☐ memorize | 통 기억하다, 암기하다 | | 424 |
| ☐ mental | 형 마음의, 정신의 | | 410 |
| ☐ mentally | 부 정신적으로, 마음속으로 | | 421 |
| ☐ metallic | 형 금속(제)의 | | 412 |
| ☐ metropolis | 명 대도시, 수도, 중심도시 | | 159 |
| ☐ microbarograph | 명 자기미기압계 | | 161 |
| ☐ microbe | 명 미생물 | | 160 |
| ☐ microbicide | 명 살균제 | | 160 |
| ☐ microchemistry | 명 미량화학 | | 160 |
| ☐ microcosm | 명 소우주, 소세계 | | 160 |
| ☐ microecology | 명 미시생태학 | | 161 |
| ☐ microfilm | 명 마이크로필름 | | 161 |
| ☐ microgram | 명 마이크로그램(1그램의 100만 분의 1) | | 161 |
| ☐ micrograph | 명 현미경 사진 | | 161 |
| ☐ microlith | 명 [고고학] 세석기(細石器) | | 160 |
| ☐ micrology | 명 미물연구(학) | | 161 |
| ☐ microphone | 명 마이크로폰, 마이크 | | 161 |

| | | |
|---|---|---:|
| ☐ microscope | 명 현미경 | 161 |
| ☐ militancy | 명 교전상태, 투지 | 388 |
| ☐ mineralogy | 명 광물학 | 392 |
| ☐ minuscule | 형 소문자(의), 매우 작은 | 407 |
| ☐ misanthrope | 명 염세가, 사람을 싫어하는 사람 | 29 |
| ☐ misogamist | 명 결혼을 싫어하는 사람 | 120 |
| ☐ misogamy | 명 결혼을 싫어함 | 120 |
| ☐ mission | 명 사절단, 대표단, 포교 | 165 |
| ☐ missionary | 명 선교사, 주창자, 사절 / 형 전도의 | 165 |
| ☐ mistress | 명 주부, 여주인 | 403 |
| ☐ mobile | 형 움직이기 쉬운, 기동성의 | 417 |
| ☐ mobilize | 동 전시에 동원하다, 결집하다 | 174 |
| ☐ moisten | 동 축축하게 하다, 적시다 | 425 |
| ☐ molten | 형 용해된 | 415 |
| ☐ monarch | 명 군주, 독재주권자 | 30 |
| ☐ monitor | 명 충고자, 감시자, 감시장치, 학급위원 / 동 감시하다, 모니터하다 | 168 |
| ☐ monogamy | 명 일부일처제 | 119 |
| ☐ monograph | 명 전공논문, 학술논문 | 137 |
| ☐ monthly | 형 달마다의, 월간의 | 421 |
| ☐ monument | 명 기념건조물, 유적, 금자탑 | 168 |
| ☐ morgue | 명 시체 보관소, (신문사 등의) 참고자료실 | 171 |
| ☐ mortal | 형 죽을 운명인, 죽음의 / 명 인간 | 170 |
| ☐ mortgage | 명 저당 / 동 저당에 잡히다, (생명·명예를) 걸고 달려들다 | 170 |
| ☐ mortician | 명 장의사 | 171 |
| ☐ motherly | 형 어머니다운 | 420 |
| ☐ motion | 명 움직이는 것, 동의 / 동 ~에게 몸짓으로 알리다(지시하다) | 174 |
| ☐ motionless | 형 움직이지 않는, 꼼짝하지 않는 | 174 |
| ☐ motivate | 동 동기(자극)를 주다 | 175 |
| ☐ motivation | 명 동기부여, 유발, 자극 | 175 |
| ☐ motorist | 명 자동차 운전자 | 400 |
| ☐ movable | 형 움직일 수 있는 | 408 |
| ☐ multitude | 명 다수(의), 수가 많음 | 386 |
| ☐ murderess | 명 여자 살인자 | 403 |
| ☐ musician | 명 음악가 | 401 |

| | | | |
|---|---|---|---|
| ☐ mysterious | 형 신비의, 신비에 가득 찬 | | 414 |

## N

| | | | |
|---|---|---|---|
| ☐ nascent | 형 태어나려고 하는, 초기의 | | 176 |
| ☐ nation | 명 국민, 나라, 국가, 민족 | | 176 |
| ☐ native | 명 토착민, 원주민, ~태생의 사람 / 형 출생지의, 선천적인, 고유의 | | 177 |
| ☐ natural | 형 자연의 | | 410 |
| ☐ Nazism | 명 나치즘, 독일국가 사회주의 | | 395 |
| ☐ neglect | 동 무시하다, 가볍게 여기다, 게을리하다 / 명 태만, 경시 | | 148 |
| ☐ neglectful | 형 태만한, 부주의한, 소홀히 하는 | | 149 |
| ☐ nervous | 형 신경질적인, 초조해지기 쉬운 | | 414 |
| ☐ nestling | 명 (보금자리를 떠나기 전의) 병아리, 유아 | | 407 |
| ☐ neurology | 명 신경학 | | 393 |
| ☐ NewYorker | 명 뉴욕사람 | | 397 |
| ☐ nihilism | 명 허무주의, 니힐리즘 | | 395 |
| ☐ nobly | 부 당당하게, 귀족으로서 | | 421 |
| ☐ noiseless | 형 소리가 나지 않는 | | 409 |
| ☐ nominate | 동 추천(지명·임명)하다 | | 426 |
| ☐ nominee | 명 지명된 사람 | | 402 |
| ☐ nonadmission | 명 입장 사절 | | 306 |
| ☐ nonage | 명 미성년 *발음에 주의 | | 306 |
| ☐ nonaggression | 명 불가침 | | 306 |
| ☐ noncooperation | 명 비협력 | | 306 |
| ☐ nondelivery | 명 배달 불능 | | 306 |
| ☐ nonfiction | 명 (소설, 이야기 이외의) 산문 문학 | | 306 |
| ☐ nonmember | 명 회원 이외의 사람 | | 306 |
| ☐ nonmetal | 명 비금속 | | 306 |
| ☐ nonofficial | 형 비공식의 | | 306 |
| ☐ nonpartisan | 형 초당파의, 무소속의 | | 306 |
| ☐ nonprofessional | 형 직업적이 아닌 | | 306 |
| ☐ nonprofit | 형 비영리적인 | | 306 |
| ☐ nonresistance | 명 무저항주의 | | 306 |
| ☐ nonsense | 명 무의미한 말, 넌센스 | | 306 |
| ☐ nonsmoker | 명 금연가 | | 306 |

| | | |
|---|---|---|
| ☐ nonstop | 형 직행의 / 부 직행으로 | 306 |
| ☐ notoriety | 명 악평, 악명 | 390 |
| ☐ novelty | 명 신기함, 진기함 | 390 |

## O

| | | |
|---|---|---|
| ☐ obedience | 명 복종 | 389 |
| ☐ object | 동 반대하다, 이의를 말하다 / 명 대상, 물체 | 360 |
| ☐ obsession | 명 (망상 등) 달라붙는 것 또는 그 상태, 강박관념 | 242 |
| ☐ obstacle | 명 방해(물), 장애(물) | 253, 359 |
| ☐ obstruct | 동 막다, 차단하다, 방해하다 | 359 |
| ☐ obtrude | 동 강요하다, 강제로 시키다, 억지를 부리다, 주제넘게 나서다 | 360 |
| ☐ obvert | 동 뒤집다, 방향을 돌리다 | 359 |
| ☐ obvious | 형 명백한 | 414 |
| ☐ occasion | 명 (특정한) 경우, 일, 중요한 행사, 이유, 기회 | 48 |
| ☐ occident | 명 [the를 붙여] 서양, 서유럽제국, 서반구 | 48 |
| ☐ occur | 동 나타나다, 일어나다, (생각이) 떠오르다 | 81 |
| ☐ offer | 동 제안하다, 권하다 | 105 |
| ☐ oldish | 형 어느 정도 나이가 든, 더 이상 젊지 않은 | 418 |
| ☐ omit | 동 생략하다, 게을리하다, 빼다 | 164 |
| ☐ ontology | 명 존재론, 본체론 | 393 |
| ☐ oppose | 동 반항하다, 반대하다, 맞서다 | 218 |
| ☐ oppress | 동 무겁게 덮쳐 누르다, 억압하다 | 360 |
| ☐ orderly | 형 정돈된 | 420 |
| ☐ orthodontia | 명 치열교정술 | 87 |
| ☐ orthodontist | 명 치열교정의 | 87 |
| ☐ orthography | 명 정자법, 철자법 | 136 |
| ☐ outdistance | 동 훨씬 앞서다, ~을 능가하다 | 375 |
| ☐ outdo | 동 물리쳐 이기다, 낫다 | 375 |
| ☐ outgo | 동 보다 멀리(빨리) 가다 | 375 |
| ☐ outgrow | 동 ~보다 커지다 | 375 |
| ☐ outlast | 동 ~보다 길게 계속하다 | 375 |
| ☐ outlive | 동 ~보다 오래 살다, 무사히 헤어나다 | 375 |
| ☐ outmatch | 동 ~보다 낫다, ~보다 상수이다 | 375 |
| ☐ outpoint | 동 (시합에서) 점수로 이기다, ~보다 점수를 많이 따다 | 375 |

| | | |
|---|---|---|
| ☐ outride | 동 앞지르다, ~보다 잘 타다 | 375 |
| ☐ outrun | 동 ~보다 멀리 (빨리) 달리다, 추월하다 | 375 |
| ☐ outspread | 동 넓히다, 펴다 | 375 |
| ☐ outstep | 동 지나치다, (제한을) 넘다 | 375 |
| ☐ outwalk | 동 ~보다 빨리(멀리) 걷다 | 375 |

## P

| | | |
|---|---|---|
| ☐ painter | 명 화가 | 397 |
| ☐ paleontology | 명 고생물학 | 393 |
| ☐ panacea | 명 만병통치약, 모든 문제의 해결책 | 182 |
| ☐ Pan-Africanism | 명 범(전) 아프리카주의 | 182 |
| ☐ Pan-American | 형 북·중·남미제국의, 전미의 | 182 |
| ☐ Pan-Americanism | 명 범미주의, 전미주의 | 182 |
| ☐ pancreas | 명 췌장 | 182 |
| ☐ pandemic | 형 (병이) 전지역에 걸친, 전국적(세계적) 유행의 | 182 |
| ☐ pandemonium | 명 대혼란, 혼돈, 수라장 | 183 |
| ☐ panegyric | 명 찬사, 공식적 찬미 | 183 |
| ☐ panjandrum | 명 어르신네 | 183 |
| ☐ panopticon | 명 망원 현미경, (한 곳에서 내부 전부가 보이는) 원형 교도소 | 183 |
| ☐ panorama | 명 전경 | 183 |
| ☐ pansophy | 명 전(만유)지식, 백과사전적 지식 | 183 |
| ☐ pantheon | 명 (신화의) 신들, [the를 붙여 대문자로] 판테온 | 183 |
| ☐ pantisocracy | 명 이상적 평등사회, 만민 동권 체재 | 183 |
| ☐ passage | 명 통과, 경과 | 391 |
| ☐ pater | 명 아버지, 부친 | 184 |
| ☐ paternal | 형 아버지의, 아버지다운, 아버지 쪽의 | 185 |
| ☐ paternalism | 명 (군·정치 등에서의) 부재(가족)주의, 온정주의 | 185 |
| ☐ paternity | 명 아버지라는 것, 아버지로서의 책임 | 185 |
| ☐ paternoster | 명 주기도문 | 185 |
| ☐ pathetic | 형 불쌍한, 애처로운, 감동적인 | 188 |
| ☐ pathology | 명 병리학 | 393 |
| ☐ pathos | 명 연민의 정을 자아내는 힘, 정념, 비애 | 188 |
| ☐ patience | 명 인내 | 389 |
| ☐ patriarchy | 명 가부장제 (사회) | 184 |

| | | | |
|---|---|---|---|
| ☐ patrician | 명 형 귀족(의) | | 185 |
| ☐ patricide | 명 부친살해, 아버지 살해 | | 63, 185 |
| ☐ patrimony | 명 (자식이 아버지에게서 물려받은) 세습 재산 | | 184 |
| ☐ patriot | 명 애국자 | | 186 |
| ☐ patriotic | 형 애국적인, 애국자와 같은 | | 186, 412 |
| ☐ patriotism | 명 애국심(주의) | | 185 |
| ☐ patron | 명 고객, 단골, (예술가, 사업 등의) 후원자 | | 184 |
| ☐ patronize | 동 특별히 돌봐주다, 후원하다 | | 185 |
| ☐ patronymic | 형 아버지의 이름을 딴 (이름) | | 184 |
| ☐ pedagogue | 명 교육자, 선생 | | 190 |
| ☐ pedagogy | 명 교육학 | | 190 |
| ☐ pedal | 명 페달 / 동 ~의 페달을 밟다 | | 192 |
| ☐ pedantry | 명 학자연함, 점잔 뺌 | | 190 |
| ☐ pedestal | 명 (기념비·조각상 등의) 받침대 | | 191 |
| ☐ pedestrian | 명 도보여행자, 보행자 / 형 도보의, 단조로운 | | 191 |
| ☐ pediatrician | 명 소아과 의사, 소아과의 | | 190, 401 |
| ☐ pediatrics | 명 소아과 | | 190 |
| ☐ pedicure | 명 발의 전문적 치료, (티눈·물집을 치료하는) 발 전문의 | | 191 |
| ☐ pedodontia | 명 소아치과(치료) | | 191 |
| ☐ pedodontics | 명 소아치과(의학) | | 190 |
| ☐ pedograph | 명 (종이에 적은) 족형 | | 192 |
| ☐ pedologist | 명 육아학자 | | 191 |
| ☐ pedology | 명 육아학, 소아과(의학) | | 191 |
| ☐ pedometer | 명 만보계 | | 191 |
| ☐ pedophilia | 명 (성인의 아이에 대한) 이상 성욕 | | 191 |
| ☐ pendant | 명 늘어져 있는 물건(장식), 팬던트 | | 199 |
| ☐ pendent | 형 매달려 있는 | | 199 |
| ☐ pending | 형 미결정의, 현안의 | | 199 |
| ☐ pendulum | 명 진자, 흔들리는 추, 마음을 잡지 못하는 사람 | | 200 |
| ☐ perambulate | 동 배회하다, 답사하다 | | 324 |
| ☐ perceive | 동 눈치채다, 지각(知覺)하다, 이해하다, 알다 | | 324 |
| ☐ percent | 명 퍼센트, 1/100 | | 60 |
| ☐ percolate | 동 여과하다, 거르다, 스며들다 | | 324 |
| ☐ percolator | 명 여과기, (커피용의) 퍼컬레이터 | | 324 |

| 단어 | 뜻 | 페이지 |
|---|---|---|
| perennial | 형 지속하는, 끊임없는 | 27 |
| perfect | 형 완벽한, 완전한, 더할 나위 없는 | 103 |
| perfection | 명 완전, 완성 | 103 |
| perfectly | 부 완전히, 면목 없이 | 421 |
| perjure | 동 위증하다, 맹세를 저버리게 하다 | 325 |
| permeate | 동 스며들다, 투과하다, 침투하다 | 325 |
| perpetual | 형 영구의, 영속하는, 종신의, 부단한, 끊임없는 | 325 |
| perplex | 동 당혹하게 하다, 현혹시키다, 혼란스럽게 하다 | 325 |
| perplexity | 명 당혹, 혼란 | 325 |
| persevere | 동 목적을 관철하다, 참다, 견디다, 해내다 | 325 |
| persist | 동 일관하다, 고집하다, 계속하다 | 251 |
| perspective | 명 원근법, 전망, 예측 | 246 |
| pertinacious | 형 고수하는, 끈기 있는, 집요한 | 260 |
| petition | 명 청원·탄원·진정(서) 동 청원(탄원·진정)하다, 탄원(청원)서를 제출하다 | 202 |
| pharmacology | 명 약(리)학 | 393 |
| philanthropist | 명 박애주의자, 자선가 | 28, 205 |
| philanthropy | 명 박애(주의), 자선 | 205 |
| philatelist | 명 우표연구(수집)가 | 205 |
| philharmonic | 형 음악애호의 / 명 음악회, 음악애호가 | 205 |
| philobiblic | 형 책(문학) 애호의 | 205 |
| philogynist | 명 여자를 좋아하는 사람 | 205 |
| philologist | 명 언어학자 | 205 |
| philology | 명 문헌학, 언어학 | 205, 393 |
| philosophy | 명 철학, 철리, 원리 | 204 |
| phonograph | 명 축음기 | 136 |
| photograph | 명 사진 | 137 |
| physical | 형 육체의, 물질적인 | 413 |
| physically | 부 물리적으로, 육체적으로 | 421 |
| physician | 명 의사 | 401 |
| physicist | 명 물리학자 | 399 |
| physics | 명 물리학 | 394 |
| physiologist | 명 생리학자 | 399 |
| plagiarism | 명 표절 | 395 |

| | | | |
|---|---|---|---|
| ☐ pleasant | 형 | 유쾌한, 즐거운 | 404 |
| ☐ podiatry | 명 | 발 치료, 족병학 | 192 |
| ☐ podium | 명 | 연단, 단, 발 | 192 |
| ☐ poetic | 형 | 시의, 시적인 | 412 |
| ☐ poetical | 형 | 시의, 시적인 | 413 |
| ☐ poetics | 명 | 시학, 시론 | 394 |
| ☐ political | 형 | 정치의, 정치적인 | 413 |
| ☐ politician | 명 | 정치가 | 401 |
| ☐ politics | 명 | 정치학 | 394 |
| ☐ polygamy | 명 | 일부다처 | 119 |
| ☐ populous | 형 | 인구가 많은 | 414 |
| ☐ portable | 형 명 | 휴대용의, 운반할 수 있는 / 휴대용 물건(라디오, TV, 컴퓨터 등) | 223 |
| ☐ portage | 명 | 운반 | 391 |
| ☐ porter | 명 | 운반인, 포터, (호텔, 침대차의) 사환, 문지기, 수위 | 224 |
| ☐ portfolio | 명 | 서류가방, 서류첩, 유가증권 명세표, 장관의 지위 | 224 |
| ☐ positive | 형 | 확실한, 긍정적인 | 416 |
| ☐ post meridian | 형 | 오후의, 오후에 일어나는 | 328 |
| ☐ postage | 명 | 송료 | 391 |
| ☐ postdate | 동 | 실제보다 날짜를 늦추다 | 328 |
| ☐ posterior | 형 | 후반(부)의, 나중의 | 328 |
| ☐ postern | 명 형 | 뒷문(의) | 329 |
| ☐ postgraduate | 형 명 | 대학 졸업 후의, 대학원의(학생) | 328 |
| ☐ posthumous | 형 | 사후의 | 328 |
| ☐ postnatal | 형 | 출생 후의 | 329 |
| ☐ postpone | 동 | 뒤로 연장시키다, 연기하다, (중요성·평가 면에서) 뒤에 두다 | 218 |
| ☐ postscript | 명 | 추신, 후기 | 239, 329 |
| ☐ post-treaty | 형 | 조약 후의 | 329 |
| ☐ posture | 명 | 자세, 태세 | 387 |
| ☐ postwar | 형 | 전후(戰後)의 | 329 |
| ☐ prearrange | 동 | 미리 타협하다 | 347 |
| ☐ precaution | 동 명 | 조심하다, 예방 처치하다 / 예방조치, 사전책, 조심, 경계, 예방처치 | 347, 348 |
| ☐ precede | 동 | ~에 선행하다, ~에 앞서다, 선도하다 | 54 |

| | | | |
|---|---|---|---|
| □ precise | 형 | 조금도 틀리지 않는, 정밀한, 바로 그, 꼼꼼한 | 62 |
| □ preclude | 동 | 방해하다, 배제하다, 가로막다 | 69 |
| □ precursor | 명 | 선구자, 전조, 선각자 | 83 |
| □ precursory | 형 | 선행하는, 예고의 | 83 |
| □ predate | 동 | 날짜를 앞선 날짜로 하다 | |
| | 명 | 실제 발행일보다 앞선 날짜가 찍힌 신문 | 347 |
| □ predecessor | 명 | 선배, 전임자, 선조 | 58, 347 |
| □ predict | 동 | 예언하다, 예보하다 | 89, 347 |
| □ preface | 명 | 서문 | 348 |
| □ prefer | 동 | (～보다) 좋아하다 | 107 |
| □ prehistory | 형 | 유사 이전(의 사건) | 348 |
| □ preliminary | 형 | 예비의, 서문의 | 348 |
| □ prelude | 명 | 전주곡 | 348 |
| □ premonition | 명 | 예고, 예감 | 169 |
| □ prenatal | 형 | 출생(출산) 전의 | 178 |
| □ pre-Olympic | 명 | 프레올림픽 | 348 |
| □ prepaid | 형 | 선불의, 지불을 끝낸 | 348 |
| □ preparedness | 명 | 준비되어 있는 것 | 384 |
| □ prepossession | 명 | 선입관, 편애 | 348 |
| □ prescribe | 동 | 규정하다, 권하다, 처방하다 | 236 |
| □ preside | 동 | 사회하다, 통할하다, 관장하다, (연주를) 맡아 하다 | 240 |
| □ pressure | 명 | 압력 | 387 |
| □ pretty | 형 | 귀여운 | 419 |
| □ preview | 명 | 시연, 시사, 예비검사 | 348 |
| □ princeling | 명 | 어린 임금, 소공자, 소군주 | 407 |
| □ procedure | 명 | 순서, 절차, 방법 | 387 |
| □ proceed | 동 | 나아가다, 전진하다, 계속하다, 착수하다, 처리하다 | 55, 349 |
| □ process | 명 | 과정, 경과, 제법, 공정 | 56 |
| □ proclaim | 동 | 선언하다, 공포하다, 성명하다, ～을 증명하다 | 65, 350 |
| □ produce | 동 | 산출하다, 생산하다, 제시하다, 연출하다 | 94, 349 |
| □ professorship | 명 | 교수직(지위) | 385 |
| □ proficiency | 명 | 숙련 | 389 |
| □ profuse | 형 | 많은, 마음이 후한, 아낌없는 | 118 |
| □ progenitor | 명 | 선조 | 123 |

| | | |
|---|---|---|
| ☐ progress | 명 진행, 진보, 향상 / 동 진행하다, 진보하다, 전진하다 | 130 |
| ☐ project | 동 제안하다, 기획하다, 계획하다, 내던지다<br>명 계획, 기획(안), 계획사업 | 142 |
| ☐ prolong | 동 연장하다 | 350 |
| ☐ promulgate | 동 공포하다, 반포하다, 보급하다 | 349 |
| ☐ pronoun | 명 대명사 | 349 |
| ☐ pronounce | 동 발음하다, 공언하다, (판결을) 선고하다 | 180 |
| ☐ propaganda | 명 선전, 데마 | 350 |
| ☐ propel | 동 추진시키다, 몰아내다, 재촉하다 | 196 |
| ☐ proponent | 명 제안자, 발의자, 지지자 | 220 |
| ☐ propose | 동 제안하다, 추천(지명)하다, 계획하다, (결혼을) 신청하다 | 219 |
| ☐ propound | 동 제출하다 | 220 |
| ☐ proscribe | 동 금지하다, 인권을 박탈하다, 추방하다 | 237 |
| ☐ prospect | 명 예상, 기대 | 246 |
| ☐ protract | 동 오래 끌게 하다, 늘리다 | 269 |
| ☐ provide | 동 공급(제공)하다, 규정하다, 갖추다, 대비하다, 부양하다 | 286 |
| ☐ provoke | 동 화나게 하다, (감정을) 일으키다, 유발시키다, 선동하다 | 294 |
| ☐ prudery | 명 고상한 척 하는 것 | 406 |
| ☐ psychology | 명 심리학 | 393 |
| ☐ pyrotechnician | 명 폭죽제조가(발사자) | 401 |

## Q

| | | |
|---|---|---|
| ☐ quarterly | 형 년 4회의, 계간의 | 421 |
| ☐ queenly | 형 여왕(으로서)의, 여왕다운 | 420 |
| ☐ quickly | 부 빨리, 서둘러, 재빨리 | 421 |
| ☐ quixotry | 명 무대포 [돈키호테 Quixote에서 온 말] | 406 |

## R

| | | |
|---|---|---|
| ☐ racist | 명 인종차별주의자 | 400 |
| ☐ radiograph | 명 X선 (뢴트겐) 사진 | 136 |
| ☐ ravish | 동 황홀하게 하다 | 423 |
| ☐ readership | 명 독자, 독자수(층) | 385 |
| ☐ realism | 명 현실주의, 리얼리즘 | 396 |
| ☐ realistic | 형 현실적인, 현실주의의 | 412 |

| | | |
|---|---|---|
| □ rebel | 동 반란을 일으키다, 반항하다 / 명 반항자 | 340 |
| □ rebellion | 명 반역, 반란 | 340 |
| □ recall | 동 생각해 내다, 귀환시키다, (결함 상품을) 회수 하다<br>명 되부르는 것, 소환, 리콜, (결함 상품의) 회수 | 340 |
| □ recede | 동 물러나다, 퇴각하다 | 57 |
| □ recently | 부 최근 | 421 |
| □ recession | 명 퇴거, 후퇴, 경기퇴조 | 57 |
| □ reclaim | 동 매립하다, 재생하다, 교정하다 | 66 |
| □ reclamation | 명 개간, 갱생, 재생 | 67 |
| □ recollect | 동 생각해 내다, 회상하다 | 149 |
| □ recollection | 명 회상, 기억, 추억 | 149 |
| □ record | 동 기록하다, 적어두다, 녹음(녹화)하다, 표시하다 / 명 기록 | 71 |
| □ recourse | 명 의지, 의뢰 | 83 |
| □ recumbent | 형 가로 누운, 기댄 | 79 |
| □ recur | 동 되돌아가다, 재발하다, (마음에) 다시 떠오르다 | 81 |
| □ reduce | 동 줄이다, 축소하다, (어떤 상태로) 되게 하다, 진압하다, 바꾸다 | 94 |
| □ refer | 동 보내다, 조회하다, ~에게 참조시키다, ~에 돌리다, 언급하다,<br>위탁하다 | 107 |
| □ referee | 명 심판원 | 402 |
| □ reflect | 동 반사하다, 반영하다, (신용·체면)을 손상시키다, 반성하다,<br>비방하다 | 109 |
| □ refract | 동 (물·공기 등이 광선·음파 등을) 굴절시키다 | 115 |
| □ refraction | 명 굴절 | 115 |
| □ refractory | 형 다루기 어려운, 고집 센 | 115 |
| □ refrigerate | 동 식히다, 냉각시키다 | 341 |
| □ refrigerator | 명 냉장고 | 341, 397 |
| □ refugee | 명 난민, 피난자 | 402 |
| □ refund | 동 환불하다, 갚다 / 명 환불, 변상 | 117 |
| □ reiterate | 동 반복해서 말하다 | 341 |
| □ reject | 동 거절하다, 사절하다, 거부 반응을 나타내다, 불합격시키다<br>명 불합격품(자) | 143 |
| □ reluctance | 명 마지못해 함, 본의 아님 | 388 |
| □ remit | 동 보내다, 송금하다, (부채·형벌·세금 등을) 감면하다 | 166 |
| □ remote | 형 먼, 근소한, 약간, 서먹서먹한 | 173 |

| | | |
|---|---|---|
| □ remove | 동 이동시키다, 제거하다, 추방하다 | 173 |
| □ renounce | 동 단념하다, 포기하다, 인연을 끊다 | 180 |
| □ repel | 동 물리치다, 격퇴하다, 물러가다, (물 등을) 튀기다, 혐오감을 갖게 하다 | 195 |
| □ repetition | 명 반복, 중복, 암송, 사본 | 203 |
| □ replete | 형 풍부한, 가득한, 충만되어 있는, 포만한 | 208 |
| □ report | 명 보고(서), 보도, 기사, 소문, 의사록<br>동 보고하다, 보도하다, 신고하다, 통보하다, 출두하다 | 223 |
| □ repulse | 동 쫓아버리다, 차갑게 거절하다 | 196 |
| □ reputable | 형 평판이 좋은, 일반적으로 인정되고 있는 | 227 |
| □ reputation | 명 평판, 명성 | 227 |
| □ repute | 동 (사람·사물을) ~로 생각하다, 간주하다, 평가하다 / 명 평판 | 226 |
| □ request | 명 의뢰, 요망, 요청, 요망서 / 동 부탁하다, 바라다, 구하다 | 230 |
| □ require | 동 ~을 필요로 하다, 요구하다, 규정하다 | 230 |
| □ reside | 동 살다, 주재하다, (권한 등이) ~에 속하다, 존재하다 | 240 |
| □ resident | 명 형 거주자, 거주하는 | 404 |
| □ residual | 형 나머지의, 남아있는 / 명 나머지, 후유증 | 242 |
| □ residue | 명 나머지, 잔류, 잔재 | 242 |
| □ resist | 동 저항(반항)하다, 참다 | 250 |
| □ resistance | 명 저항, 반항 | 388 |
| □ respect | 명 존경, 경의, 존중, 점<br>동 존경하다, 존중하다, 참작하다, 고려해 넣다 | 244 |
| □ respiration | 명 호흡(작용), 한 번의 호흡 | 249 |
| □ respire | 동 호흡하다, 한숨 돌리다 | 249 |
| □ retain | 동 보유하다, 유지하다, 계속 사용하다, 기억에 남기다, 변호사를 고용하다 | 260 |
| □ retract | 동 철회하다, 수축시키다, 취하하다 | 269 |
| □ reunification | 명 재통일 | 271 |
| □ reverse | 동 ~을 거꾸로 하다, 무효로 하다 / 형 거꾸로의, 반대의, 이면의<br>명 역, 역전, 반대 | 281 |
| □ revival | 명 회복, 재생, 리바이벌 | 292 |
| □ revive | 동 소생하게 하다, 되살아나게 하다, 기운이 나다 | 292 |
| □ revoke | 동 취소하다, 무효로 하다 | 295 |
| □ revolt | 동 반란하다, 반발하다, 불쾌하게 하다 / 명 반란, 폭동, 반감, 불쾌 | 298 |

| | | |
|---|---|---|
| ☐ revolve | 동 순환하다, 회전하다, 회전시키다, (마음 속에) 맴돌다, 곰곰이 생각하다 | 297 |
| ☐ rhetorical | 형 수사학의, 수사학적인, 언어 상에서의 | 413 |
| ☐ ridicule | 명 비웃음, 조소 | 407 |
| ☐ risky | 형 위험한 | 419 |
| ☐ robbery | 명 강탈, 강도 | 405 |
| ☐ romanticism | 명 낭만주의, 로맨티시즘 | 395 |
| ☐ rosy | 형 장미 같은, 혈색이 좋은, (장래가) 밝은 | 419 |
| ☐ rupture | 명 파열, 결렬, 단절, 불화 / 동 깨다(깨지다), 파열하다(시키다), 째다 | 234 |

# s

| | | |
|---|---|---|
| ☐ safety | 명 안전(성) | 390 |
| ☐ sailor | 명 선원 | 398 |
| ☐ salty | 형 소금기가 있는, 짠, 신랄한 | 419 |
| ☐ sapling | 명 묘목, 젊은이 | 407 |
| ☐ scholar | 명 학자 | 397 |
| ☐ scholarship | 명 학문, 학식, 장학금 | 385 |
| ☐ scientist | 명 과학자 | 399 |
| ☐ scribble | 동 갈겨쓰다, 낙서하다 / 명 낙서, 흘려 쓴 것 | 238 |
| ☐ secede | 동 탈퇴하다 | 58, 361 |
| ☐ secretive | 형 숨기는, 털어놓지 않는 | 416 |
| ☐ secure | 형 안전한, 안심하는 / 동 안전하게 하다, 확보하다 | 361 |
| ☐ security | 명 안전 | 390 |
| ☐ sediment | 명 침전물, 퇴적물 | 241 |
| ☐ sedition | 명 선동, 난동, 치안방해 | 361 |
| ☐ seduce | 동 부추기다, 유혹하다 | 96, 362 |
| ☐ segregate | 동 격리(분리)하다, 차별하다 | 362, 426 |
| ☐ seizure | 명 잡는(붙잡는) 것 | 387 |
| ☐ select | 동 고르다, 선발하다, 발췌하다 / 형 가려낸, 정선한, 상류사회의 명 [pl.] 최상품, 정선품 | 147 |
| ☐ sensitive | 형 민감한, 섬세한 | 416 |
| ☐ separate | 동 나누다, 분리하다 | 426 |
| ☐ serious | 형 심각한, 진지한 | 414 |
| ☐ servant | 명 하인, 고용인 | 404 |

| | | | |
|---|---|---|---|
| ☐ shameful | 형 | 창피한, 부끄럽게 여겨야 하는 | 411 |
| ☐ sharpen | 동 | 예리하게 하다, 날카롭게 하다 | 425 |
| ☐ showmanship | 명 | 연예인으로서의 기량(능력) | 385 |
| ☐ silken | 형 | 비단(제품)의 | 415 |
| ☐ similitude | 명 | 유사, 닮은 사람(물건) | 386 |
| ☐ simplify | 동 | 단순하게 하다, 간소화하다 | 422 |
| ☐ skepticism | 명 | 회의적인 태도, 회의론 | 396 |
| ☐ sleeplessness | 명 | 불면 | 384 |
| ☐ sleepy | 형 | 졸린, 졸린 듯한 | 419 |
| ☐ soften | 동 | 부드럽게 하다(되다) | 425 |
| ☐ soliloquize | 동 | 독백하다 | 151 |
| ☐ soliloquy | 명 | 독백 | 151 |
| ☐ solitude | 명 | 고독, 독거 | 386 |
| ☐ southwardly | 부 | 남쪽을 향해 | 421 |
| ☐ spacious | 형 | 넓직한, 광범한 | 414 |
| ☐ spectacle | 명 | 광경, 장관, 구경거리, [복수형으로] 안경 | 245 |
| ☐ spirit | 명 | 마음, 정신, (생명의) 입김, 영(靈), 기분, [복수형으로] 알코올 | 248 |
| ☐ spiritual | 형 | 정신의, 영적인 | 410 |
| ☐ sportsmanship | 명 | 스포츠맨 정신 | 385 |
| ☐ stanchion | 명 | 지주, 기둥, 칸막이 나무 | 254 |
| ☐ stationery | 명 | 편지지, 문방구 | 405 |
| ☐ sterile | 형 | 무균의, 살균한, 불모의 | 417 |
| ☐ stewardess | 명 | 스튜어디스 | 403 |
| ☐ stringent | 형 | 엄격한 | 404 |
| ☐ subconscious | 형 | 잠재의식의, 어렴풋이 기억하고 있는 | 326 |
| ☐ subcutaneous | 형 | 피하의 | 326 |
| ☐ subdue | 동 | 정복하다, 억제하다, 가라앉히다, (목소리 따위를) 낮추다 | 326 |
| ☐ subliminal | 형 | 의식에 오르지 않는, 잠재의식의 | 326 |
| ☐ submarine | 명 | 잠수함 | 326 |
| ☐ submerge | 동 | 물 속에 가라앉히다, 담그다, 잠수하다 | 327 |
| ☐ subscribe | 동 | (서명하여) 기부할 것을 약속하다, 기부하다, 서명하여 동의하다, (예약)구독하다 | 237 |
| ☐ subsidiary | 형 | 보조의, 부차적인 | 327 |
| ☐ subsidize | 동 | (정부가) 보조금을 지급하다, 매수하다 | 327 |

| 단어 | 뜻 | 페이지 |
|---|---|---|
| subsidy | 명 조성금, 보조금, 교부금 | 327 |
| subtract | 동 ~을 …에서 떼어내다, 빼다, 공제하다, 잡아당기다 | 269 |
| subversive | 형 전복시키는, 파괴적인 / 명 파괴분자 | 282 |
| successor | 명 후임자, 후계자 | 398 |
| succumb | 동 지다, 넘어지다, 죽다 | 78 |
| suddenly | 부 갑자기 | 421 |
| suffuse | 동 덮다, 가득 채우다, [수동태] ~로 가득 차 있다 | 118 |
| sugary | 형 설탕의(같은), 달콤한 | 419 |
| suicide | 명 자살 | 63 |
| superficial | 형 면적의, 표면의, 외견상의 | 331 |
| superfine | 형 극상의, 최고급의, 지나치게 세밀한 | 331 |
| superhuman | 형 초인적인 | 331 |
| superintendent | 명 지도감독자, 관리자(인), 지배인, [미국] 건물 관리인 | 331 |
| superiority | 명 우월, 상위, 우세, 우위, 우월성 | 332, 390 |
| supernatural | 형 초자연의, 불가사의한 | 331 |
| supersensitive | 형 극히 예민한, 고감도의 | 332 |
| superstition | 명 미신 | 332 |
| supervise | 동 감독(관리)하다, 지휘(지도)하다 | 332 |
| surface | 명 표면, 수면 | 330 |
| surname | 명 성, 성씨 | 330 |
| surpass | 동 보다 낫다, 능가하다, 넘다 | 330 |
| survey | 동 바라보다, 개관하다, 조사하다, 측량하다 / 명 봄, 개관, 측량, 조사 | 331 |
| survive | 동 (~보다도) 오래 살다, 장수하다, 살아남다 | 290, 330 |
| survivor | 명 생존자 | 398 |
| suspect | 동 수상하게 여기다, 의심하다, 추측하다 / 명 용의자  형 의심스러운, 수상쩍은 | 246 |
| suspend | 동 걸다, 매달리다, 매달다, 연기하다, 일시정지하다, 정학(정직)시키다 | 198 |
| suspicion | 명 의혹 | 246 |
| syllable | 명 음절 | 342 |
| sympathetic | 형 동정하는, 마음이 맞는 | 189 |
| sympathize | 동 동정하다, 동의하다 | 189 |
| sympathizer | 명 공명자, 동조자, 인정이 있는 사람 | 189 |
| sympathy | 명 동정, 불쌍함, 공명, 공감, 찬성, 헤아림, [복수형으로] 조의, 문상 | 188, 342 |

| | | | |
|---|---|---|---|
| □ synchronize | 동 | 동시에 일어나다, 동시성을 갖게 하다 | 343 |
| □ syndrome | 명 | 증후군, 일련의 관련이 있는 물건, (사회상태·행동의) 형태 | 343 |
| □ synonym | 명 | 동의어 | 343 |
| □ synthesis | 명 | 종합, 통합, 합성, (변증법의) 합(合) | 342 |
| □ system | 명 | 계통, 체계, 체제, 방법 | 342 |

# T

| | | | |
|---|---|---|---|
| □ tact | 명 | 재치, 감촉 | 256 |
| □ tactics | 명 | 전술 | 394 |
| □ tallish | 형 | 키가 큰 편인, 약간 과장된 | 418 |
| □ tangent | 형 | ~에 접한, 접촉되어 있는 / 명 접선, (주제에서의) 일탈, 탈선 | 256 |
| □ tangible | 형 | 접촉할 수 있는, 유형의, 현실의 | 257 |
| □ tangle | 동 | 엉키게 하다, 엉키다, 빠뜨리다, 빠지다 | |
| | 명 | 엉킴, 혼란, 분규, 뒤죽박죽 | 257 |
| □ technical | 형 | 기술상의, 전문적인 | 410 |
| □ technician | 명 | 전문가, 기술자 | 401 |
| □ telegraph | 명 | 전신, 전보 / 동 전보를 치다 | 137 |
| □ television | 명 | 텔레비전 방송(프로그램), TV영상, TV수상기 | 287 |
| □ temperature | 명 | 온도, 기온 | 387 |
| □ tenacious | 형 | 꽉 잡고 놓지 않는, 고집하는, 집요한 | 261 |
| □ tenantry | 명 | 차가인, 차지인 | 405 |
| □ tense | 형 | 쭉 뻗은, 긴장한 / 동 강하게 뻗다, 긴장시키다(하다) | 263 |
| □ tension | 명 | 긴장, 노력 | 263 |
| □ terminate | 동 | 끝내다, 종결시키다 | 426 |
| □ terrorism | 명 | 테러리즘, 태러행위 | 396 |
| □ terrorist | 명 | 테러리스트 | 400 |
| □ theology | 명 | 신학 | 393 |
| □ tigress | 명 | 암컷 호랑이 | 403 |
| □ tireless | 형 | 피로를 모르는 | 409 |
| □ toaster | 명 | 토스터 | 397 |
| □ totalitarianism | 명 | 전체주의 | 396 |
| □ tourist | 명 | 관광객 | 399 |
| □ tracery | 명 | 격자 장식, 트레서리 모양 | 406 |
| □ tract | 명 | 넓이, 지역, 지방 | 270 |

| 단어 | 품사·뜻 | 페이지 |
|---|---|---|
| tractor | 명 트렉터, 견인(자동)차 | 270 |
| traitor | 명 반역자 | 398 |
| transcend | 동 넘다, 초과하다, 낫다 | 333 |
| transcribe | 동 필기하다, 베껴 쓰다, 고쳐 쓰다, 편곡하다, 녹음(녹화)하다, 방영하다 | 238, 333 |
| transcript | 명 사본, 번역한 것, (학교의) 성적증명서 | 333 |
| transfer | 동 옮기다, 나르다, 이동하다 | 105 |
| transfix | 동 (끝이 뾰족한 것으로) 꿰뚫다, 선 채 꼼짝 못하다 | 333 |
| transform | 동 (형태들을) 바꾸다, 변형하다 | 334 |
| transfuse | 동 붓다, 불어넣다, 스며들게 하다, 수혈하다 | 118, 334 |
| transfusion | 명 주입, 수혈 | 118, 334 |
| transit | 명 통과, 횡단, 수송(기관) | 335 |
| translate | 동 번역하다, 바꾸다 | 334 |
| translucent | 형 반투명의, 명쾌한 | 153 |
| transmit | 동 보내다, 나르다, 옮기다, 전하다 | 165, 334 |
| transplant | 동 이식하다, (식물을) 옮겨 심다 | 335 |
| transport | 동 나르다, 수송(운반)하다, 귀양 보내다, 도취시키다 명 수송, 운송(차, 배, 열차) | 224, 335 |
| transportation | 명 수송(기관·수단) | 224 |
| transpose | 동 (문자 등의 위치를) 바꾸어 놓다 | 335 |
| traveler | 명 여행자 | 397 |
| traverse | 동 가로지르다 | 335 |
| tremendous | 형 무서운, 굉장한 | 414 |
| trustee | 명 피신탁인, 수탁자, 임원, 이사 | 402 |
| truth | 명 진실 | 383 |
| typist | 명 타이피스트 | 399 |

## U

| 단어 | 품사·뜻 | 페이지 |
|---|---|---|
| unacceptable | 형 받아들이기 어려운 | 301 |
| unadvanced | 형 발전되지 않은 | 301 |
| unanimity | 명 만장일치, 합의 | 274 |
| unanimous | 형 만장일치의, 이의 없는, 의견이 일치하여 | 24, 274 |
| unarm | 동 ~의 무장을 해제하다 | 302 |
| unavoidable | 형 피할 수 없는 | 301 |

| | | |
|---|---|---|
| □ unbearable | 형 견딜 수 없는 | 301 |
| □ unbelt | 동 띠를 끄르다(풀다) | 302 |
| □ unbend | 동 (구부러진 것을) 펴다 | 302 |
| □ unbolt | 동 (빗장을 벗기거나 하여) 열다 | 302 |
| □ unbutton | 동 단추를 끄르다 | 302 |
| □ uncase | 동 상자에서 꺼내다 | 302 |
| □ uncertain | 형 불확실한 | 301 |
| □ uncertainty | 명 의심, 불확실성 | 301 |
| □ unchristian | 형 기독교가 아닌 | 301 |
| □ unconscious | 형 무의식의 | 301 |
| □ uncork | 동 (병 등의) 코르크·마개를 뽑다 | 302 |
| □ uncover | 동 뚜껑(덮개)을 벗기다 | 302 |
| □ understandable | 형 이해할 수 있는 | 408 |
| □ unearth | 동 발굴하다 | 302 |
| □ unemployed | 형 실직한 | 301 |
| □ unfair | 형 불공평한 | 301 |
| □ unfold | 동 (접어 갠 것을) 펴다 | 302 |
| □ unforgettable | 형 잊을 수 없는 | 408 |
| □ unfurl | 동 돛·우산 등을 펴다 | 302 |
| □ unhappy | 형 불행한 | 301 |
| □ unhealthy | 형 건강하지 못한 | 301 |
| □ unification | 명 통일 | 103, 271 |
| □ unifoliate | 형 홑잎의 | 271 |
| □ uniform | 형 같은 형태의, 일정한 방식에 따르는, 일정한 / 명 제복 | 272 |
| □ unify | 동 하나로 하다, 통일하다, 하나로 통합하다 | 271, 422 |
| □ unilateral | 형 측면(한쪽)만의, 단독의, 일방적인 | 272 |
| □ union | 명 결합, 연합, 일치단결, 노동조합 | 273 |
| □ unique | 형 단지 하나밖에 없는, 유일한, 극히 드문, 독특한 | 272 |
| □ unison | 명 일치, 조화, 화합, 제창 | 273 |
| □ unite | 동 하나로 하다, 합병하다, 단결하다 | 273 |
| □ unity | 명 하나인 것, 단일, 단결, 화합 | 274 |
| □ unload | 동 짐을 내리다 | 302 |
| □ unlock | 동 자물쇠를 열다 | 302 |
| □ unlucky | 형 공교로운, 실패한 | 301 |

| | | | |
|---|---|---|---|
| ☐ unpack | 동 (보따리·짐을) 풀다 | | 302 |
| ☐ unpaid | 형 지불되지 않은 | | 301 |
| ☐ unpatriotic | 형 애국심이 없는 | | 186 |
| ☐ unpopular | 형 인기가 없는 | | 302 |
| ☐ unreasonable | 형 이치가 통하지 않는 | | 302 |
| ☐ unroot | 동 근절하다 | | 302 |
| ☐ unscrew | 동 나사를 빼다 | | 302 |
| ☐ unship | 동 배에서 부리다, 하선시키다 | | 302 |
| ☐ unsound | 형 불건전한 | | 302 |
| ☐ untouchable | 형 만질 수 없는 | | 301 |
| ☐ unwrap | 동 (꾸러미를) 열다 | | 302 |
| ☐ unzip | 동 지퍼를 내리다 | | 302 |
| ☐ urgency | 명 긴급, 절박 | | 389 |
| ☐ useless | 형 무익한 | | 409 |

## V

| | | | |
|---|---|---|---|
| ☐ vacancy | 명 빈 상태, 틈, 빈 방, 결원 | | 276 |
| ☐ vacant | 형 빈, 비어있는 | | 276 |
| ☐ vacate | 동 비우다, 제거하다, 비워주다, 퇴거하다 | | 275 |
| ☐ vacuous | 형 빈, 진공의 | | 276 |
| ☐ vacuum | 명 진공(상태), 공허 | | 276 |
| ☐ veracious | 형 항상 진실을 말하는, 정직한, 진실의 | | 277 |
| ☐ veridical | 형 진실한, 진짜의 | | 278 |
| ☐ verification | 명 확인하는 것, 입증, 증명, 증거 | | 277 |
| ☐ verify | 동 ~이 진실이라는 것을 증명하다, 확인하다 | | 277 |
| ☐ verisimilar | 형 정말 있을 것 같은, 그런 것 같은 | | 278 |
| ☐ verisimilitude | 명 정말 같은 것, 정말 같음 | | 278 |
| ☐ verism | 명 진실주의 | | 278 |
| ☐ verist | 명 진실주의자 | | 278 |
| ☐ veritable | 형 진짜의, 진실의 | | 278 |
| ☐ veritas | 명 진리 *라틴어 | | 278 |
| ☐ versatile | 형 어디로도 향하는, 다재다능한, 다용도의 | | 282, 417 |
| ☐ versatility | 명 다재, 다예 | | 283 |
| ☐ vertiginous | 형 빙빙 도는, 회전하는, 현기증이 나는, 변덕스러운 | | 284 |

| | | |
|---|---|---|
| ☐ vertigo | 명 현기증 | 284 |
| ☐ vigilance | 명 경계, 조심 | 388 |
| ☐ visa | 명 (여권의) 사증, 비자 | 289 |
| ☐ visage | 명 얼굴, 얼굴 모습, 양상 | 289 |
| ☐ visible | 형 보이는 | 408 |
| ☐ vision | 명 시력, 통찰력, 환상, 절세의 미인 | 287 |
| ☐ visit | 동 방문하다, 체재하다, 엄습하다, 잡담하다 / 명 방문 | 289 |
| ☐ vista | 명 전망, 내다봄 | 289 |
| ☐ visualize | 동 시각화하다 | 424 |
| ☐ vital | 형 생명의, 생명에 관한, 불가결한, 없어서는 안 될 | 290 |
| ☐ vitamin | 명 비타민 : 생물의 정상적인 생리활동에 불가결한 유기화합물 | 291 |
| ☐ vivacious | 형 활발한, 명랑한 | 291 |
| ☐ vivid | 형 뚜렷한, 건강한, 생명감 넘치는, 선명한 | 291 |
| ☐ vivisect | 동 생체 해부하다 | 292 |
| ☐ vivisection | 명 생체 해부 | 292 |
| ☐ vivisectionist | 명 생체 해부자 | 292 |
| ☐ vocation | 명 재능, 성소, 천직, 신의 뜻 | 295 |

## W

| | | |
|---|---|---|
| ☐ waitress | 명 웨이트리스 | 403 |
| ☐ warmth | 명 따뜻함 | 383 |
| ☐ waspish | 형 말벌 같은, 화를 잘 내는, 심술궂은 | 418 |
| ☐ wealth | 명 부 | 383 |
| ☐ weekly | 형 매주의, 습관의 | 421 |
| ☐ widen | 동 넓게 하다(되다) | 425 |
| ☐ width | 명 폭 | 383 |
| ☐ womanish | 형 여자 같은, 여자다운 | 418 |
| ☐ wooden | 형 목재의 | 415 |
| ☐ woolen | 형 모직물의, 양털의 | 415 |

## Y

| | | |
|---|---|---|
| ☐ yearly | 형 매년의, 년 간의 | 420 |
| ☐ yellowy | 형 누르스름한, 노란색을 띤 | 419 |
| ☐ youth | 명 젊음 | 383 |

## z

| | | |
|---|---|---|
| ☐ zincify | 동 아연도금하다 | 422 |
| ☐ zoologist | 명 동물학자 | 399 |
| ☐ zoology | 명 동물학 | 392 |

 MEMO

# MEMO

# MEMO